中华海洋学人系列丛书
BIOGRAPHY SERIES OF CHINESE MARINE CELEBRITIES

总主编　于志刚

海洋先驱 唐世凤

刘宜庆 ◎ 著

中国海洋大学出版社
CHINA OCEAN UNIVERSITY PRESS

·青岛·

图书在版编目（CIP）数据

海洋先驱——唐世凤/刘宜庆著. —青岛：中国海
洋大学出版社，2022.10

ISBN 978-7-5670-3074-9

Ⅰ.①海…　Ⅱ.①刘…　Ⅲ.①唐世凤（1903—
1971）—生平事迹　Ⅳ.①K826.15

中国版本图书馆CIP数据核字（2022）第001612号

HAIYANG XIANQU——TANGSHIFENG

海洋先驱——唐世凤

出版发行	中国海洋大学出版社	
社　　址	青岛市香港东路23号	**邮政编码**　266071
出 版 人	刘文菁	
网　　址	http：//pub.ouc.edu.cn	
电子信箱	oucpublishwx@163.com	
订购电话	0532-82032573（传真）	
责任编辑	王　晓	**电　　话**　0532-85901092
印　　制	青岛海蓝印刷有限责任公司	
版　　次	2022年10月第1版	
印　　次	2022年10月第1次印刷	
成品尺寸	170 mm × 230 mm	
印　　张	19.75	
字　　数	386千	
印　　数	1～1000	
定　　价	128.00元	

发现印装质量问题，请致电13335059885，由印刷厂负责调换。

铸造历史丰碑　弘扬海洋精神

——"中华海洋学人系列丛书"总序

　　海洋是生命的摇篮、风雨的故乡、资源的宝库，是人类赖以生存和发展的基础。世界上有超过60%的人口生活在沿海地区，约占地球面积8%的海岸带向全球贡献出约1/4的生物生产力。人类发展所面临的一系列发展的重大课题，如人口、资源、环境等问题，都与海洋休戚相关。

　　我国是一个拥有1.8万千米海岸线的海洋大国，关心海洋、认识海洋、经略海洋，对于中华民族的伟大复兴，对于国家的繁荣昌盛和长治久安，具有重要的战略意义。海洋科教是国家海洋事业发展的强大支撑和不竭动力，开发海洋资源、保护海洋环境、发展海洋经济、维护海洋权益、建设海洋强国，必须依靠海洋科学技术和相关人才。

　　人类研究海洋的历史非常悠久，从世界范围来看，海洋科学的发展可以划分为三个时期：从史前到18世纪末海洋学建立以前，是海洋知识逐步获取和累积的时期；从19世纪到20世纪50年代，是海洋学的建立和发展时期；自20世纪50年代末以来，为海洋科学在全世界范围内向深度和广度发展的时期。我国的海洋科教事业，启蒙于清末，成长于20世纪中叶，快速发展于20世纪末及世纪之交。

　　1906年，我国第一个水产教育机构渔业学校在吴淞创办；1909年上海高等实业学堂船政科创办。在此后的20多年时间里，直隶水产讲习所、江苏水产学校、吴淞商船学校、河海工程学校、山东水产讲习所、河北省立水产专科学校等水产与船舶工程类专门学校相继创办，开启了我国近代海洋高等教育的先河。1922年，海军部设立了海道测量局，开始进行海道测

绘；1928年青岛观象台设立海洋科；1931年成立中华海产生物学会；1935年成立太平洋科学协会海洋学组中国分会；几乎同时，北平研究院动物研究所和中央研究院动植物研究所升始对海洋生物进行研究。

抗日战争期间，我国海洋科教事业几乎被迫中断。从1946年至1949年，厦门大学筹建了我国高校第一个海洋系和中国海洋研究所，台湾大学筹建了海洋研究所，山东大学筹建了第一个水产系和水产研究所、海洋研究所，复旦大学在生物系设置海洋组。这个时期，我国海洋研究从海边生物学拓展到整个海洋和水产领域。

中华人民共和国成立后，童第周、曾呈奎依托在山东大学的研究积累，于1950年8月创办了新中国第一个专业海洋研究机构——中科院水生生物研究所青岛海洋生物研究室（1959年扩建为中科院海洋研究所）；1952年，山东大学创办海洋系，创立了我国第一个物理海洋学科；同年我国第一所本科水产高校上海水产学院成立；1953年台湾海事专科学校成立；1959年山东海洋学院（中国海洋大学前身）成立，成为当时我国唯一的综合类海洋高校和海洋领域全国重点大学。

1977年12月，国家海洋局在全国科学技术规划会议上，明确提出了"查清中国海、进军三大洋、登上南极洲，为在本世纪内实现海洋科学技术现代化而奋斗"的战略目标。到1984年，我国建立起一支拥有165艘不同类型和不同用途的调查船队，总吨位约15万吨，居世界第四位。以调查船队为依托，我国的海洋科技事业开始走出中国近海，走向深海，走向大洋，走向极地。

进入新世纪，全球科技进入新一轮的密集创新时代，海洋科技向大科学、高技术体系方向发展，进入了大联合、大协作、大区域研究阶段；海洋调查步入常态化和全球化，海洋观测进入立体观测时代，并向实时化、系统化、信息化、数字化方向发展，为社会经济发展服务的业务化海洋学逐步形成；海洋科技向现实生产力转化的速度加快，不断催生海洋新兴产业。我国的海洋科教事业在海洋强国战略引领下蓬勃发展，综合性海洋大学已达六所。许多高校开设了海洋学科，与综合性海洋大学共同承担起海洋人才培养的重任，同时也在海洋研究领域取得了丰硕成果。

21世纪是海洋的世纪。站在人类历史发展新的起点上，我们有必要回顾近代以来我国海洋科教事业的发展历程，展望海洋强国战略的发展愿景，为一代又一代海洋人提供开拓前进的精神动力。

重温我国海洋科教事业的发展历程，我们感到骄傲和自豪，同时也引发我们对为国家海洋事业奉献毕生心血的教育家、科学家的敬仰之情。正是中国海洋科教事业的开拓者和引路人，前赴后继、不懈奋斗，才有了我国海洋事业今天的可喜局面。他们当中既有在中华人民共和国成立之前、我国海洋事业起步时期，投身海洋科教事业的老一辈海洋学家，如童第周、蒋丙然、朱树屏、张玺、林绍文、曾呈奎、唐世凤……也有中华人民共和国成立后，为我国海洋事业辛勤耕耘的海洋学家，如赫崇本、万宗熙、毛汉礼、文圣常、侯国本、冯士筰、管华诗、唐启升、束星北、张孝威……还有改革开放以后，耕耘海洋、砥砺前行的新一代海洋科学家，如麦康森、宋微波、吴立新、李华军、包振民、蒋兴伟等。他们是我国海洋事业的开拓者和杰出代表，谱写着中国海洋事业发展的瑰丽篇章。

建设海洋强国，需要一代又一代海洋人才的不懈努力。中华海洋学人的爱国之心、报国之志、学术之功、品格之力影响和带动着我国海洋事业的发展，为今天的海洋事业从业者们树立了光辉的典范。讲好他们的故事、传播他们的事迹、弘扬他们的精神，激励海洋事业的后来人继续奋勇向前，成为我们海洋强国建设过程中一项十分重要的任务。

中国海洋大学出版社作为教育部主管、中国海洋大学主办的大学出版社，始终秉承"特色立社，文化引领"的发展理念，在做好海洋领域学术专著和教材出版的基础上，长期致力于海洋科普读物与海洋文化普及读物的出版，为弘扬我国优秀海洋文化、树立全民正确现代海洋观提供了有力的支撑。最近，海大出版社策划推出了"中华海洋学人系列丛书"，为我国海洋学界的著名学人树碑立传，通过传记的形式，记录他们精彩的海洋

人生，褒扬他们将个人发展与祖国命运紧密关联的爱国情怀，弘扬他们献身海洋、报效祖国的崇高精神。这套丛书的出版，不仅将填补为中华海洋学人群体立传的空白，而且将对助推我国海洋事业发展、提升全民海洋意识发挥独特的作用。

　　愿"中华海洋学人系列丛书"成为更多读者的朋友！

中国海洋大学校长

2018年12月

序

唐世凤先生，原名志丰，别号诗凤，1903年8月11日出生于江西省泰和县三都墟三派唐雅村。他是中国海洋学和中国海洋教育事业的奠基者之一，为全国高校首位海洋系主任。

1971年8月25日唐世凤先生病逝，永远离开了海洋教育事业，走完了他68年的人生旅程。

唐先生师从中国近代生物学重要奠基人、素有"现代生物之父"的秉志教授和著名海洋生物学前辈伍献文先生，从此他与海洋学研究结缘，也有缘结识著名的陈嘉庚先生。

1936年，中央研究院院长蔡元培为唐氏祠堂题写匾额"宝善堂"并赠唐世凤对联：新栽竹始开三径，大厦人先庇万间。唐先生坎坷求学，取得突出成绩，几经转折，他闯入浩瀚的海洋领域。

1937年，唐先生考取了"庚子赔款"公费留学生的资格，由伍献文教授推荐进入英国利物浦大学主修海洋生物学。此外，他还在该校学习物理海洋学和潮汐学。1939年他以海洋贻贝的研究成果，获得利物浦大学哲学博士。1940年12月，唐世凤王敏夫妇谢绝了英国利物浦大学伯劳德曼教授等人的再三挽留，毅然回国。

1943年，由唐世凤先生负责、郑执中先生协助在泉州市石井港创建了首个观测站（每日观测潮位、海水比重、水温和气温有连续30多个月的观测记录），从1943年11月27日起到1946年8月26日结束。

1945年9月，国民政府教育部部长朱家骅电令厦门大学校长汪德耀，让唐世凤创办海洋系，并由他任海洋系主任。唐世凤讲授"普通海洋学"等课程，取得明显成绩。厦门大学因此被誉为南方培养我国海洋科学人才的"蓝色摇篮"。

1951年的暑假，我高中毕业参加全国高考，被厦门大学海洋系录取。随后我从福州经厦门再到龙岩县（今龙岩市）白土镇，主修唐先生讲授的"海洋学通论"（即"普通海洋学"）和"潮信推算"（即"八分算法"），结下了师生之缘。1952年暑假，全国高校院系调整，我又随唐老师从厦门大学到山东大学（今中国海洋大学鱼山校区），在赫崇本教授为系主任、唐老师为海洋学教研室主任的海洋系就读。唐老师讲授海洋学，声音洪亮，讲解条理清晰，分析问题易懂，关心学生，培养了一代又一代海洋学人才，如陈宗镛周天华夫妇、陈则实、侍茂崇等近20名弟子。后来，陈宗镛教授执教潮汐学，并统一了全国高程基准，创造了海平面研究和潮汐学领域的多个国内第一、世界领先的成果。1955年夏，我大学毕业留校当助教，给水产系学生讲授海洋学。正式讲课前，唐老师让我试讲，他认真听，指出应该讲述的重点，让我好好准备后再上讲台。唐老师严谨的治学态度、谦和的处世之道、对海洋学的执着和深情、对学生的关心与爱护以及"谆谆教导、诲人不倦"的精神，让我深为敬佩和感动，他的品格和学术成就是留给后人的珍贵财富。

综观唐老师一生，爱国之心、报国之志非常强烈、非常执着，"爱国奉献，任劳任怨"的精神永远值得后人学习。

唐老师是中国海洋调查的先驱，自20世纪30年代投身海洋调查事业，北到渤海，南到海南岛，都留下了他的足迹。1958年9月开展的"中国近海海洋调查"（简称"全国海洋普查"），山东大学派出近200名师生参加为期近两年的调查。我也参加了这次调查，在天津全国海洋综合调查办公室，负责资料整理工作。唐老师不仅关心这项调查，也经常指导我工作，将成果用于教学中。对此他感叹：这项调查是他在山东大学海洋系执教6年后，见证的新中国成立后的第一次全国大规模海洋调查，其规模之大前所未有，成果丰富，影响深远，是中国海洋科学史上的里程碑。只有新中国才能做到。这表达了他的爱国之心。

胶州湾畔，风起云涌，潮涨潮落，几代海洋学人薪火相传，为海洋事业的发展作出突出的贡献，为海洋强国而努力奋斗。过去的海洋学家、现在的海洋学家、未来的海洋学家共同谱写海洋强国梦，筑梦深蓝的华章。

谨以此文，向唐老师表示深切的怀念和崇高的敬意。

陈則实

国家海洋局第一海洋研究所原所长

2022年1月

目 录
Contents

1959年9月1日，青岛市鱼山路5号，山东大学校牌被舒同题写的山东海洋学院校牌取代。这一天，山东海洋学院成立暨开学典礼在八关山新礼堂隆重举行。

　　从此，一位身材高大、体态微胖的先生每次出入鱼山路校门，总会对着山东海洋学院校牌深情凝视。

　　有时他站在校牌前看一看，有时情不自禁地伸手抚摸一下，有时用衣袖爱惜地擦拭几下，眼神中流露出深沉的爱意。进进出出的学生们，看到这一幕，下意识地放慢脚步，他们的欢声笑语变成带有敬意的缄默。善意的学生们害怕高声喧闹会打搅了先生。先生拂拭着校牌，不让它蒙上尘埃。他对这所高等院校，深情似海。他沉浸在科学强国的梦中。海洋，是他的安身立命之所；献身海洋事业是他的丹心报国之志。

　　这位先生是著名海洋学家唐世凤，中国海洋学研究和中国海洋教育事业的奠基者之一，中国高校首位海洋系主任。

海洋先驱
唐世凤

第 一 章

出生泰和　坎坷求学

　　在战乱时代，唐世凤时断时续，以坚忍不拔之意志，实现了读书的梦想。他在那个乱世，犹如江河之中的浮萍。但这小小的浮萍，自有超脱的定力和远大的理想，他时时刻刻不忘读书。

贫寒之家　长子出生

　　1903年8月11日（阴历六月十九），唐世凤出生于江西省泰和县三都墟三派唐雅村。唐雅村位于泰和县今螺溪镇。唐世凤，原名志丰，别号诗凤。

　　螺溪镇地处泰和县西北部，吉泰盆地腹地。唐雅村距镇4千米，地处禾水河畔。这里地势平坦，水资源丰富，稻作农业生产发达。唐雅村是一个古老的村庄，名字中还带着书香韵味。

　　唐世凤出生的唐雅村有高耸的牌坊式门楼，唐氏宗祠至今犹存。门楼正中最上方是飞檐，雕有龙凤等祥瑞图案。"唐氏宗祠"上方题有"御史第"，左右蓝边白色瓷瓦上写着"名宦""乡贤""人寿""年丰"。1936年，中央研究院院长蔡元培为唐氏祠堂题写匾额"宝善堂"。

⊙蔡元培题写匾额"宝善堂"（唐乐永提供）

据泰和唐氏族谱：唐氏家族祖籍山西太原晋阳，唐朝时祖先曾任太原太守，经数百年后代繁衍于咸阳、绍兴、江陵等地，明朝时徙居泰和，至今已有60多代。唐氏祠堂"宝善堂"建于1468年，1931年再次修造，前有坊，中有堂，后有寝。村中唐姓男丁普遍高大，接近1.8米，身材高于江西本地人。

泰和螺溪镇唐氏家族，是一个晴耕雨读的书香之家，但唐世凤出生时，家道中落，一家人糊口都不容易。这个贫寒之家迎来一个小生命，作为长子，总是被寄予了家族振兴、重光门楣的希望。爷爷为之起名志丰。1923年8月，他考入吉安省立第六中学，将"志丰"改为"世凤"。

唐世凤的父亲叫唐抡元（字锡三），出身贫农，中年改商。长年外出，做伙夫或商店店员。"中年后期还乡耕田，为自耕农。新中国成立前在原籍去世。"

母亲胡银莲，带着5个孩子在家种田，不时还要挪着小脚到二三里外的山上砍柴卖钱，以贴补家用。即使如此，全家还时常以地瓜蔓和芋头梗充饥。

这一家人在贫困线上苦苦挣扎，即使这样，自幼聪颖的唐世凤，心中有一个梦想——读书。连温饱问题都难以解决的家庭，想读书，太难了。唐世凤只能在村里读私塾，时读时辍，所谓的"读"，有时是站在私塾的窗外，偷听先生讲"四书五经"。

直到18岁那年，唐世凤才进泰和县立高等小学校读一年级。当他进入教室时，小学生们还以为他是来授课的先生。当同学们得知这是同学，顿时哄堂大笑，唐世凤却不以为意。半年后，他转入吉安私立吉州中学校读初中，后又因交不起学费，半道辍学。

弟妹手足　夭折之痛

　　唐世凤是家中长子，下有一弟和三个妹妹。其中，两个妹妹都因病无钱医治，先后夭折。这样的伤心和痛苦，唐世凤多次经历。

　　这一次辍学，真是走投无路，他想着自己只能重复父亲的道路了。拿着母亲四处借的一点盘缠，他乘船乘车，再加上步行，到了江西萍乡。在一个黄昏，唐世凤在萍乡见到了瘦削的父亲。父亲一脸悲戚，两鬓斑白。他叫了一声"爹爹"，父亲答应了一声，唐世凤连忙问："弟弟呢？"父亲顿时面色阴沉，默不作声，过了一会儿，曝起皮的双唇中，艰难地吐出两个字，"死了"。

　　唐世凤望着目光呆滞的父亲，听到他轻声说出的两个字，如同五雷轰顶。他被这噩耗击中，痴呆了一样，等他缓过神来，泪如雨下。他问父亲："弟弟怎么死的？"父亲说："生病。"

　　弟弟从小就跟着父亲在萍乡一商店做帮工，他没有料到两年前在家乡送弟弟到渡口，竟然是诀别。唐世凤刚开始哭出了声音，后来，默默饮泣，任凭泪水在脸上流淌。黑暗降临大地，局促的住所一灯如豆，在黑暗中飘忽。

　　父亲问唐世凤："你来这里做什么？"唐世凤说："书读不下去了，也到这里做帮工吧。"

　　父亲沉默了半晌，突然说道："你来这里想走我的老路吗？你想想你可怜的弟弟，又瘦又小，生了病还要工作。难道你想像他一样客死异乡？像他一样死了，随便找个地方埋掉？"

　　面对父亲的质问，唐世凤哑口无言。不走父亲的老路，又有什么出路呢？父亲似乎看透了他的心思，坚定地说："读书！砸锅卖铁也要供你读书。"唐世凤抬起头，看到父亲脸上悲痛、坚毅的神色，看到父亲眼睛中闪烁的光，他忽然意识到：此生只有读书才能出人头地，除了读书，没有更好的路可走。

来萍乡的盘缠已经花光了，父亲为了救治弟弟，欠了一身债。唐世凤在萍乡德成号商铺做伙计，干了三个月，有了盘缠，与父亲告别，踏上回乡的路。

回到泰和，唐世凤的心中又燃烧起希望。他特意到杨士奇墓地拜谒，希望这位乡贤能够保佑他有书可读，有学可上。

杨士奇（1365—1444），名寓，字士奇，号东里，泰和澄江镇人。明朝初年，经举荐入翰林充编修官，修《太祖实录》。永乐十五年（1417）进翰林学士，后改左春坊大学士。洪熙元年（1425）升礼部侍郎兼华盖殿大学士。杨士奇历仕建文、永乐、洪熙、宣德、正统五朝，遇事谨慎稳重，知人善任，终年80岁，赠太师，谥文贞。

杨士奇墓位于泰和县澄江镇杏岭村北山坡上。在杨士奇墓右侧竖着一块两米高的墓碑，记录着他由一介寒士升迁至当朝宰相的一生。四柱牌坊上"与国咸休"四字清晰可见。

唐世凤来到杨士奇墓碑前，把精心采集的野花，虔诚地摆放在墓碑上。唐世凤拜谒完毕后，起身环顾四周，只见青松吐翠。鸟儿在天空中盘旋，降落在密林深处。在一阵细密的鸟儿的鸣叫声中，唐世凤读书的目标愈加清晰明确。

离开杨士奇墓地，唐世凤来到赣江边。江声浩荡，江面宽广，帆船穿梭如织。望着江水，唐世凤心胸开阔了起来，他知道流经泰和县的赣江，从南方来，一直流到鄱阳湖，联通长江。而长江浩浩荡荡，奔腾入海。他眼前的水，可以流到浩瀚无垠的海洋。此时，他的心如被风鼓荡的船上的白帆，他的思绪跨越千古，落到千里之外的大海上……

江汉滔滔万古流，

舟帆如织无时休。

唐世凤默念这样两句诗，转身离开了赣江。这次萍乡之行，承载着唐世凤思想的一次转变，也是青春的一次远行，可谓他漫漫人生路的一个转折点。

回到家中，唐世凤和母亲说了萍乡之行的经历。母亲告诉他，家中的妹妹也夭折了。母亲也想通了，不想让仅存的儿子，走文盲父亲的老路，于是多方借贷，送他再进泰和县立高等小学校就读。

后来，唐世凤来到青岛，在山东大学（今中国海洋大学鱼山校区）执教，面对大学生讲起自己曲折坎坷的求学经历时，他总是无奈地说："我是最老的小学生。"轻轻的叹息中包含着无尽的心酸。听他讲求学故事的大学生们，心中涌起复杂的感受：唐先生在那样穷困的环境中，仍不放弃读书的梦想，自强不息，成为全国闻名的海洋学家，是我们求学、治学路上好榜样！

吉安泰和　地灵人杰

　　唐世凤是吉安之子，他在泰和这块土地上出生、成长。任何一位在青史留名的人物，都会从故乡汲取精神的营养。唐世凤一生，如同大江大河奔腾入海，吉安市泰和县就是他精神的源头。可以这样说，吉安文脉、泰和人文造就了唐世凤。了解20世纪著名的海洋学家唐世凤，要从生养他的土地开始。

　　吉安是一座历史文化悠久的古城，取吉阳（今吉水）、安成（今安福）首字合称为吉安。吉安还有一个在历史中熠熠生辉的别名——庐陵。

　　公元前221年，秦始皇统一中国，实施郡县制，设天下三十六郡，始置庐陵县。东汉末年，孙策升庐陵县为郡，庐陵郡治一直在吉泰盆地内的泰和、吉水、吉州之间迁徙。

　　公元590年，隋朝将庐陵郡改称吉州，隋朝大运河开通后，大运河—长江—赣江—北江成为连接中国南北的交通要道。

　　唐宋时期，吉州城名列全国32个中心城市之一，苏轼曾赞誉道："巍巍城郭阔，庐陵半苏州。"

　　赣江是一条黄金水道，也是江西的交通大动脉，滋润着吉安这颗江畔明珠，造就了吉安的造船业。江西省以出产瓷器闻名于世，吉安辖区内的磁窑灿若珍珠，散落在黄金水道两旁。

　　水上交通便利发达，孕育了造船业。宋代，吉州每年造船约600艘，约占全国1/6，可以称得上当时的"国家级重工业基地"。

　　地处赣江与禾水河交汇处的永和镇，是中国目前保存最好、规模最大、最集中的窑址群，也是吉州窑国家考古遗址公园所在地。早在1000多

年前，吉州窑烧制的瓷器，便搭乘海上丝绸之路的船只远销海外。

永和镇作为"船舶大小总相宜"的天然良港，曾出现"民物繁庶，舟车辐辏"的繁荣景象，永和镇因此被誉为"天下三镇"之一。

经济的繁荣带动着庐陵文化的快速崛起，培育出了一大批状元宰辅、仕子精英。据不完全统计，唐至清末，吉安先后建有吉水皇寮书院、泰和匡山书院、青原阳明书院等269所书院，约占江西全省1/4。其中，始建于南宋淳祐元年（1241）的白鹭洲书院（位于赣江江心的白鹭洲上），为宋时江西四大书院之一。

正是这条神奇的赣江的润泽，让吉安在中国历史上创造了"隔河两宰相、五里三状元"的人文奇观。千百年间，吉安崇文重教，人才辈出，文风代代传承，结出累累硕果，名冠华夏。螺子山顶的文星塔，是吉安人文兴盛的象征。

隋唐开科取士至清末废止科举的一千多年间，从吉安走出了近3000名进士，居全国州府之首；走出了17位状元，居全国第二，仅次于苏州。

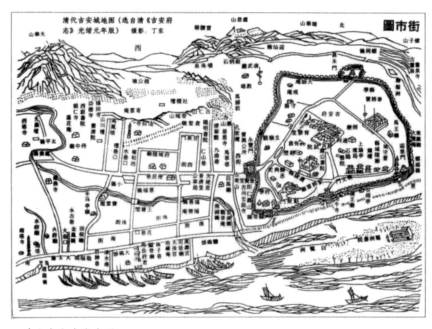

⊙清代吉安城街市图

欧阳修、杨万里、文天祥、解缙等一大批吉安才子，在历史的长河中光耀千秋。画荻教子的欧阳修之母郑氏，是吉安永丰县人。如今，永丰县欧阳修纪念馆内有"画荻教子"塑像。

如果说水与火的交融，催生了古色古香的庐陵文化；那么，血与火的碰撞，则铸就了伟大的井冈山精神，烙印了淬火成钢的红色基因，承载了星星之火可以燎原的初心和使命。

唐世凤的家乡泰和县与井冈山毗邻。泰和是井冈山革命根据地的重要组成部分，全县有开国将军18位，有名有姓的革命烈士5749名。

泰和，古称西昌，位于江西省中南部，井冈山脚下，赣中南吉泰盆地腹地，自古享有"声名文物之邦"美誉，东汉末年建县。以"地产嘉禾，和气所生"而得名。

"落木千山天远大，澄江一道月分明。"《登快阁》是宋代著名诗人黄庭坚在泰和当县令时的一首即兴之作。澄江镇是泰和县城所在地，古为西昌城，后因澄江穿境而过改名为澄江镇，为泰和的政治、经济、文化中心。青山绿水，白鹭翩翩，澄江镇风景秀丽，堪称江南人文胜地。

泰和历史悠久，人文荟萃，泰和文化是庐陵文化的重要组成部分。开科取士以来，泰和共产生状元3名、榜眼4名、探花4名、进士399名，孕育出明代内阁大学士杨士奇、明代状元宰相陈循等杰出人物。

如今，著名的海洋学家唐世凤已经成为泰和的一张文化名片。

我们沿着时光的河流追溯，看一看出身于贫寒之家的唐世凤，是如何一步一步成长为著名的海洋学家的。

可以确信的是，唐世凤的人生长河之中，涌动着庐陵文化的万顷文澜，承接着人文泰和的绵延文脉。赣江之畔的贫困学子，靠着自强不息的品格，奏起海洋的交响。

借贷求学　秉烛夜读

1923年8月，唐世凤考入吉安省立第六中学。

该中学为公立，学费较少。在办理入学手续时，他将"志丰"改成"世凤"，以坚定从头学起的信心，他希望唐家的命运从他开始改写，只要坚持读书，世世代代就会出人中龙凤。数次经历失学的痛苦，加上借贷的压力，让他十分珍惜这来之不易的读书机会，发愤苦学。功夫不负有心人，他的成绩很快上去，成为优等生，免交一切学费。这是他受到系统教育的三年，也是他在学业上突飞猛进的三年。

在吉安省立第六中学读初中时，他常常在同学们此起彼伏的鼾声中悄悄起来，点上蜡烛，秉烛夜读，攻读他最薄弱的课程——英文。长期如此，眼睛视力下降，成了近视眼，不得不配戴近视眼镜。有一年暑假，唐世凤戴着眼镜回家，被他白发苍苍的爷爷看到。唐世凤来到爷爷身边，亲切地叫爷爷。没有料到，他被爷爷劈头盖脸地大骂。爷爷没有见过世面，不了解"西洋镜"的奥秘，一看到孙子鼻梁上架着两个亮晶晶的玻璃片，气就不打一处来，说他见到长者，不摘下眼镜，痛斥他不懂礼貌。

1926年7月初，唐世凤这位"大"学生初中毕业了，再次面临失学。家中债台高筑，借贷无门。此时，唐雅村唐氏家族的人们，伸出援助之手。他得到族人帮助，终于凑足旅费和学费。唐世凤鼓起勇气赶考，他想读高中，继续求学。一个在江西腹地初中毕业的学生，被希望吸引，怀揣着读书的滚烫的梦想，来到了省会城市南昌。他以新奇的目光左看右看，走进了南昌省立第一中学的大门。

　　　1934年冬，唐世凤圆满完成海南生物科学采集的任务，从海南回南京，途经南昌，到母校南昌省立第一中学参观，拜访敬佩的樊士英老师，应他的约稿，写一篇文章发表在一中廿周年纪念特刊上。

唐世凤在《一中与我》文中回忆8年前是如何与一中结缘的："百花洲头，洋房崭新的第一中学校，吴校长开办了一所一中暑期学校。正投所需，我第一步跨进了一中之门，补习功课。弦诵之余，放步洲头，晓风拂面，杨柳曼舞。荷花飘香，清漪饶趣。后来，暑期学校结束，有一天晚上开了一个会，请当今程教育厅长讲演。"

这次讲演深深地铭记在唐世凤脑海之中："我记得那天晚上，月光晶莹，凉风习习，树影人影，映入湖心，摇曳荡流，灯光生动之中，程厅长当时曾有过'用功，把天都感动了！'一句话。善于词令的程先生，讲这句话的时候，'动'字讲得特别洪亮有力，委实让我吃了一惊，所以至今尚未忘记，这是一中引我入校的先声。"

虽经暑假补习，但遗憾的是，唐世凤未能如愿以偿考入南昌省立第一中学，他进了南昌省立第二学校高中部。

1926年秋天，本是唐世凤最好的读书季，谁知，战乱来了。

中秋之夜，北伐的国民革命军打进南昌。好景不长，孙传芳的北洋军又反攻倒算，在城内抢掠屠杀。学校被迫停办，学生纷纷逃亡。唐世凤也几经辗转，多次死里逃生，被服行李全丢，才回到家乡。回到家乡后的唐世凤，虽然身处消息闭塞的泰和，但他时刻关注着北伐革命军的动态。

1927年1月，因为没有旅费，唐世凤不能回到南昌复学，只好转到离家较近的省立吉安中学续读。开学不久，国共分裂的阴云下，斗争波及吉安，学校随之停办。

1927年4月12日，蒋介石在上海发动反革命政变，收缴工人纠察队的武器，疯狂捕杀工人和共产党员。"清党""捕共"之风潮波及江西。

1927年7月，唐世凤受朋友资助重回南昌，考入邵式平主办的江西农民运动训练班。后，又集体赴广州报考黄埔军校，因火车到韶关时被湘军扣留，于是回到泰和县参加农民协会工作。

唐世凤经历了最痛彻心扉的至暗时刻，眼睁睁地看着同志流血牺牲。

后来，唐世凤在自传中写道："只剩下三个人，当时想我们都死了，就没有人知道我们干什么了，要留下一个活下来，把我们的事情告诉后人，三个人抽签决定谁留下。"唐世凤抽到了留下的签。

可是，泰和县反动的"清党委员会"彭寄泉把唐世凤列入缉拿的"黑名单"，还把他好友就义的照片挂在他宿舍对面的墙上。幸有老师李志芳和同学周警予担保，才被列为"共产党嫌疑犯"。

在挚友共产党员赖懃的帮助下，唐世凤连夜离开泰和。一路栖栖惶惶，逃到南昌。此时，南昌同样处在白色恐怖之中。农民运动训练班早已解散，唐世凤一文不名，身无所依，在余鹤九老师的帮助下，转入南昌省立第一中学复读。

"十六年秋冬之交，惊魂未定，我即入一中高二肄业，省议会为校舍，这时一中所给我的印象是：校舍的宽敞，城围的坚实，和当时为动极思静的心理所支配的大多数同学们，低首下心埋头窗下的沉毅之气，使我加增了不少兴奋。"[1]

在战乱大时代，唐世凤时断时续，以坚忍不拔之意志，实现了读书的梦想。他在那个乱世，犹如激荡江河之中的浮萍。但这小小的浮萍，自有超脱的定力、远大的理想，他时时刻刻不忘读书。他一边学习，一边兼做家庭教师。

此时一位同学（已经结婚生子，染上了抽大烟的恶习，其父对他很失望）的父亲，得知唐世凤的境遇——虽然清贫，但是品学兼优，是可造之材。于是，同学的父亲主动提出：负担唐世凤的一切费用，条件是学成之后教他的孙子读书。如此，复读才得以顺利进行。

在生活的磨难中，唐世凤养成了可贵的品格：忠诚宽厚，道义侠气，谦让谦逊。也正因这些可贵的品格，他多次得到贵人相助。他很讲诚信，言出必行，一诺千金。当时兵荒马乱，世事难料。多年之后，唐世凤几经

---

① 唐世凤：《一中与我》，《一中校刊（南昌）》1934年第1-2期。"十六年"指民国十六年，即1927年。

周折，教同学父亲的孙子读书。

数次中断的高中学习，数次被迫的颠沛流离，数次幸运的援助之手，唐世凤凭借着顽强的毅力，开创了自己的人生道路。最黑暗、寒冷的长夜已经熬过，挣破黑暗的黎明之光闪现。唐世凤迎来了一生中最重要的转折点，如同一叶扁舟经历了险滩、激流和暗礁，航行到江水浩荡、宽广的河段。"山平水远苍茫外，地辟天开指顾中。"这是蔡元培勉励傅斯年出国留学写的贺联，用来形容唐世凤此时的人生境遇，也很合适。

1928年夏，唐世凤筹措旅费，只身来到南京，以高中二年修业资格考取国立中央大学师范学院外文系，入校后随即转到理学院生物系。

新的一页，等待唐世凤书写……

第二章

负笈金陵　攻读生物

　　秉志、胡先骕、陈桢、张景钺、蔡堡、王家楫、伍献文……这一连串的名字，代表了国立中央大学生物系独一无二的厚重历史。1928年至1932年，唐世凤在国立中央大学生物系求学时，这些人激励着他孜孜不倦地求学。

中大生物　冠绝中华

1928年9月的一天，唐世凤走进了国立中央大学，感受到这所高等学府的万千气象。当踏进大学校门的那一刻，他就暗暗告诫自己，一定要在青年才俊云集的大学里踏踏实实地学习，以期将来为中国的学术添砖加瓦。

进入国立中央大学后，唐世凤感受到此地纯正严谨的学风。他本来是考入外文系读书，在科学救国梦想的驱使下，他转入理学院生物系学习。

唐世凤在生物系开始学习。上课之余，他了解了国立中央大学的校史和生物系的系史。

国立中央大学的历史可追溯至清末。1902年，张之洞署理两江总督时开始筹建三江师范学堂，1905年更名为两江优级师范学堂，1911年辛亥革命后停办。1914年，在两江优级师范学堂原址筹建南京高等师范学校。1915年，开学。1921年，以南京高等师范学校各专修科组建国立东南大学。1923年，南京高师全部并入。1927年，国立东南大学等江苏省9所专科以上学校合并为国立第四中山大学。1928年，更名江苏大学，旋定名国立中央大学。

国立中央大学是民国时期中国重要的高等学府，也是中华民国国立大学中系科设置齐全、规模较大的大学。1928年挂牌的"国立中央大学"设8个学院34个系科。这种设置达到了1929年7月国民政府颁布的《大学组织法》中所作"大学分文、理、法、教育、农、工、商、医各学院"规定的上限。

唐世凤考入国立中央大学时，正是大学蒸蒸日上之时，他感受到生机勃勃的力量。他就读的生物系，更是全国高校中首屈一指的。

1921年，中国近代生物学主要奠基人，素有"现代生物学之父"之称的秉志，联手中国植物分类学的奠基人胡先骕，共同创办国立东南大学生物系，这是中国国立大学创办的第一个生物系。

国立东南大学生物系是中国现代生物学的摇篮之一，具有辉煌的历史，大师云集，有动物学家秉志，植物学家胡先骕，遗传学家陈桢，生物化学家郑集、王应睐等在此执教。这些生物学方面的专家，桃李满天下，培养出许多科学家。

唐世凤进入国立中央大学生物系求学时，创办生物系的胡先骕已经不在此任教。但他仍是国立中央大学生物系的传奇，唐世凤经常听到教授们谈论秉志、胡先骕。

1936年1月1日，《国风》半月刊第八卷第一期刊出胡先骕的文章，为纪念南京高等师范学校成立20周年而作。这篇文章，可以看作国立中央大学的简史，详细谈到生物系的系史：

溯自辛亥革命，于兹二十四年，国内高等教育自草创之初基，渐臻于发扬光大之域，而科学界成绩尤非昔日梦想所能到。在此科学进步中，国立南京高等师范学校实奠筚路蓝缕之功。南高一校，自成立以至于今，叠经改为国立东南大学、第四中山大学、江苏大学与中央大学，然其诚朴笃实之精神，二十年来始终不变，南高旧日同学以余昔日曾躬与母校开辟草莱之役，乃于发行纪念刊时，嘱为一言。余追寻往事，有不禁怆然而悲，色然而喜者，夫何能不言？言之且絮絮不能自已也。

南京高等师范学校成立于民国四年，农业专修科增设于民国六年，主持科务者为邹秉文先生。初创之时，邹先生外，尚有原颂周先生任作物学教授兼农场主任，翌年张范村先生来主讲畜牧学，余则来授植物学，其时教授不过四人，学生二十余人，显微镜二十余架，图书几绝无仅有。同人踽踽凉凉之态可掬，然各本少年锐气，不以艰巨为可畏。阅二年余遂有漫游浙赣，深入闽粤边境采集植物之举，今日国人所创办之七八生物研究所，要以此为嚆矢焉。无何，秉农山先生来校授动物学，以其渊深博大之学问、孜孜不倦之精神，诱掖青年学子以从事研究，于是在农业专修科中

为附庸之生物学课程，遂蔚为大国。其后钱雨农、陈焕镛、陈席山诸先生先后莅止，东南大学之生物系，乃盖有不可动摇之基础。从而生物系同人复以赤手创办中国科学社生物研究所，国内生物学研究，因得积极进行，二者交相为用，东大生物系遂人才辈出，迄今有六生物学研究机关，皆为南高旧日师生所主持；而七大学之生物系，皆有南高师生任教授，不得谓非一时之盛也。①

　　胡先骕在文中提到了几位生物学专家，都是生物学界大名鼎鼎的人物。

　　唐世凤入学时，钱崇澍（钱雨农）和陈焕镛已经离开国立中央大学。在四年的生物系求学的道路上，唐世凤的业师是谁呢？

　　① 胡宗刚：《胡先骕先生年谱长编》，江西教育出版社2008年版，第233—234页。

秉志燃灯　生物系兴

　　秉志、胡先骕、陈桢、张景钺、蔡堡、王家楫、伍献文……这一连串的名字，代表了国立中央大学生物系独一无二的厚重历史。1928年至1932年，唐世凤在国立中央大学生物系求学时，这些人激励着他孜孜不倦地求学。

　　南京高等师范学校、国立东南大学、国立中央大学，在南京一脉相传，润泽深远。江谦，南京高等师范学校校长；郭秉文，国立东南大学校长；张乃燕和罗家伦，国立中央大学校长。他们都是开风气之先者，奠定了那个时期大学发展的基石。

　　具体到国立中央大学生物系，秉志和蔡堡曾担任生物系主任，他们是生物系的燃灯者，培育了一代又一代的生物学家，让这里人才辈出，薪火相传。

　　童第周是蔡堡的弟子。1927年，童第周毕业于复旦大学哲学系心理学专业；童第周毕业后不久，由国立中央大学生物系主任蔡堡推荐，到国立中央大学生物系任助教。

　　王家楫是秉志的弟子。1929年，王家楫从美国留学回国后，被聘为南京中国科学社生物研究所动物学部研究教授、国立中央大学生物系兼任教授，讲授普通动物学、无脊椎动物学、组织学及胚胎学。唐世凤上过王家楫的课。

　　伍献文是秉志的弟子，而唐世凤是伍献文的弟子。秉志、伍献文、唐世凤，这种师承链条，是20世纪生物学在中国薪火相传的一种表现。

　　"秉报国之志，穿越80年风雨人生，在中国科学界，竖起一座高峰，一

座令人仰望的高峰。"纵观秉志的人生历程，矢志不渝科学救国，治学育人奉献一生。

秉志（1886—1965），原名翟秉志，又名翟际潜，字农山，满族，开封市人。著名动物学家。秉志自幼随父读四书五经，文史诗词。1904年考入京师大学堂预科攻读英文与数、理、化。

1909年，秉志考取第一届庚子赔款官费留学生，赴美国康奈尔大学留学。在康奈尔大学期间，秉志与任鸿隽、赵元任、胡先骕、杨铨（杨杏佛）等一批志同道合的中国留学生走到了一起，作为中国科学社发起人和核心五董事之一发起组织我国最早的民间自然

⊙秉志在美国康奈尔大学时的学生照。

科学学术团体——中国科学社。1915年1月，在秉志等留美中国学生的推动下，《科学》杂志创刊，高举"传播科学，求真致用"科学救国的旗帜，在神州大地播撒"赛先生"的种子。

1918年，秉志在康奈尔大学获哲学博士学位，是第一位获得美国博士学位的中国学者。

1922年，秉志与胡先骕、杨铨共同建立中国第一个生物学研究机构——中国科学社生物研究所。

1937年，日军侵占南京前夕，中央大学搬迁重庆。生物研究所的图书、标本，仪器设备被日军抢掠一空。秉志因妻子病重未随校西迁而回到上海家中。秉志坚守民族气节，不担任日伪学术机构的任何职务。他改名为翟际潜，躲进复旦大学化学系实验室闭门做学问，并在朋友开设的中药厂研究药材蛀虫。他没有忘记一名科学家的责任和使命，并自觉地以笔为枪，进行文化抗战。他用"骥千"的笔名，每周写一篇鼓励人民抗战的文章，投寄《大公报》发表。后来，他又用"伏枥"的笔名，在《学林》与

《科学画报》等刊物上发表文章，评论时事，揭露敌人罪行。

1948年冬季，中央研究院在南京召开院士及评议员选举会议。会议即将结束时，蒋介石准备设宴，发出请柬要每人签注能否出席。秉志断然写上"辞谢"二字。

抗美援朝时，秉志将自己抗战前节衣缩食在南京所置的4处房地产全部捐献出来，购买飞机、大炮，支援中国人民志愿军。他留下遗言，将3000册藏书也捐献给国家。

秉志治学严谨，他长年随身携带一张小卡片，上面写着工作六律：身体强健、心境干净、实验谨慎、观察深入、参考广博、手术精炼；日省六则：心术忠厚、度量宽宏、思想纯正、眼光远大、性情平和、品格清高。

秉志倡导科学研究"五心"俱全：决心、信心、恒心、耐心、细心；终生贯彻五字治学准则：公、忠、信、勤、久。他的治学精神和方法，嘉惠学林。

春风化雨五十载，严谨治学半世纪。秉志为中国生物界培育了大批人才，他的学生王家楫、伍献文、欧阳翥、卢于道、张孟闻、张宗汉等几十人已成为专家。

秉志是燃灯者，这位爱国的科学家，以博大的爱国情怀、执着的科学精神、科学报国的理想，指引一代代学子，书写生物学的华章。

唐世凤在国立中央大学生物系求学期间，亲炙秉志先生风采，感受到他的爱国情怀和科学精神。这如同一盏明灯，照亮唐世凤前行的路。唐世凤是秉志的再传弟子，对唐世凤学术研究和人生道路上起到决定性影响的是伍献文。

恩师授业　亦师亦友

伍献文是唐世凤的业师，也是他的人生导师。在国立中央大学生物系，伍献文只教了唐世凤一年，但学术的影响是一生。

伍献文（1900—1985），字显闻，出生于浙江瑞安。动物学家，我国鱼类学和水生物学的奠基人之一。1948年当选为首届中央研究院院士。1955年当选为中国科学院学部委员（院士）。此后，相继担任中科院水生生物研究所所长、中科院武汉分院院长、九三学社中央委员会常委与全国政协常委等职务。倾注了一生心血的著作《中国鲤科鱼类志》（1964年由上海科学技术出版社出版），是其在生物学界的扛鼎之作。

因家境贫寒，伍献文报考了可以免缴学费并供膳食的南京高等师范农业专修科。在这里，他遇上我国近代著名的动物学家秉志，并有幸成为他的学生。1921年，伍献文以优异成绩毕业，赴厦门大学动物系任助教。在厦门大学，伍献文跟随美国生物学家莱特教授学习动物分类学，掌握了动物分类学的一些基本方法，并协助指导学生进行动物学实验。伍献文在厦门大学工作和生活了6年，接受了动物学研究的基础训练，为其以后的科学研究打下了坚实的基础。

伍献文出自秉志门下，他没有料到会和恩师秉志在厦门大学重聚。

1925年9月，秉志应私立厦门大学校长林文庆的邀请，任厦门大学动物系教授，并担任系主任。秉志的到来，提升了厦门大学动物系的学术地位。而林文庆校长对秉志大力支持，主张扩建动物系博物院。1925年12月5日第130期《厦大周刊》载："本校动物系博物院，筹备已久，内容颇有可观。现自秉农山（秉志）博士兼充该院主任后，林校长益加注意，拟于明年春大肆扩充，预算经费约需一万五千元左右云。"

秉志对校长林文庆的治校方法非常赞赏，认为林文庆爱人下士，有古代君子之风，令人惺惺相惜，与之成为莫逆之交。秉志在鼓浪屿附近海中发现一海星新种，为了纪念林文庆，秉志将这种海星定名为"林文庆海星"。

秉志推荐伍献文在动物系注册学习，成为一名工读生，一边让伍献文给自己当助教，一边让伍献文进一步精进自己的学业。在秉志的指导下，伍献文在组织学和胚胎学方面打下了坚实的基础，并获得厦门大学理学学士学位。

伍献文曾自言："一直追随先生左右，深得教诲，凡四十年。"1929年，伍献文在美国的一本杂志上发表了一篇论文，阐述了在海豚肺内发现的寄生圆虫新种。伍献文将之定名为秉氏圆虫，"以示感谢前本校动物系主任秉农山教育之厚意"[1]。

1927年9月，秉志应国立第四中山大学校长张乃燕的邀请，回到南京，担任生物系主任。一年后，伍献文辞去厦门大学教职，来到国立中央大学执教，教动物分类学以及水生动物采集。在这短短的一年里，伍献文发现唐世凤是一位品学兼优的可造之材，了解了他曲折的求学经历之后，对他格外关爱。

伍献文只比唐世凤大3岁，两人年龄相仿，家境相似，意气相投。虽然唐世凤对伍献文执弟子礼，但两人建立了牢固的亦师亦友的情谊。在此后的人生道路上，伍献文指导唐世凤从事海洋调查、海洋生物采集等专业。唐世凤从而进入浩瀚广博的海洋学研究领域。更重要的是，伍献文曾多次提携唐世凤。可以这样说，如果唐世凤是千里马，伍献文就是赏识他的伯乐。

⊙伍献文（摄于1928年）

---

[1] 陈满意：《厦门大学的先生们》，黄山书社2021年版，第156页。

　　校园的法国梧桐从金秋的金黄，经历了凋零，在一个冬天的沉寂后迸发新绿，在春风的吹拂下，一片葱茏。只有一年的时间，伍献文与唐世凤的人生年轮留在了国立中央大学。

　　1929年，秉志向中华教育文化基金董事会推荐了伍献文，得到国家公派资助的伍献文前往法国巴黎大学深造，仅用了3年时间，就于1932年完成了他的博士论文《中国比目鱼类的形态学、生物学和系统学的研究》，初步确立了他在鱼类学研究领域中的地位。

　　随着伍献文留学归来，他与唐世凤有了更多的人生交集。平生风义兼师友，伍献文与唐世凤的情谊在以后的岁月中延展。在伍献文的教导下，唐世凤进入生物学的殿堂，登堂入室……

学术机构　雨后春笋

　　唐世凤在国立中央大学求学前后生物学专业的学术机构在神州大地出现，如雨后春笋。这些学术机构的诞生，大多数与秉志、胡先骕等人有千丝万缕的联系。

　　"吾国贫弱，至今已极，谈救国者，不能不诉诸科学。观于列强之对吾国，其过去，现在及将来，令人骨颤心悸者也！故吾国今日最急切不容稍缓之务，唯有发展科学以图自救。"这是秉志在1935年的《科学》杂志上振聋发聩的呐喊。这滚烫的话语，道出了那一代学人科学救国的热忱，也成为那个时代知识界、科学界的强音。

　　1914年6月，中国科学社由一批先知先觉的爱国留学生，在美国康奈尔大学创议成立，旨在"提倡科学，鼓吹实业，审定名词，传播知识"。中国科学社的主要发起人为任鸿隽、秉志、周仁、胡明复、赵元任、杨杏佛、过探先、章元善、金邦正等9人，任鸿隽任社长。1915年1月首期《科学》月刊在上海出版，发刊词上"科学"与"民权"赫然并列，申明"以传播世界最新科学知识为职志"。

　　中国科学社还创办了《科学画报》《科学译丛》，与《科学》杂志，好比三驾马车，在古老而悠久的华夏传播现代科学的种子，肩负起科学启蒙的重任。

　　1918年，中国科学社迁回国内，设总社于南京高等师范学校。因南京高等师范学校是中国科学社的大本营，1920年秉志从美国归来，谢绝了北京大学的教职，选择在南京高等师范学校执教。

　　1922年，经过秉志先生与其他生物学家积极筹建，在南京成立了我国

第一个生物学研究机构——中国科学社生物研究所。该所成立后在秉志先生领导下对我国动、植物资源进行了大量的调查研究，除开展形态学和分类学的研究外，还进行生理学、生物化学和遗传学方面的研究。

《中国科学社生物研究所第一次十年报告》这样叙述中国科学社生物研究所成立的缘起：

民国十一年夏[①]，秉农山（秉志）博士归国任教东南大学，既二年间尝循海采集动物；而胡步曾（胡先骕）博士又尝遣人远旅青藏，以搜求奇花异卉。所获动植物标本，盖已蔚然烂然矣，乃谋于科学社曰：海通以迩，外人竟派遣远征队深入国土，以采集生物，虽曰志于学术，而籍以探察形势，图有不利于吾国者，亦颇有其人。传曰：货恶其弃于地也，而况慢藏诲盗，启强暴觊觎之心。则生物学之研究，不容或缓焉。且生物学之研治，直探造化之秘奥，不拘拘于功利，而人君之福利攸系之。进化说兴，举世震耀，而推源于生物学。盖致用始于力学，譬若江河，发于源泉，本源不远，虽流不长。向使以是而启厉学之风，惟淬志于学术是尚，则造福家国，宁有涯际。至于资学致用，进以治菌虫药物，明康强卫生之理，免瘟疫疠之灾，犹其余事焉。社中同人，感之于其言，众议佥同，即推秉、胡及杨杏佛（杨铨）三君擘画生物研究所事，是年八月十八日，生物研究所开幕礼于南京中国科学社，名贤毕集，一时称盛，载《科学》中。[②]

中国科学社生物研究所成立，推定秉志主持其事。所内设动物部、植物部，分别由秉志、胡先骕各司其事。

1928年，胡先骕与秉志等人在尚志学会和中华教育文化基金委员会的支持下，于北京创办了静生生物调查所。建所初期，秉志任所长兼动物部主任，胡先骕任植物部主任，并受聘在北京大学和北京师范大学讲授植物

---

① 胡先骕回忆有误，秉志实为1920年回国。

② 转引自胡宗刚：《北平静生生物调查所创办经纬》，《中国近现代科学技术回顾与展望国际学术研讨会论文集》，中国科学院自然科学史研究所，2002年版，第315页。

学。"静生生物调查所"这个名字中的"静生"是为了纪念中国生物学早期赞助人范源濂。

范源濂，字静生，中国近代著名教育家，湖南湘乡人，留学日本。回国后任清廷学部主事、参事，参与创办清华学堂，并在京师大学堂任教。民国成立，任教育总长，参与创办南开大学，任北京师范大学首任校长。后任中华教育文化基金委员会董事、董事长，1927年12月病逝于天津。范源濂为中国的教育事业作出了巨大贡献，他生活俭朴，为官清廉，待人诚恳，事亲至孝，其高风亮节，深受世人崇敬。

1949年，中科院成立。1950年，中科院批准静生生物调查所和原北平研究院植物学研究所合并，成立中国科学院植物分类研究所。

1930年8月，中国科学社在青岛召开第十五届年会，时任国立青岛大学图书馆主任的学者、戏剧家宋春舫和时任青岛观象台台长的气象学家蒋丙然，在大会上将制定的筹建水族馆及中国海洋科学研究所的倡议书分发给与会代表，得到了当时参会的蔡元培、杨杏佛（杨铨）、李石曾等人的支持。他们积极倡议成立中国海洋研究所，推举胡若愚、蒋丙然、宋春舫为筹委会常务委员，并决定以中国海洋研究所的名义筹建青岛水族馆，择址于青岛海滨公园（今鲁迅公园）内的莱阳路4号。

建设费用由当时的教育部、实业部、中央研究院、北平研究所、青岛市政府、山东省政府、国立青岛大学、青岛观象台、万国体育会、东北海军司令部及宋春舫、朱润生、蒋丙然等捐助。经他们历时一年的多方奔波集资，水族馆于1931年2月28日奠基动工，1932年2月竣工，1932年5月8日正式对外开放。青岛观象台台长蒋丙然先生兼任青岛水族馆馆长，任命李方琮为水族馆主任，刘靖为技正，朱祖佑为技佐。水族馆建成开放时，有玻璃鱼池18个，院中有两座露天水池，剥制标本30件，珊瑚9件。

1932年5月8日，青岛水族馆举行了开馆典礼，蔡元培在青岛水族馆开馆典礼的致辞中说，当时中国"大连而外，仅有此馆！大连水族馆，出自日人之经营。规模既小，设备亦殊简陋，然则此馆，当为吾国第一矣"[1]。

---

[1] 周兆利：《青岛水族馆"吾国第一"》，《青岛日报》2011年5月23日。

在开馆典礼上，青岛市市长沈鸿烈对青岛水族馆采用中国民族特色的古城垣式建筑做了专门解释。他说，青岛先后被德日殖民，"一切建筑物，纯为西洋化。今水族馆能以中国古代建筑，表现吾国固有文化，在青岛可称凤毛麟角。且位于海滨公园，雄而幽静之区。中外人士之来游者，必可得深切之印象，与优美之观感。凡此种种，均于本市文化有相当之贡献"①。

青岛水族馆是我国第一座由中国人设计修建的水族馆，是中国现代水族馆和海洋科学研究事业的摇篮。

1930年夏天，唐世凤在国立中央大学图书馆阅览室看到中国科学社召开第十五届年会的消息后，非常关注这次年会的动态，关心青岛水族馆的建设。

1932年5月，他在报纸上看到青岛水族馆落成并举行开馆典礼，激动地抄录下这则消息，送给他的恋人王敏看。他们坐在法国梧桐树荫下，憧憬着有朝一日到青岛水族馆参观。王敏是浙江杭县人，出身于书香世家。她和唐世凤是同学，一起就读于国立中央大学生物系。两人经常在图书馆一起读书，互相吸引，成为志同道合的恋人。王敏是千金小姐，唐世凤是寒门子弟，爱情逾越了门第的差别。王敏欣赏唐世凤的质朴、勤奋。此时，王敏的弟弟王庠就读于国立中央大学经济系。

唐世凤和王敏在一起读青岛水族馆开馆典礼的报道时，他们也没有料到，青岛将成为两人的港湾。20世纪50年代，他们特意来到青岛水族馆门口蔡元培题写的"青岛水族馆"门柱旁边，拍摄照片作为纪念。此时，两人都到了知天命之年，一生经历了大风大浪。两人站在青岛水族馆门口，回忆起那年5月读报纸的情景，恍如昨日，内心百感交集。在海风吹拂下，照相机"咔嚓"一声，将夫妻二人的身影定格在青岛水族馆，将两位海洋学家的身影定格在岁月的长河之中……

人生充满了很多偶然，也充满了很多必然。就在两人对海洋生物感兴趣，并将之作为研究对象时，他们与青岛这座城市结下了不解之缘。

---

① 孙保锋：《被蔡元培誉为"吾国第一"的青岛水族馆》，《中国档案报》2013年5月24日。

驻足观望　眺望未来

让历史的指针再次指向1928年。就在这一年，国立中央研究院进入中国科学史册。

1928年4月，国民政府颁布《修正国立中央研究院组织条例》，改中华民国大学院中央研究院为国立中央研究院，蔡元培为院长。

1928年11月9日，国民政府颁布了《国立中央研究院组织法》，第一条规定"国立中央研究院直隶于国民政府，为中华民国最高学术研究机关"；第二条规定国立中央研究院的任务是：实行科学研究；指导、联络、奖励学术之研究。第六条规定设如下研究所：物理研究所、化学研究所、工程研究所、地质研究所、天文研究所、气象研究所、历史语言研究所、国文学研究所、考古学研究所、心理学研究所、教育研究所、社会科学研究所、动物研究所、植物研究所。

1929年1月，蔡元培院长聘李四光、秉志、钱崇澍、颜复礼、李济、过探先及钱天鹤为自然历史博物馆筹备处筹备委员会委员，以钱天鹤为常务委员，筹备处设立于南京成贤街46号。当月30日，筹备委员会开会，决定博物馆名称为国立中央研究院自然历史博物馆。由于筹备委员中有出国者，有病故者，当年7月，由院长改聘李四光、秉志、钱崇澍、李济、王家楫及钱天鹤为筹备委员，仍以钱天鹤为常务委员。筹备过程中，通过职员名单、筹拟计划、装置标本、修建房屋、布置园场等工作相继完成。至1930年1月筹备大致就绪，于是取消筹备处，由院长聘钱天鹤为主任，李四

光、秉志、钱崇澍、李济、王家楫为顾问，国立中央研究院自然历史博物馆正式成立。

全馆由研究、事务、顾问三部分组成，研究部分设动物组、植物组，每组由技师一人总其成。动物组技师方炳文，植物组技师秦仁昌。1932年8月，伍献文从法国归来，与方炳文共同担任动物组技师。

为符合《国立中央研究院组织法》，自然历史博物馆于1934年7月1日改名为中央研究院动植物研究所，王家楫任所长。

唐世凤在国立中央大学读书时，关注国立中央研究院的动态，关注国立中央研究院自然历史博物馆。筹备委员中，有唐世凤崇拜的科学家秉志先生，也有前辈校友王家楫。每当唐世凤路过成贤街46号，看到筹备处的牌子，他都会下意识地驻足观望片刻，就像一个青年眺望自己的未来，也像一个年轻学子对未来学术生涯的展望。那时，他受到强烈的吸引，展开畅想，未来自己会在国立中央研究院自然历史博物馆占据一席之位吗？

书阁身影　立志生物

　　唐世凤与王敏经常在图书馆学习，后来两人相恋后，就把约会的地点定在图书馆前的石碑旁。

⊙孟芳图书馆

　　如今的东南大学四牌楼校区图书馆是我国历史悠久的大学图书馆之一，不知"储藏"了多少学子读书的身影。东南大学四牌楼校区图书馆前身是始建于1902年的三江师范学堂藏书楼。1923年国立东南大学时期，独立建馆，定名为国立东南大学孟芳图书馆，该建筑被称为中国20世纪初期图书馆建筑的优秀作品之一。

　　1919—1925年，郭秉文任职国立东南大学校长期间，得知原江苏督军李纯自杀前所立遗嘱，将遗产的一部分捐给南开大学建造八里台校舍。于是，他便劝说继任督军齐燮元独资捐建国立东南大学图书馆，将好事办

在生前，获得齐燮元的首肯。图书馆由外国人帕斯长尔设计，1922年1月4日与体育馆同时举行奠基典礼，1924年建成。建馆及配套设备共花费16万元。

图书馆落成后，以齐燮元之父齐孟芳之名，命名为"孟芳图书馆"，并请张謇题写馆名。图书馆内部为钢筋混凝土结构，外部采用标准的爱奥尼亚式柱廊、山花、檐部等西方古典形式构图，并用仿石材构造的水刷石粉面，整个建筑造型比例匀称，细部装饰精美，是南京市最为地道的爱奥尼亚式建筑。

国立中央大学校区在四牌楼，四牌楼曾经是明朝国子监的一部分。四牌楼是南京文化教育的象征，是充沛文脉绵延不绝的象征。经过历史变迁，如今的东南大学学校内外还保留着一些跟国子监有关的历史遗物。如成贤街这条老街的名字，就带着最初的历史信息。明代朝野上下认为读书人经国子监深造，即成为"贤人"，可入仕为官，故将国子监旁监生常走的街巷称之成贤街。四牌楼，是因成贤街南口和东西两侧各有一座牌坊，国子监南门外还有一座大牌坊，所以俗称这里为"四牌楼"。从600年前的明朝开始，这里就是中国文化教育的中枢。我国古代最大的一部"百科全书"《永乐大典》，就是在南京国子监里编抄成书的。

图书馆前的碑刻保存完好，在郭秉文写的《孟芳图书馆记》中，称齐燮元重视教育，并非过誉之辞。除了资助建设孟芳图书馆，齐燮元还在南京创办了一所贫儿院，专收家境困难的孩子入学。1921年，这所贫儿院有430名男生、320名女生，是当时南京规模最大的国民小学。这些学生不用交学费，不用交住宿费，学校还发给他们衣服和零花钱。学校所有的花费，一开始是齐燮元自掏腰包，后来才改为省财政拨款。

有一次，唐世凤等王敏来图书馆时，他仔细阅读郭秉文撰写的碑刻《孟芳图书馆记》，读罢之后，颠覆了对军阀齐燮元的刻板印象。原来这个军阀也并非只会拥兵自重、收刮民脂、抢夺地盘，他还有重视教育的一面。出身贫寒、历经多次挫折的唐世凤，对齐燮元捐建图书馆、资助贫儿院孩子上学之举，有一种莫名的好感。等到王敏后，唐世凤把自己的想法告诉了王敏。王敏觉得诧异，开玩笑地对唐世凤说："难道你毕业后想从政吗？"

唐世凤连忙否认，坦言自己想从事生物学研究。唐世凤坚定了自己从事学术研究的道路，说起来，还与国立中央大学发生的一件事有关系。

1930年至1931年，朱家骅任国立中央大学校长，他利用自己在国民政府中的地位和影响，以召开国民会议的名义，获得国民政府的拨款。

1931年5月5日是孙中山就任非常大总统纪念日，国民政府第一届国民会议在国立中央大学中央大道尽头的大礼堂正式开幕。

开会这一天，447位国民会议代表、44位国民党党政要员，以及近千名新闻记者和各方面人士涌进了校园，参加开幕式。蒋介石在开幕式上致辞，张学良因支持蒋介石打败阎锡山和冯玉祥而被视为这次会议的上宾。从5月8日至17日，国民会议共举行了8次全体大会，讨论通过了《中华民国训政时期约法》《实业建设程序案》《政治总报告决议案》等几十项议案。

在国立中央大学大礼堂召开国民会议，民国军政要人来来往往，打破了校园的平静，学术圣地也开始变得车马喧闹。师生对此颇有怨言。

唐世凤对那些政客有一种本能的排斥，在国立中央大学浓郁的学术氛围中，他养成了治学的习惯，从事生物学研究是他一生的职志。此时，他的"朋友圈"全是国立中央大学生物系的师友。

在借债、兼课的工读生活中，唐世凤度过了4年的大学生活。唐世凤读大学，因为家境贫寒，需要以半工半读的方式完成学业，只要有书读，不管多么苦，不管多么累，他都甘之如饴。

1932年12月，唐世凤大学毕业。为了偿还读大学的欠款，他远离自己的家乡，到薪水较高的安徽休宁县担任省立第二中学生物教员。休宁县位于安徽最南端，是"八山一水半分田"的典型山区。　下进入大山，　切全靠步行，再也没有家乡泰和的"舟楫之便"。

1933年，唐世凤在安徽省立第二中学工作时，因距黄山不远，喜欢上了黄山。黄山地理环境独特，风景秀丽。唐世凤若不离开安徽省立第二中学，会有很多生物采集的工作要做。

后来，唐世凤谈起在休宁工作时对亲友说，从省立第二中学步行3个小时，可到齐云山下，香炉峰上有铁锁垂下。

群山如海，丹崖耸翠，齐云山是道教名山，道家的"桃源洞天"。齐云山又称白岳，与黄山南北相望。清朝，齐云山被乾隆皇帝题为"天下无双胜地，江南第一名山"。

唐世凤闲暇时曾与安徽省立第二中学的同事游览齐云山，登上香炉峰，并夜宿香炉峰。他请国立中央大学艺术教育系同学、画家叶季英（徐悲鸿的弟子）先生作画，纪念齐云山之游。

齐云山"一石插天，直入云霄"，游览归来，他感觉自己与国内生物学界隔绝了。正当他苦闷之时，一封信飞到他的案头，他的治学之旅，有了转机……

海洋先驱
唐世凤

第三章

恩师召唤　厦门采集

　　日月星辰，海岸岛屿，潮汐波浪，海错鳞介。海洋中的一切，都强烈地吸引着唐世凤。他为大海欢呼，为大海歌唱，为大海扬帆，他想破解海洋的奥秘。

恩师来信　人生转折

　　唐世凤在休宁的大山之间，苦闷地找不到学术研究的出路时，一封信带着希望，如同远方飞来的鸽子，停留在他的书窗前。

　　唐世凤看了看信封的字体，惊喜如同层层海浪，冲击着他激动的心房。这是他的恩师伍献文的来信。

　　1932年，伍献文在法国获得博士学位后回国。当伍献文回到熟悉的国立中央大学的校园，他多方打听唐世凤的下落，最后终于得知唐世凤已到安徽休宁教书。

　　伍献文回国后，被中央研究院聘请，主持自然历史博物馆动物学部的工作。他对鱼类学研究情有独钟，急需一位得力助手协助他开展此项工作。他首先就想到勤学、谦逊、奋发的唐世凤。他立即去信，要他到自然历史博物馆工作，请他担任助理研究员。

　　这穿越千山万水的来信，带着恩师深厚的情谊，落在唐世凤的书桌上。读罢这封邀请函，他心情久久不能平静，望着窗外的青山。夕阳的余晖染红了天空，晚霞在天空中静静地燃烧，铅色的云块被红色晕染。风在万顷竹林中起伏，发出簌簌的声浪。鸟儿在空中盘旋，飞入密林深处。光线逐渐暗淡了，天空变得幽蓝，暮色降临，如同水墨在宣纸上氤氲开来。夜晚来临了，黑暗笼罩了休宁县城，宁静如太古，偶尔传来几声犬吠。不知谁家的孩子哭了，最后哭声消弭于静谧之中。

　　唐世凤的心情平复了，他的书窗前，一灯如豆，照亮了书桌。唐世凤伏案写信，他的脸上浮现着淡淡的笑意，眼睛里跳跃着光芒，心中有一团憧憬未来的火苗。他给恩师伍献文写信，写下人间绵长悠远的师生情谊，写下一位年轻人从事生物学研究的梦想与渴望。

很快，唐世凤走出休宁的大山，抵达安庆后，乘舟东去。在长江的航船上，他才真正体会到李白"朝辞白帝彩云间，千里江陵一日还"的感受。唐世凤在轻舟之上，心随着长江的滚滚东流水奔向南京。江风浩荡，他伫立在甲板上，看着客轮劈波斩浪，浪花在轮船两侧散开。他抬起头，看着两岸起伏的山峦，似乎看到一幅未来的画卷徐徐打开。

南京城在远方的烟云之中慢慢显现出来。唐世凤望着前方的石头城，心里发出响亮的欢呼：前度唐郎今又来！

这是唐世凤人生中又一个重要的转折点。当他回到熟悉的成贤街，再次看到中央研究院自然历史博物馆的牌子，他禁不住流下热泪。他笑着擦掉眼泪，坚定地走进去。他已经进入中国生物学研究的中心，并即将进入海洋调查与海洋生物研究这神秘的领域。

唐世凤见到恩师后，两人秉烛夜谈，他由此了解到国际生物学发展的动态，多个学科的交叉地带——海洋学——逐渐成为一门显学。海洋生物研究成为当时生物学的前沿。从此，他就与中国海洋科学调查工作结下了不解之缘。唐世凤在1955年《自传》中写道："我进中央研究院工作是我一生职业走向学术工作的开始，伍先生是我在中央研究院服务期间的导师，给我的教育很多。"

因为伍献文先生的举荐，唐世凤开始服务于中央研究院，在中央研究院具有一席之位。据唐世凤先生四子唐乐永提供的资料，唐世凤珍藏着一枚1934年国立中央研究院徽章，圆形，铜质，正面为镶嵌珐琅工艺制作。中心是白色菱形上北下南的指南针，中圈内是孙中山先生"知难行易"的篆书四字，沿用古钱币内圆外方、对称平衡的布局，表达中央研究院分实基础艰苦前行的科学指南；外圈上半部是篆书"国立中央研究院"，下半部是代表九州的九颗五角星。徽章背面正中是代表国民政府文官处印铸局官方的方形印戳，内篆书"印铸局制"四字，下方有编号382。唐世凤一直珍藏着这枚徽章，感念在国立中央研究院的工作时光。

⊙徽章正面　　　　　　　　　　⊙徽章反面

参观厦大　自强不息

厦门海滨。私立厦门大学最初的五栋楼一字排开，这是第一期建设的校舍。

演武场上，主楼集贤楼居中，一侧是囊萤楼（宿舍楼）、同安楼（教学楼），一侧是集美楼（建校初期作为图书馆，鲁迅工作和居住过的地方，如今是鲁迅纪念馆）、映雪楼（宿舍楼）。中间主楼采取中国宫殿式琉璃瓦屋顶，主楼相邻两栋取中式斜尖屋顶，旁边两栋取西式屋顶，既错落有致，又美观大方。

这5栋楼于1922年竣工，一诞生，就是厦门的地标。世界各地的轮船进入厦门港，首先看到的建筑物就是这一排石砌的大楼。

这5座校园建筑，耸立在浓绿山坡的山脚下。背景是绿色的起伏的山峦，就像绿色的大海。五栋楼前，是一片开阔的操场，仍然叫演武场。这是郑成功当年演武练兵的遗址。郑成功曾在这里操练士兵，检阅部队。

⊙厦门大学操场

当唐世凤站在集贤楼的窗口向前方眺望时，他的心就像被一股强劲而新鲜的风鼓荡起的白帆，朝着无边无垠的学海航行。他首先看到的是演武场，海风吹拂着他的头发，把他的思绪带入历史之中。他遥想郑成功在这里训练、检阅部队，受训部队成为收复台湾的主力。站在这里，站在历史

与现实的交汇点，唐世凤一下子明白，陈嘉庚为何选择演武场作为厦门大学的校址。他选择演武场的遗址创办厦门大学，寓意秉承先辈遗志，爱国兴邦。

远处，是蓝色宝石一样的万顷大海，白色的浪花从海洋深处，一波接着一波而至，前浪在金黄色的沙滩上"轰"的一声散开，后浪赓续而至，一波才动万波随，永无止境。唐世凤远远地观看大海，这是他第一次见到海，他的心帆却已经被风吹到海天之间、水云深处。日月星辰，海岸岛屿，潮汐波浪，海错鳞介。海洋中的一切，都强烈地吸引着他。他为大海欢呼，为大海歌唱，为大海扬帆，他想破解海洋的奥秘。

所有对海洋的科学研究和探索，无不从探索脚下开始。初遇大海的兴奋和激动渐渐平息之后，唐世凤在厦门大学漫步，在这所高等学府自由地徜徉。唐世凤找来厦门大学的介绍，了解这所背依青山、面朝大海的大学。

在集贤楼，唐世凤看到了厦门大学创立时的照片和介绍。厦门大学是中国第一所华侨创办的大学，陈嘉庚（1874—1961）、陈敬贤兄弟抱着"教育为立国之本、兴学乃国民天职"的信念，怀着"为吾国放一异彩"的宏愿，出资创办私立厦门大学。

经过紧锣密鼓的筹备，1921年4月6日，厦门大学借用集美中学新校舍即温楼，如期举办开校仪式，在演讲台中间，挂着陈嘉庚选定的四个字："自强不息"。

1921年5月9日，陈嘉庚亲领着100多名厦门大学师生，从集美学校来到位于厦门岛南端的演武场，为厦门大学的第一座主楼群举行奠基仪式。

⊙陈嘉庚（左一）、林文庆（右一）等视察建设中的厦门大学校舍。

主楼群规划五栋，一字排开，主楼背倚五老主峰，南向南太武高峰，面对蔚蓝色的大海，起名"群贤楼"，取"群贤毕至"之意。

厦门大学的第一任校长是邓萃英。林文庆是厦门大学第二任校长。从1921年7月至1937年7月，16年间，他为中国近代高等教育和厦门大学留下了一笔宝贵财富。

"本大学之主要目的，在博集东西各国之学术及其精神，以研究一切现象之底蕴与功用；同时并阐发中国固有学艺之美质，使之融会贯通，成为一种最新最完善之文化。"这是林文庆的办学理念。

"本校之目的在养成各种高等专门人才，使本校之学生虽足不出国外，而其所受之教育，能与世界各大学相颉颃。"这是林文庆提出的培养目标。

在林文庆校长的规划中，私立厦门大学应"成为我国南部之文化中心点""成为我国南部之科学中心点"。

为了更好地体现厦门大学的高远目标，林文庆亲自绘制了校徽，将校训"止于至善"四个字镌刻于校徽内圆圈，显示出其作为大学核心价值观的灵魂作用。

林文庆为厦门大学的创建奠定了坚实的基础。厦门大学刚成立时，只有师范和商学两部，在林文庆的苦心经营下，到1930年，设立了文、理、法、教育、商五学院21个系，其中，还有天文系，并建成了一所天文气象台。在当时的私立学校中，厦门大学名列前茅。

陈嘉庚"毁家办学"，林文庆擘画蓝图，体现了厦门大学的校训"自强不息"。

看过集贤楼里的展览，唐世凤走出来，心中揣摩着"自强不息，止于至善"的含义，脚步欢快又踏实地走在校园中。头顶的阳光直射下来，热浪滚滚，榕树耸立，大学校园的楼前则耸立着棕榈，他　　辨认着校园里的花木——凤凰木、刺桐、木棉、枫香、黄花槐。三角梅在绿荫的烘托下，明艳动人，热情似火，在山坡上，在篱笆上，在绿化带，随处可见其风姿，摇曳出厦门的风情。三角梅追随着唐世凤的脚步。"长髯"飘拂的榕树，把热风染绿。风混合着阳光和大海的气息，裹着草木和鲜花的气味。

他在风中游走，如同海洋中的一头海豚，在浪尖飞跃。

突然，一阵歌声响起，唐世凤回头望了望，大学生们的合唱，从同安楼的窗口飘来。他停下了脚步，凝神谛听：

自强！自强！学海何洋洋！谁与操钥发其藏？
鹭江深且长，致吾知于无央。
吁嗟乎！南方之强！吁嗟乎！南方之强！

自强！自强！人生何茫茫！谁与普渡驾慈航？
鹭江深且长，充吾爱于无疆。
吁嗟乎！南方之强！吁嗟乎！南方之强！

一曲终了，余韵被海风吹散，唐世凤仍然呆立在原地。"自强！自强！人生何茫茫！谁与普渡驾慈航？"他思索着，凝视着前方的大海。他觉得，他终于找到了人生的航向，以自强为船桨，以进取为风帆，向着海洋进发。

唐世凤晚年在青岛，在山东海洋学院的图书馆，坐在打开着的海洋书籍前，回望自己的学海生涯，他觉得跟随恩师伍献文到厦门大学，是他与海洋科学研究结缘之始，也有缘结识陈嘉庚先生。

海阔天高　厦门采集

　　1933年暑假，伍献文偕唐世凤到厦门参加中华海产物学会第三届年会，让他学习如何采集海产动物标本，聆听著名科学家的研究成果。唐世凤不仅在实践中学到了本领，而且开阔了眼界。

⊙1933年参与暑期厦门海产生物调查工作的诸位合影（张晓良提供）
第一排左起：王家楫、邓叔群、王以康、武兆发、陈子英；
第二排左起：唐世凤、曾呈奎、倪达书、刘崇乐、戴立生；
第三排左起：王凤振、洪君、史德威（A. N. Steward）、朱树屏、伍献文。

在厦门大学，唐世凤如鱼得水。因为秉志、伍献文都在厦门大学生物系任教，唐世凤开始顺利开展生物系科研研究。他在厦门海滨采集海洋生物，第一次出海，在刘五店跟随渔民出海，捕捉文昌鱼。

说起文昌鱼的发现，还有一段故事。

1923年，厦门大学美籍教授莱德在考察厦门海域动物分布时，偶然来到了刘五店，意外发现了脊椎动物远祖宗亲——"活化石"文昌鱼。渔民居然把这种珍稀生物当成佐餐小菜。这种由无脊椎动物进化至脊椎动物的过渡类型动物，在世界其他海域均极罕见，但在厦门附近浅海沙质区竟大量生存、繁衍。当地渔民以捕捞文昌鱼为业，真是生物界的一大奇迹。

莱德经考察研究后，撰写了论文《厦门大学附近之文昌鱼渔业》，在美国科学刊物SCIENCE上发表，引起国际学术界的瞩目。世界各地的动物研究机构及国内大中学校，纷纷来信索购文昌鱼标本。厦门大学的生物学研究也由此闻名于国内外。

为了尊重刘五店渔民的原创，国际生物学界沿用了其对这种古生物的雅称——"文昌鱼"。宋代绍兴年间任同安主簿的朱熹，在诗文中提到过文昌鱼。朱熹后来被皇帝赐为"文昌帝君"。朱熹出生的时间恰好是文昌鱼的旺发季节，人们为纪念朱熹功德，故称此鱼为"文昌鱼"。

唐世凤在国立中央大学生物系读书时，就读到过研究文昌鱼的论文。这次跟随伍献文结识了美籍教授莱德，又跟随渔民出海捕捉文昌鱼，真有一种梦想成真的感觉。

从厦门大学乘坐轮船，沿着厦门岛东岸北上。刘五店位于厦门北侧水道的东北方，西面正对厦门岛的高崎、集美。

唐世凤站在轮船上眺望，左侧厦门岛屿的海岸线清晰可见，右侧海天一色，浩渺无垠。水天相接之处，海气弥漫。

看了一阵海上风光，唐世凤回到船舱，坐下来，翻阅刘五店的资料。

早在宋元时代，刘五店就已经是同安汀溪窑"珠光瓷"的主要输出港口。古时候刘五店渔民出海，有时远到马来西亚、印度尼西亚和新加坡等地。

到了清朝康熙、乾隆年间，刘五店渔业已经颇具规模，设立海关、港口。至光绪年间，这里已成为一个贸易码头和小集镇，有商船南下北上，货物运输繁忙。到了民国，刘五店码头非常繁荣，商贾众多，政府还设立了公安局、海关、养生堂（就像现在的孤儿院）等机构。

远远地，看到了刘五店码头，唐世凤一行下船。他登陆后，就发现刘五店地理位置的独特之处。如果从空中俯瞰，刘五店的老街就像一根扁担挑两头，左边是池塘，右边是大海。村在海中，海融村中。

汕头尾海滩，海沙洁白如雪，涨潮时，整条沙带浮在潮水上面。退潮后，小蟹开始"登场"，它们从沙滩的洞穴里爬出来，密密麻麻，遍布沙滩。

在刘五店考察了几天后，唐世凤与渔民同吃同住，同舟共济，他才明白这个汕头尾沙滩，其实是避风港的拦门沙。这个海滩的形成，与当地渔民捕捞文昌鱼有关。

由于食用文昌鱼的传统较为久远，刘五店人发明了专门用来捕捞文昌鱼的奇特渔具：一种特制的宽锄头。这种宽锄头用来把混有文昌鱼的海沙耙上船。海沙被运回刘五店海边后，淘出的砂砾日积月累地被海浪打磨，就形成了汕头尾沙滩。

文昌鱼营养丰富，味道鲜美。刘五店的渔民把文昌鱼叫"薪担物"（因体形似扁担）。渔民每天都捕个几十担，熬汁、晒干、配稀粥，有多种多样的吃法。生在刘五店的人，背井离乡去流浪，都会带着晒干的文昌鱼，每当想家时，就品尝故乡的风味，以慰乡思。

和渔民一起出海捕鱼，回航时，唐世凤就多问多记，他还留意观察刘五店的风土人情和渔民信仰。他专门到建于明朝的龙腾宫考察。龙腾宫主祀保生大帝，香火颇盛。龙腾宫门口两侧的柱子上，刻有楹联：

门前池接海养生变化龙腾，

座后旗当鼓引动行空天马。

短短的几天，唐世凤对刘五店的地理环境、渔民捕捞都已经熟悉，也熟练地掌握了海洋生物采集和制作标本的方法。

经过一个星期的风吹日晒，他的脸变得红彤彤的。他每天忙着采集，记录刘五店的潮汐、海产等数据，乐此不疲……

痴迷研究 废寝忘食

在厦门的这段日子，唐世凤开始研究厦门的海洋潮汐，研究采集来的海洋生物。最令他痴迷的是文昌鱼。

他的脑海之中，全是"薪担物"，有时，一闭上眼睛，一群文昌鱼，在海底随着海浪摇摆。

德国生物学家黑格尔在1874年出版的《人类进化》（*The Evolution of Man*）一书中说："在所有已灭绝的动物中，唯有文昌鱼能使我们勾画出志留纪最早的脊椎动物祖先。"[①]这句话，道出文昌鱼为何被生物学家重视。

文昌鱼，是恐龙时代的海洋生物——脊索动物的典型代表，可谓沧海遗孤。这种生物因为没有脊椎而很难留下化石遗迹，一度成为生物进化中的缺失链条。它是从无脊椎动物进化到脊椎动物的过渡种类。生物学家认为，从生物的演化史来说，文昌鱼是鱼类的祖先。

唐世凤最先研究的是文昌鱼的生活习性。

文昌鱼喜欢生活在浅海粗糙的沙滩中，主要靠体内肌节的收缩，加上不断扭动身体及尾鳍，身体才能向前移动。虽然文昌鱼的自卫能力极差，却有很强的钻沙本领。平时，它总是将身体的后端插入沙中，只露出前端的触须进行呼吸和寻找食物。由于文昌鱼没有眼睛，只有一个眼点，所以十分害怕强烈的光线，因此它白天一直躲在泥沙里，到了夜晚才出来觅食。夜晚降临，文昌鱼从泥沙中游出觅食，它的触须极为灵敏，稍有动

---

① 转引自张士璀，等：《文昌鱼——研究脊椎动物起源和进化的模式动物》，《生命科学》第13卷第5期，2001年10月，第215页。

静，又会钻入泥沙中。

文昌鱼虽名为鱼，体形亦似鱼，但不是真正的鱼。它是一种体长40～50毫米的半透明动物。它没有头与躯干之分，也没有鳞、脊椎骨，仅有一根棒状的脊索从前到后纵贯全身，所以它被称为脊索动物。

文昌鱼的进食和排泄等过程保留着无脊椎动物的方式，但其呼吸系统、神经系统、血管系统以及繁殖发育过程都有了脊椎动物的样子。文昌鱼还具有动脉弓和肝盲囊，是脊椎动物发育早期的形态。这对于研究脊椎动物的发育和发展尤为重要。

文昌鱼两头呈尖状，并没有完全清晰的头部，只能看出大概的轮廓。它的头部位置比尾部更宽些，尾部相对来说较尖。另外文昌鱼头部并无明显的眼睛，在头部的前端有眼点，名为视觉器，下部口称作"口笠"。在口部处有数十条寇口须，

⊙文昌鱼

气咽的两侧有垂直的鳃裂。文昌鱼的鳃裂并不是直接和外界相连通的，而是被表面的皮肤和肌肉包裹着，是一种特殊的"围鳃腔"。文昌鱼也具有尾鳍、背鳍和肛前鳍，但是它的鱼鳍并没有实体的骨骼，只是一层皮膜物。它的腹部还存在一个外孔，称为腹孔，用围鳃腔出体外的开口。它的鱼身两侧分布着数十个明显的肌节，这有利于文昌鱼在水中的游动。

文昌鱼的繁殖是依靠围鳃腔两侧内壁上的生殖腺来完成的。文昌鱼达到性成熟之后，雄性文昌鱼性腺内精巢呈白色，而雌性的卵巢呈淡黄色，以此可将雌雄文昌鱼区别开来。唐世凤在刘五店出海采集时，一位渔民也教他如何辨别雌雄文昌鱼。

从此，唐世凤与文昌鱼结下不解之缘。几年后，他和恩师伍献文在山东半岛的渤海、黄海海域进行海洋考察和渔业调查，在烟台和青岛也发现了文昌鱼。唐世凤到英国利物浦大学留学时，与研究海洋学的同学谈起自己在厦门刘五店采集文昌鱼的经历时，同学的眼睛里流露出羡慕的目光。厦门刘五店是当时世界上唯一的文昌鱼渔场。

　　夏天的深夜，万籁俱寂，唐世凤房间里的灯亮着，他孜孜不倦地研究采集来的海洋生物，有了新的发现就奋笔疾书。

　　在厦门，唐世凤还随厦门大学生物系的教授到了鼓浪屿，在这个美丽的岛屿上采集海洋生物。有一次，他从码头归来，经过一栋别墅，有人告诉他，这就是厦门大学校长林文庆先生的住宅。唐世凤站在林校长住宅前，欣赏着这栋别墅，脑海里幻想浮现，就像一只海鸟一闪而过，消逝在海天之间……

暑期年会　精英荟萃

　　唐世凤能够随伍献文来到厦门，要感谢厦门大学学术机构——中华海产物学会。这个学术机构是怎样成立的？这要从厦门大学生物系说起。

　　厦大理科生物学的研究工作自建校开始就打下了很好的基础。1921年，陈嘉庚创办学校之初，即兴办生物海洋学科。1922年，设立植物、动物两科，聘请海内外知名学者来校执教。

　　林文庆校长邀请植物学家钟心煊、动物学家秉志来校任教。在他们的努力下，至1926年，"厦门岛附近海洋动物的采集和分类研究""昆虫的调查与研究""中国白蚁种类的研究""福建林业的研究"等课题及动植物标本之采集、制作、鉴定，均取得新的成果。

　　1926年冬，动物系与植物系联合创办生物材料供应所，采集海洋、淡水及陆地之生物标本，用制片、酒精中保藏、甲醛溶液中保藏等三种方法制作。至12月底，计采集制成原生、多孔、腔肠、扁体、线形、苔形、环节、棘皮、软体、节足、棘颚、头索等动物及鱼类、鸟类、双栖类、爬虫类共127种标本，以应国内外各学校及生物研究机构之需求，成为当年全国生物标本供应主要基地之一，为生物科学的研究贡献了力量。

　　值得一提的是，厦门大学在海洋生物研究方面，实力雄厚。除了莱德发现的文昌鱼享誉全球，厦门大学历年发现的海洋生物新种，计有陈嘉庚水母、林文庆海星、丁文江黄鱼等数种。

　　1930年，厦门大学生物研究更上一层楼。

　　1930年，厦门大学与中华教育文化基金会联合举办"暑期生物研究会"，邀请了中山大学陈达夫，岭南大学赫德曼、米拉、李克罗，东北大学刘崇乐，北平协和大学林可胜、尼古拉斯、马文昭、侯祥川，燕京大学博曼理，金陵大学霍肇立、祝海如，金陵女子大学黎富思女士，国立青岛大学刘国靖、九江白郎，沪江大学郁康荣，东吴大学武兆发，暨南大学徐人杰、黄农，之江大学马尔虚，福州协和大学开洛格，鼓浪屿英华书院达来等中外籍学者22人参加研究，几乎集中了全国生物学界的精英。

"暑期生物研究会"于1930年7月14日开幕，由厦门大学陈子英、林绍文两位教授主持。首先对生物学上著名且为厦门特产的文昌鱼做了系统的研究，如林可胜的《文昌鱼之神经及肌肉系统》、陈子英的《文昌鱼之呼吸生理》、祝海如的《文昌鱼之寄生虫》、郁康荣的《文昌鱼之食料》、赫德曼的《文昌鱼之生活环境》。此外，各位学者向会议提交其近期研究成果的论文18篇，内容从海胆、木榔（食船木虫），到竹子、水虱；从海洋原生动物、鱼类之毛细管，到石龟子的解剖、蟋蟀精子之发成等，十分丰富。7月20日，代表们到南太武采集；22日到刘五店观察渔夫抓文昌鱼；8月2日到鼓浪屿海上采集；9日开生物学教师会议；18日开中国海滨生物馆筹建会议；历时40天，至8月24日闭幕。

召开规模如此之大的生物研究会议，在中国生物学界尚属首次。会议期间，代表们经过实地考察，认为厦门地区海洋生物之丰富，种类之繁多，非特甲于中国沿海各区，且亦不让于欧、美、日本设有海滨生物馆之海区，对厦门大学建立全国第一所海滨生物馆的提议，国内生物学界的教授都表示支持。最后，与会代表宣布成立"中华海产物学会"，并在厦大设立海洋生物研究场。[①]

此后，每年暑假，中华海产物学会举办年会，并举办生物讲习班。机缘巧合，伍献文提携唐世凤进入了国内海洋生物研究的中心——厦门大学。

唐世凤在厦门熟悉了海洋生物采集、制作标本的流程，也开始了海洋生物研究的航程。厦门采集项目是一次练兵，更重要的海洋调查和海洋生物采集"召唤"唐世凤参加。

---

① 参见厦门大学校史编委会：《厦门大学校史（1921—1949）》，厦门大学出版社1990年版，第131—132页。

第四章

海南采集　海洋调查

　　陵水新村港口窄内宽，东西两面有南湾半岛环抱，是一处风平浪静的渔港。唐世凤在陵水新村港采集到海参、海葵、海星、海绵等海洋动物。

才俊集结　奔赴琼州

1934年1月，中央研究院动植物研究所、中国科学社生物研究所等6个单位共同组成海南生物科学采集团，参加者12人，分海队和陆队，以海南岛周边水域和陆域生物作为调查对象，分组调查研究。伍献文让唐世凤代表中央研究院参加并领导海洋生物调查队工作。

这是中国生物学界的一件盛事。笔者查阅了大量的资料，试图考证出6个单位派出谁参加了海南生物科学采集团，仍有遗憾，现将参与的学术机构和"出征"人员名单罗列如下：

中央研究院动植物研究所	唐世凤	生物采集
南京中国科学社生物研究所	王以康	生物采集
北平静生生物调查所	何琦等4人	生物采集
青岛国立山东大学	刘咸	人类学调查
清华大学	参加人员不详	生物采集
两广地质调查所	参加人员不详	地质调查

6家国内的学术机构联合进行海南生物科学采集，前所未有。此次采集由秉志任总指挥，负责组织策划、人员任用、经费协调、标本分配等。"所采标本先供专题研究者研究，然后再由秉志按各机关所出经费多少进行分配。"①

---

① 胡宗刚撰：《胡先骕先生年谱》，江西教育出版社2008年版，第200页。

　　唐世风在《海南采集谈》一文中明确指出："海南植物，曾经广东中山大学农林植物研究所及岭南大学多年之采集，为避免重复及保持分工合作计，所以本团专事动物采集，及人类学调查。两广地质调查所由广州临时参加，独任地质调查工作。"[①]

　　1934年1月15日，在南京的海南生物科学采集团成员接过寄予厚望和生物研究重托的旗帜，扬帆出发，先到了上海，与北平的团员汇合。1月18日，他们乘坐日本"皇后"号客轮，抵达广州。在广州，他们与两广地质调查所的成员汇合，置办登陆海南岛所需的物资和药品。从广州出发时，考察团成员合影，留下了一张珍贵的照片。

⊙海南生物科学采集团成员从广州出发前留影（唐乐永提供）

　　1934年1月29日，他们乘坐轮船抵达海南岛，并在海口登陆。2月2日，海南生物科学采集团兵分两路，开始了长达10个月的海南生物采集与科学调查。

　　关于陆队的采集，《静生生物调查所第六次年报》（1934年）有总结，可观其大概：

　　本所派何琦君等四人参加，一月十日由平起程，到达海南后，该团分陆海两队工作。海队在沿海地带工作，采集以海产生物为主；陆队则深入黎苗所居之山岭区域工作，采集以陆产生物为主。何琦君负领陆队之责，率队员六人，在黎境工作者，历时十月余，经彦圣、同甲、毛尚岭、保停、白魄、新村港、沙漠崛等地，几经困苦，同行六人均先后患病，幸

处理得法，工作未尝间断。十一月中，何君率队员北返，携回大批兽皮、鸟皮、爬虫类、软体动物、环形动物、寄生虫标本、甲壳类、蜘蛛、百足等标本。①

值得一提的是，参加海南生物采集团的青年才俊，多是秉志、胡先骕的弟子。

王以康（1897—1957），字钦福，浙江天台人，著名鱼类学家，著有《鱼类分类学》《鱼类学讲义》。1925年，毕业于东南大学生物系。任中国科学社生物研究所研究员。1934年，赴法国巴黎大学鱼类研究所进修，任研究员。1936年，转赴荷兰海牙皇家渔业研究所从事海洋渔业研究。抗日战争爆发后，与爱国华侨共同发起组织华侨抗日救国会。1940年回国，任贵阳湘雅医学院教授。1944年，任联合国粮农组织渔业委员会执行委员、联合国善后救济总署物资管理处副处长。1946年后，任国民党政府行政院善后救济委员会委员，复旦大学、山东大学教授。创建上海中华水产公司。中华人民共和国成立后，历任华东水产管理局渔业行政管理处处长，上海水产学院教授、教务长。

1957年3月，王以康突发心肌梗死，在办公室去世。秉志亲书挽词"师弟情亲四十年，望风哭祭楚南天"。

何琦（1903—1970），浙江义乌人，医学昆虫学家，疟疾学家。1927年毕业于燕京大学生物系，1928年加入静生生物调查所。1938年获英国利物浦大学热带病理学博士学位。自1934年起，何琦多次到海南调查医学昆虫，先后任中国医学科学院寄生虫病研究室主任、海南岛疟疾防治研究站主任等职务。1953年起，何琦在海南研究抗疟，判定微小按蚊是海南的主要传疟媒介。海南的防治疟疾获得显著效果。

1934年，何琦对海南岛考察，坚定了一生的职志——消除疟疾！在海南考察中，他目睹了疟疾猖獗流行、严重危害人民生命的一切，这奠定了

① 转引自胡宗刚：《胡先骕先生年谱长编》，江西教育出版社2008年版，第200页。

他为之奉献终身的使命。从此，他走遍大江南北，从青年时代直到生命终结，百折不挠，深入研究疟疾，为我国灭疟事业做出了积极的贡献。

刘咸（1902—1987），字重熙，江西都昌人，著名生物学家、人类学专家，著有《猿与猴》《从猿到人发展史》等。1921年，考入东南大学生物系，师从秉志、胡先骕、陈桢、陈焕镛诸教授。1927年，为清华大学生物系讲师。1928年考取江西省公费留学，入牛津大学研究人类学，为英国皇家人类学会会员。1932—1935年，刘咸担任山东大学生物系教授，并兼系主任。1935—1945年担任中国科学社《科学》杂志主编，1945—1949年任暨南大学人类学系主任、理学院院长。1949年5月上海解放后，担任复旦大学社会学系主任、人类学教授。

1934年春，刘咸参加了海南生物采集团，并得到中央研究院历史语言研究所人类学组的资助，率人类学组在海南深入黎族聚居区进行调查。在两个多月的时间里，除了对300余位黎族同胞进行人类学调查外，人类学组对于黎族聚居区的民情风俗、生活习惯、精神文化、物质文明等也均有调查与观察，还采集到黎族群众日常使用的各种民物标本200余件。根据这次调查资料并参照相关文献，刘咸写成黎族文化研究的系列论文，在学界产生了很大影响。

1937年3月，《大公报》科学周刊发表刘咸的《琼崖访黎记》一文，是他在海南黎族地区的考察笔记，其中对于海南黎族的社会习俗的描绘非常全面，文笔也极有生活情趣。1939年，刘咸出版英文版著作*Hainan，The Island and The People*（《海南，这个岛屿与它的人民》），主要介绍了海南黎族的社会情况。

1933年12月30日，刘咸和"总领队左景烈君"由青岛启程，当晚抵达北平。刘咸在北平住了十来大。恰逢春节，各学术机关都放假了。他多次拜访秉志、胡先骕两位先生。他与何琦等人商谈奔赴海南生物采集和科学考察事宜。他在《琼崖访黎记》一文写道："会商种种重要问题，如经费接济支配，团员职责及指挥，采集方针及时间，标本采集与运输，医药安全，当地官绅与联络，应备什物等。经多次会商结果，均获绵密详明之规

定，用策工作效率，旅次安全。"

从刘咸的记录推测，左景烈应参加了这次海南生物采集团的采集活动，并任"总领队"，因为他此前有在海南生物采集的经验。

左景烈（生卒年月不详），字仲伟，湖南湘阴人，为晚清著名人物左宗棠之曾孙。1927年左景烈毕业于国立东南大学农科，1929年春应国立中山大学农林植物研究所之聘，任该所研究员，主持广东植物的采集工作。1932年，赴海南五指山采集植物。1933年，赴广西十万大山采集植物。

1933年7月29日，左景烈在广西防城县大菉乡阿泄隘第一次发现金花茶。此后，他的名字就与"茶族皇后"——金花茶联系在一起。金花茶，山茶科山茶属，与茶、山茶、南山茶、油茶、茶梅等为"孪生姐妹"，是国家一级保护植物。

1933年10月，左景烈来到青岛，执教国立山东大学生物系，任讲师。1935年12月，他离开国立山东大学生物系。左景烈在国立山东大学生物系开设的课程，根据当年学生的回忆，应为植物形态学和分类学。曲淑蕙于20世纪30年代初就读于国立山东大学生物系，他晚年回忆时，在文中追忆左景烈老师："左先生治学勤奋，教学热心，更吸引多数同学与他亲近，我也多次到他的宿舍里去请教或是聊天。"[1]

在国立山东大学生物系这段时间，左景烈专注于中国兰科植物的研究。

1934年第1期、第2期《中国植物学杂志》发表了左景烈撰写的《海南岛采集记》。

1936年，左景烈赴爱丁堡植物园研修，后回国。

值得一提的是，左景烈终身未娶。他有一个妹妹叫左景馥，嫁给了秦仁昌。秦仁昌（1898—1986），江苏省武进县（今常州市）人，中国现代著名植物学家，中国蕨类植物学的奠基人，中国科学院院士。

此前，左景烈在中山大学农林植物研究所任职，该所所长为陈焕镛教

---

① 曲淑蕙：《回顾三十年代的山大生物系》，《我心目中的山东大学》，樊丽明、刘培平主编，山东大学出版社2005年版，第41页。

授。1919年秋，陈焕镛只身一人奔赴海南五指山，成为登上祖国南部岛屿采集动植物标本的第一位植物学家。在一定程度上说，陈焕镛拉开了国内生物学专家海南采集的帷幕，迎来了1934年6家学术机构12位成员海南生物科学采集的高潮。

登陆海南　海口风情

　　海南岛，是南海万顷碧波中一颗闪亮的明珠。明太祖在《劳海南卫指挥敕》中这样描述海南岛："南溟之浩瀚，中有奇甸数千里，地居炎方，多热少寒。"[①]因此，海南岛被称为"南溟奇甸。"

　　唐世凤等人乘坐的海轮，从雷州半岛的徐闻港出发，驶入一片广阔的蓝色海洋。奔赴海南采集的年轻人，站在甲板上，手扶栏杆，遥望"南溟奇甸"。出发这天，天空中布满棉絮状的大团云朵，低低地压在空中，带着铅色阴影的白云，似乎要跌落汪洋之中。海气苍茫，海天一色，天空多云，阴晴不定。极目遥望，也看不到海南岛的影子。客轮开出三十里，前方黛青色的岛屿的轮廓影影绰绰。

　　客轮向海口方向行进。随着海口越来越近，唐世凤想起了志书中记录的海口的内容。在赴海南采集前，唐世凤读了大量关于海南岛的文献。1933年神州国光社出版的《海南岛志》，唐世凤在中央研究院图书馆借阅和通读过。全书共560页，27页图版（均为地图），90张插图，内容共分22章，记述海南岛土地、气候、人民、地方行政、司法、警卫、党务、地方团体、财政、教育、宗教、交通、农业、林业等方面情况。对于土地、交通、经济、农林盐矿渔牧及其他生产事业记载最为翔实。此《海南岛志》，由广东省政府主席陈铭枢担任总纂，他在序言中说，"虑来者之无相也，乃督政务处为《海南岛志》一书"，这部《海南岛志》成为唐世凤海南采集的

---

　　① 范会俊：《古代海南题咏诗体现的宝岛历史风貌》（上），《湖南师范学院学报》1989年第1期，第24页。

"向导"。

当时的海口港不能停泊客轮和货轮，运载到海口的乘客和货物，需要帆船接应摆渡。唐世凤没有留下海口港的记录。不妨参照1928年前后法国传教士萨维纳考察海南岛留下的记录，看看海口港的情形：

> 海口港是目前岛上唯一经常有外国船出入的港口。港口这个词在这里是个纯粹的委婉语，我们顶多应该用停泊地这个词。各种大小船只事实上都被迫在大海上抛锚，暴露在琼州海峡的海流与风浪中。从抛锚处到码头还有6~7千米远，人们只能乘坐通行于金江河的手摇舢板上岸，这些舢板也得等待潮起潮落来出入。①

唐世凤一行到达海口时，天公作美，海上没有大风大浪，恰逢涨潮之时。他们带着行李，从海轮上换乘手摇舢板，最终登陆海口。

海口原属琼山县，1926年建市（县级），设市政厅。唐世凤等人来海南岛考察时，海口市建立还不满8年，由于地利之便，已经是全岛的经济中心，邻近的琼山府城虽是全岛首府，却已经破败落后。萨维纳为我们描述了20世纪20年代的海口与府城：

> 琼州或琼山，现在依然是全岛的首府，但却全然破旧，到处被虫子蛀过，一旦倒下成为废墟，再也站立不起来。海口这座位于金江口的城市，是现今岛上真正的首府。

> 海口城作为全岛的骄傲，在不停地改变，不断地美化。它有邮局、电报局、电话、电力、无线电报、飞机、自来水井，两旁有现代式样的货仓与旅馆的林荫大道以及昼夜穿梭的许多车辆。它与琼州旧城以及北部各地有定点班车相通，这些班车日益取代那些顶着热风、骨瘦如柴的车夫们，以及那些传奇般古怪的人力车。

---

① 辛世彪：《法国人萨维纳和他的〈海南岛志〉》，《新东方》2008年12期。

（海口）城内狭窄的小巷在一天天消失，让位于新的林荫大道。老旧的被烟熏黑的商铺，被拔地而起用钢筋水泥建造的大型货仓取代，里面堆满了来自世界各地的货物，尤其是日本、英国、美国和德国的货物。法国仅向这里出口精品红酒、各种烈酒和香槟，所有的新式酒店里都有充足的供应。①

唐世凤在海口停留了大约三天，他以海口为个案，考察海南的教育和宗教，在《海南采集谈》一文中留下了几笔。"海南小学教育，首推文昌，中等教育亦有高中，荟萃于海口十里之府城（即旧琼州府治）。各县均有简易师范学校……儋州崖州地域较大，设有县立中学……"②

在海南岛的椰风吹拂下，在热带阳光炙热的烘烤下，唐世凤开始了在海南岛的科学考察，和同伴开始了采集工作。他会采集到什么海洋生物，遇到什么困难呢？

---

① 辛世彪：《法国人萨维纳和他的〈海南岛志〉》，《新东方》2008年12期。
② 唐世凤：《海南采集谈》，《科学》1935年第3期，第418页。

沿海南下　瑶台望海

　　从海口到文昌，从文昌到嘉积，从嘉积到万宁，从万宁到陵水，唐世凤一行沿着海南岛东海岸，从北至南进行生物采集和科学考察。所到之处，唐世凤在完成生物采集和科学考察的任务后，对海南岛人文、民俗、语言、教育等各方面，都留心记录，一方面拍摄照片，保留影像资料，另一方面写考察日记，记录当地的风土人情。

　　唐世凤在《科学画报》上发表了一组有海南风情的照片，其中有城市建筑。他刚到海南岛就敏锐地注意到城市建筑的特色，骑楼风格，街道两旁，有连绵不绝的走廊，天晴时遮挡强烈的阳光，下雨时遮挡风雨，便于行人行走。北自海口，南至崖州，为海南岛开发较早的路线。

⊙1934年，海口街上。（唐世凤摄，唐乐永提供）

　　海口有"小上海"之称，是海南岛上的第一商埠，也是琼崖的交通咽喉。嘉积市（今属琼海市），城市面积亚于海口。嘉积市有福音医院一所，也有省立高级中学。

　　在万宁，唐世凤等人完成考察任务后，到东山一游。东山在万宁城东北，距城约3里。山上奇岩异洞，各具姿态；丹崖翠壁，泉丰林秀；林木葱郁，四时花开；奇石遍布，一步一景。东山素有"海外桃源""海南第

· 63 ·

"一山"之称。他们从云路初阶开始攀登东山，一路上，山花烂漫，峰回路转。山上古今石刻众多，尤以"海南第一山""南天斗宿""洞天福地""东山耸翠"等最为壮观。在瑶台望海，南海碧波，帆影点点，大洲岛屹立于大海之中，任凭浪花嬉戏，海风拂来，山岚云气浮动，凉爽透胸，有出离尘世之感。登高望海，听到潮音寺的钟声，余韵袅袅，飘散云天之上，海天渺无涯际，襟怀为之开阔。唐世凤在"海南第一山"石刻下留影，作为纪念。

海南岛东海岸，海湾港口密集，每到一处，唐世凤都会进行生物采集，制作标本。一路南下，来到了陵水县。汽车沿着海岸线上的公路行驶，刚进入陵水县，唐世凤发现大海中浮现出一个青葱苍翠的岛屿。这就是分界洲岛！岛屿被绿色的林木覆盖，宛如温润的翠玉漂浮在大海之中；细软绵密的金色沙滩上，白色的浪花涌上来；几棵椰子树展示着海南风情；朵朵白云如絮状飘逸，被海风"塑造"出千姿百态的情状。分界洲岛堪称海上仙境，天洒珠玑，造化神奇；分界洲岛又是人间圣境，钟灵毓秀，分界南北。

分界洲岛地理位置特殊，是古往今来陵水县与万宁市两地的行政分界点，也是旧时北边的琼州府境与南边的崖州府境的分界地。分界洲岛气候变化神奇，是海南南北气候的分界线，有时天气泾渭分明，夏季经常会看到分界线一侧阳光明媚，而另一侧则大雨滂沱；冬季常常会看到，一侧阴云密布，另一侧晴空万里。分界洲岛文化特色鲜明，是海南岛黎族、苗族、回族等少数民族区域与汉族区域重要的人文融合地。

陵水县南部有两个相邻的渔港，新村港和黎安港，堪称陵水的"双眼"。唐世凤来海南岛之前就已经做足了功课，他们在陵水县停留的时间较其他县市长久。

驻足陵水　采集生物

到了陵水县城，古风扑面而来。陵水位于海南岛南部，东临大海。汉代属珠崖郡，隋大业六年（610）置陵水县，治在今陵水县城东北，北宋熙宁七年（1074）废，北宋元丰三年（1080）复置，元时县城迁今陵水县城东北，明正统年间城始定于今陵水县城。"古墙生蛤蚧"，清代诗人在《初莅陵水》诗中有这样的句子。唐世凤留意古城墙，果然看到了"蛤蚧"两字。蛤蚧即大壁虎，又称仙蟾，古代志书记载：以雄为蛤，以雌为蚧，雌雄相随，投一获二。这奇异的风情，他觉得很有意思，也有研究的价值。

刚到陵水县城时，唐世凤还想到了宋代诗僧惠洪的一首诗《过陵水》：

> 野径如遗索，萦纡到县门。
> 犁人趁牛日，蜑户聚渔村。
> 篱落春潮退，桑麻晓瘴昏。
> 题诗惊万里，折意一消魂。

宋代诗歌中描述的陵水之景，仍然延续。很多疍家人（水上居民，即惠洪诗中的"蜑户"），他们祖祖辈辈都漂泊在海上，以舟楫为家，以打鱼为生，不肯上岸；或在海滨搭建竹木结构的茅草棚居住。

陵水居住有黎族、汉族、苗族等多个民族。黎族人民，结茅为舍。其茅舍搭盖的形状，如同汉族的金字形瓦房。苗族同胞，居形似汉族住宅或船形的茅屋。

　　唐世凤等五人，皆为海南生物采集团的海队成员，住在陵水县立第四小学校。

⊙1934年7月，唐世凤在海南新村港寓所。（唐乐永提供）

⊙1934年7月，在新村港寓所，海南生物科学采集团海队成员合影。左二是唐世凤。（唐乐永提供）

　　小学离新村港很近，第二天，他们到新村港考察。

　　《海南岛志》中，对新村港的介绍如下：

　　新村港在陵水县城之南约30里，陆路距藤桥港90里。港口宽3丈余，港内周围约2里。水深由7尺至20余尺。1000担左右之帆船可以出入，但人货起落必须小艇驳载。港内适于避风，多产鱼盐，清澜、博鳌、江、澳等处之帆船时集于此。①

　　唐世凤在新村港采集海洋生物多日。他把在海南采集和考察的照片发表在《科学画报》上，这样介绍新村港："新村港距陵水县治三十里，通车。港甚大，东西长约六里，南北宽约三里。南岭由陵水县治东来，止于港之南面。屏当大海，风浪不至；故港水清漪。潮水涨落，亦较鲜明。海产种类，比较亦多。采集生物，在海南，当推此港为第一。如逢渔船归港，市面顿形热闹。"②

---

① 陈铭枢总纂：《海南岛志》，海南出版社2004年版，第81—82页。
② 唐世凤：《科学调查的海南》，《科学画报》1934年第10期，第2—7页。

　　新村港口窄内宽，东西两面有南湾半岛环抱，是一处风平浪静的渔港。唐世凤在陵水新村港采集到海参、海葵、海星、海绵等海洋动物。

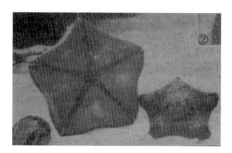

⊙在新村港采集到的海星。

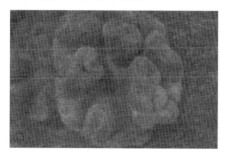

⊙在新村港采集到的海绵。

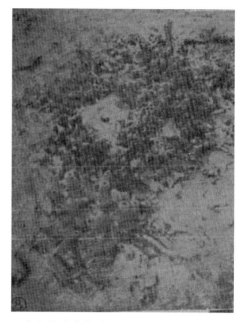

⊙在新村港采集到的海葵。

　　唐世凤采集到了海参。"体长丈余，皮甚薄，有刺。"这是他简单的记录。他在制作标本时，想起清代李元所撰《蠕范》对海参的记载："海参，戚车也。黑色，浮游海中，生东海者有刺，生南海者无刺，长可尺余，得而斯之才数寸，像男子势。"又记："虷，土肉也。色黑，长五寸，大者尺余，状如小儿臂，无口目，有腹肠，三十足如钗股，出海中。"唐世凤觉得，眼前这条"体长丈余"的海参，世所罕见，古代文人笔记中的记载，有不准确之处。纸上得来终觉浅，绝知此事要躬行。经过这一段时间的实践，他感到获益匪浅。

　　在新村港采集到的大海葵，"重约二斤"。海葵看上去很像花朵，但其实是捕食性动物，食物包括软体动物、甲壳类和其他无脊椎动物甚至鱼类等。它的几十条触手上有一种特殊的刺细胞，能释放毒素。这些动物被海葵的刺丝麻痹之后，由触手捕捉后送入口中。海葵没有骨骼，锚靠在海底

固定的物体上。小丑鱼喜欢在海葵中安家，形成奇妙的互相依存的共生关系。海葵有毒刺，能保护小丑鱼不受其他鱼类攻击，而小丑鱼以海葵消化剩余的残渣为食，亦可协助海葵清理体表坏死组织、寄生虫以及泥土等杂物。色彩明艳的小丑鱼有时成为海葵捕食其他鱼类的"诱饵"。海葵口盘中央为口，口部周围有充分伸展的软而美丽的花瓣状触手，犹如向日葵，因而得名。在分类学上，海葵隶属于腔肠动物门、珊瑚纲。

唐世凤采集到的海星有五六种，其中，有一种是红色的身躯，有细密的黑色小点。他逐一拍摄，发表在《科学画报》，"本图为无放射足星鱼之一种"。看唐世凤拍摄的照片，应是海燕，或者面包海星。清代郝懿行《记海错》中的海盘缠、明代李时珍《本草纲目·介二》的海燕，都是海星纲动物。海星属棘皮动物门，背腹扁平，呈星形，由中央盘和5个腕构成，因呈五角形，所以被称为"海星"。

唐世凤在新村港采集到海绵，并为之拍照，以便研究。海绵属多孔动物，因其体表多孔，被称为海绵。海绵是动物界身体结构极为特殊的一个门类。因成体固着生活又富有色彩，长期被认为是植物或由其腔内的动物分泌而成。由于显微镜在生物学中的应用，才确定其为多细胞动物。海绵的再生能力极强，把它捣碎再扔回海里，每一部分又都能形成新的海绵体。海绵在沙中脱去水分而成的白色的东西是它的骨骼，叫海绵丝。钙质海绵纲，具钙质骨针。海绵在不同的地质时代常和层孔虫、苔藓虫和藻类在一起形成礁体。热带海洋海底的海绵，绚丽斑斓，色彩丰富。

接下来的一段日子，他们跟随渔民出海，熟悉了新村港的海产品。鱼类主要品种有马鲛、金枪、乌鲳、青干、红鱼、金鲮、石斑鱼等；虾类有明虾、斑节对虾、龙虾等；贝类有扇贝、白蝶贝、美腿螺等；蟹类有青蟹、螃蟹、琵琶蟹等。此外还有海参、海马、海胆、海龙、海蛇、海龟、沙虫等海洋动物。

月照陵水　挑灯夜读

陵水县立第四小学校，一间房屋里亮着一盏灯。这是海南岛的一个圆月之夜，大海上月光皎洁，月色浮动，被海浪卷起，带到海岸。潮音在静谧的月夜传得很远，琼棕的树影在夜风中摇曳。

此时，唐世凤正挑灯夜读。

来到陵水县一个多星期了，唐世凤已经熟悉了陵水县的自然环境。他白天随渔民出海，采集鱼类、贝类等海洋生物，将采集到的标本，放入保存液中，否则标本容易腐烂。因为海南地处热带，气温高，所以他们在早晨或者黄昏采集海洋生物标本。这些装着各种海洋动物标本的瓶瓶罐罐，虽然散发着刺鼻的气味，但他和同仁小心运输保管。

晚上，唐世凤经常用显微镜观察、研究标本，把研究的结果和观测的数据记录到工作日志中。每到一处，他总是找来当地县志、笔记等文献，做海洋生物笔记。

在这个大海流转月辉的夜晚，唐世凤找到了《乾隆陵水县志》，他想查阅一下物产卷有关海洋生物的记录。

在"兽属"这个小节，他惊喜地发现，此书分类科学——把海獭、海狗、海鼠归入哺乳动物兽类。

海獭生海中，似獭而大。脚下有皮如骈拇。毛着水不濡。人亦食其肉。海中又有海牛、海马、海驴等物，在陆地候风潮犹能毛起。

海狗纯黄色，形似狗，大如猫。常群游，避风沙中。遥见船行，则

没。渔人以技获之，盖利其肾也，即膃肭脐。①

唐世凤读到这两则，对古人对海洋生物观察之精准深感佩服，当然，在对"海鼠"的描述中有一些荒诞不经的地方，但就上面两条来说，海南当地文人对海洋生物有科学的认识。

随后，唐世凤阅读到"鳞属"条目，他逐条阅读、分析、判断、点评。

此时，他好像在海滩上捡拾贝壳的孩子。各种形状的美丽贝壳，琳琅满目，遍布沙滩，他一一鉴别，按需收集。

斑鱼　即虎沙，背有斑纹如虎而坚，沙鱼之一种。又有大沙，形似琵琶，善鸣。又有海沙，鼻前有骨如斧，能击物、坏舟。

石首鱼　首中有白石二枚，莹洁如玉。一名黄花鱼。干者为鲞。

……

齐鱼　即乌贼鱼。《南越志》：状如算囊，无鳞，两须长如带，腹下六足聚生口旁。怀板含墨，见人及大鱼至则噀墨方数尺，一名墨鱼。遇风波以须下碇，粘石如缆，又名缆鱼。其骨名海螵蛸。又云乌贼怀墨而知礼。江东或取其墨书契给人，逾年则消耳。

飞鱼　一名文鳐。大者长尺许，翅与尾齐。群飞海上，海人候之，当有大风。《吴都赋》云"文鳐夜飞而触网"，是矣。

比目鱼　细鳞，紫黑色，一目，两两相辅乃行。其合处半平无鳞。《尔雅》云："东方有比目鱼，不比不行，其名曰鲽。"俗名鞋底鱼。②

唐世凤想起在新村港随渔民出海时，渔民给他讲述的关于鲨鱼的故事。形似琵琶的鲨鱼是扁鲨，出没南海之中的是星云扁鲨。鼻前有骨如斧斤的海鲨，唐世凤想到李时珍《百草纲目》中的记载：鼻前有骨如斧斤

① 瞿云魁纂修：《乾隆陵水县志》，海南出版社2004年版，第136页。
② 瞿云魁纂修：《乾隆陵水县志》，海南出版社2004年版，第136—137页。

（利器），能击物坏舟者，口锯沙，又曰挺额鱼。陵水海域出现的应是热带锯鲨，或者长鼻锯鲨。锯鲨的吻突出成一长板，如同江湖中携长剑的侠客。两侧有尖锐锋利的齿，用以攻击猎物，类似锯，板中央有两条肉质触须，以探测猎物。它的锯齿状长嘴占据整个身体长度的三分之一。难怪渔民谈之变色。

把乌贼列入鳞属，非也！唐世凤在笔记本上点评。软体动物门头足纲包括鹦鹉螺、乌贼、柔鱼、章鱼等。乌贼的壳即"海螵蛸"，李时珍认为可以入药的"海螵蛸"是乌贼的鱼骨，这是古代生物学家的误解。

有一次出海，一弯新月出现在东方海面上。归航的渔船点起来盏盏灯火。唐世凤大开眼界，他看到了群鱼飞出海面，向着渔船上的灯盏扑来，这些鱼噼里啪啦地跌落在船的甲板上。宋代的《尔雅翼》记载："文鳐鱼出南海，大者长尺许，有翅与尾齐。一名飞鱼，群飞海上。"飞鱼有趋光的习性。到了晚上，飞鱼就特别喜欢聚到有光的地方。渔民利用这个习性捕捉飞鱼。飞鱼纷纷趋光而来，可谓自投罗网。飞鱼有发达的胸鳍和腹鳍，相当于鸟儿的翅膀，遇到大鱼捕食，情急之下，纷纷跃出海面，以飞鸟的姿势滑翔百米，躲避大鱼的追捕。

熄灭读书灯，一身都是月。唐世凤的脑海里游动着一群鱼，浩瀚无垠的大海孕育了无数雄奇的生命，海洋是地球生命的摇篮，他现在所做的工作，是以采集海洋生物标本为船桨，进入海洋王国，去揭开海洋生物的神秘面纱。

一群鲸鱼进入唐世凤的梦境，鲸鱼追逐着鱼群。鱼群翻滚着，快速游动，试图保持好略呈球状的队形。鲸鱼则进入鱼群，把密密麻麻的鱼群分开，以便捕食。而兴奋的海豚跳跃着，在空中画出一道弧线。鲣鸟闻讯而至，加入捕食的狂欢之中。无数的鲣鸟在海面上飞舞，看准时机，俯冲下来，叼起小鱼，迅疾腾空。小鱼在鲣鸟的嘴边挣扎着，水滴飞溅……

第五章

天涯海角　风雨兼程

　　唐世凤在昌江县进行生物调查时，住在英潮港附近一个老乡的草房子里。台风来袭，房子摇摇欲坠。房屋漏雨，屋外屋内都是水汪汪一片，身无立锥之地，倒是采集的样品，都完好地放在老乡桌子上。一架老式显微镜怕水，用衣服包好，放在不漏雨的地方。

崖县港口　沿途风俗

　　唐世凤一行离开陵水县后，来到下一站藤桥港。藤桥港在崖县最东，与陵水交界。港口广大，港内狭小，宽约数十丈。潮落时，巨船不能进入。藤桥河在藤桥入海，有牛琪洲岛峙立港口。

　　唐世凤到了藤桥港，考察港口的地理环境后，发现可以改良藤桥港，使其成为吞吐量大的良港。如果从西边海岸修筑一条长堤与牛琪洲岛相连，则堤岛与港口之间成一良好外港，数千吨轮船停泊难题迎刃而解。因为藤桥港附近多属于物产丰富地区，前有铁炉港，后有崖县所管辖的十二村庄，左接陵水，右近三亚。唐世凤在考察中发现，藤桥市已经成为崖县规模最大的市场。

　　榆林港，这是一处良好的军港。港口险要，两山卫立，是国防之要塞，可惜没有军事设施，附近又缺少居民。日本军舰常来测绘勘探，几乎无人干涉。唐世凤对港口进行测绘，港内面积极大，水亦深，可容巨舰。捕鱼的渔船遇到大风大浪时，渔民经常到榆林港躲避风浪，所以渔民也把此地作为补给之所。

　　陈铭枢总纂《海南岛志》也强调榆林港在交通位置方面的战略地位。这是我国与南洋群岛的交通要冲。"稍事疏浚，便成良港。"榆林港岸地多平坦，盐田逐年增加。港中附近水质清洁，夏季，往来船舶多寄泊在此，购买食物，补给淡水。

　　他们在藤桥港、榆林港采集海洋生物，常常乘坐渔民的小船出海。最初，唐世凤登上渔民的小船，经常头晕，脚站不稳，胃里翻江倒海，只好使出全身之力扶着船舷，向海中呕吐，感觉浑身绵软无力。后来，他们几乎天天出海，也慢慢习惯了。在榆林港，从唐世凤拍摄的照片可以看出，有时他们出海时乘坐的小渔船，需要划桨。

唐世凤还拍摄了一张照片，海队队员在东海（榆林港与三亚港之间）海滨的礁石上采集牡蛎、贻贝等。他们都带着防晒的帽子，身穿短裤，经过几个月的风吹日晒，每个人的皮肤都变得黑黝黝的。

⊙队员在东海海滨采集（摘自1934年第10期《科学画报》）

从藤桥经过榆林、三亚至崖城（崖县县城），沿途风景、风土、民俗皆值得记录。

在藤桥，唐世凤一行见到芦衣牧女。五个年轻女孩头戴藤笠，上身只披芦苇叶子编织的蓑衣，在荒野放牧牛群，见到他们，"欲遁"。

几位黎族妇女有的肩挑着扁担、担着筐子，有的背着背篓。她们头戴围巾（防晒），一大早肩挑背运所产特产出发，结伴步行，日中至三亚街头，与汉人交易。太阳下山时，才能回到住处。她们卖了货物，一身轻松，经过三亚街附近的木桥，看到唐世凤一行在河中用网捕鱼，"异之"。她们感到好奇，停在木桥上观看。唐世凤随手拍下了这个场景。

崖州街头，几个黎族男人进入唐世凤的镜头之中。"头裹青巾，衣无领袖，此乃半开化之黎人。其未同化者，赤身露体，一丝不挂，见人既不以为羞，天凉亦不以为寒。"①

---

① 唐世凤：《科学调查的海南》，《科学画报》1934年第10期，第2—7页。

最能代表海南岛的植物，当属椰子树。从文昌至三亚，椰子树的身姿，成为海边的风景。平畴椰林，海岸椰影，随处可见椰子树。椰子汁可以喝，椰子肉可以吃，椰子的树叶也大有用途。海南一些黎族人居住的房屋，以椰子树为材料搭建。用椰子树的树叶，先编织为簾，再用椰簾构筑房屋。这种房屋，遮风挡雨，就地取材，经济实惠。夏秋时节，海南多台风，房屋易被摧折。椰子屋被台风掀翻，那就再造一处椰子屋。

在三亚鹿回头，唐世凤参观广东实业家邓文炳先生种植的椰子园。一排一排的椰子树，宛如军团的士兵列队，树叶在海风的吹拂下摇曳有致。椰林赋予唐世凤灵感，他写下《椰子与人生》，发表在《科学世界》第3卷第11期。

⊙唐世凤拍摄的海南椰子林。（摘自1934年第10期《科学画报》）

在三亚海边，唐世凤发现渔民盖的房屋，用的是从海底采集打捞上来的珊瑚，用珊瑚盖房子、垒院墙，真是让他开了眼界，真可谓靠海吃海，靠海用海。

天涯留影　三亚鱼盐

"天涯海角"刻石在崖县南山岭下。这里海水澄碧，海天一色。帆影点点，漂浮于烟波浩渺之中。椰林婆娑，守护在蜿蜒的海岸线上。细软的沙滩上，奇石林立。刻有"天涯""海角""南天一柱"大字的巨石，突兀矗立，在海洋与陆地的交界线上，在沙滩与天空之间。

唐世凤一行漫步在沙滩上，面向大海，观看滚滚海浪。海浪带着永恒的潮音，带着无限的壮美，从遥不可及之处，层层叠叠而来。浪潮打在海岸矗立的巨石上，"轰"的一下散开，"碎玉"飞溅。那些调皮的水滴，从空中落到唐世凤的襟怀，带着点点滴滴的清凉。

他们已经站在天涯海角，饶有兴致地欣赏海边的巨石。

"天涯"两字为清雍正年间崖州知州程哲所题，铭刻在一块高约10米的巨石上。"海角"两字刻在"天涯"右侧一块尖石上，据说是清末文人题写。这两块巨石通称"天涯海角"。离"天涯"摹刻左侧几百米，有一尊高大独立的圆锥形巨石，这就是"南天一柱"奇景。它拔地擎天，有独立南天之势。"南天一柱"据说是清代宣统年间崖州知州范云榜所书。

3位海队队员在"天涯"刻石下留影，唐世凤为之拍摄照片。

⊙3位队员在天涯石刻下留影。（摘自1934年第10期《科学画报》）

唐世凤一行在三亚港考察，得到当地政府的大力支持。他们住在崖县县立第一小学校，校门前有一条平整的道路，道路两旁有小树。崖县县立第一小学校背依青山，校舍很新，红色的斜坡瓦覆盖房顶，映衬着青山白云，美如画卷。他们住在这里，非常便利。有时，他们采集海洋生物归来，那些皮肤黝黑的小学生蜂拥而至，观看瓶瓶罐罐中的标本，有的还用显微镜观察海洋生物。唐世凤看着叽叽喳喳说个不停的孩子们，心中发出感慨：这次海南之行，也是一次播撒科学种子的旅程，所到之处，普及海防和海洋生物常识，与这些孩子们短暂接触，也许会影响到他们，将来这些学子们，说不定会成为科学家。

⊙渔民归来图景。（摘自1934年第10期《科学画报》）

三亚港产鱼和盐，港中海水不深，面积也小。但三亚港的地位颇为重要，海南南部的鱼盐以及椰子出口，必经是处。广州盐船，有时直达三亚运盐。因此贸易发达，盐公司林立。外人来海南开垦者，北往那大，南至三亚。这两个地方交通便利，地土亦佳。

崖县所产盐，分为熟盐和生盐[①]。保平、九所为产熟盐区域，出产的量少，仅供崖县当地百姓购买、食用。三亚、榆林、保平、藤桥为生产生盐区域。《海南岛志》对三亚的盐业有记载："生盐营业，则以三亚港为最盛，

① 生盐为没有经过加工的原始盐，熟盐为经过溶解和提纯加工的精盐。

计有盐田70区，每区资本大者四五万元，小者七八千元。每年配省盐斤30余万担，每担价约2～3元。"[1]

三亚大规模晒盐，有一个机缘。清光绪三十四年（1908），福建华侨胡子春在三亚港建筑人规模盐田，直接引海水晒盐，自是继起者多，盐业形成规模，可谓蒸蒸日上。

三亚自宋元时期就是海南岛重要的渔港，盛产鱼盐。特产石蟹屡屡进入古代文人的笔记中。唐世风听左景烈说过三亚港的石蟹，在三亚港采集海洋生物时，一探究竟。石蟹曾经是活的小螃蟹，但在三亚港独特的水文和地质条件下石化。当地人采集石蟹，作为一味中药出售，售价颇高。

宋代苏颂著《本草图经》中有石蟹条目："出南海，今岭南近海州郡皆有之。体质石也，而都与蟹相似。或云是海蟹多年水沫相着，化而为石，每海潮风飘出，为人所得。又一种入洞穴，年深者亦然。醋磨敷痈肿，亦解金石毒。采无时。"

苏颂明确了"石蟹"是蟹化石，以及其作为中药的功效。

明嘉靖元年（1522），顾玠任海南儋州同知，著有《海槎余录》，记录琼州的山川风物、民俗民风和奇事怪谈。这本书中就记录了海南的石蟹："崖州榆林港内半里许，土极细腻，最寒，但蟹入则不能运动，片时成石矣。人获之名石蟹，置之几案，云能明目也。"

榆林港与三亚港相去不远，同属崖县。

清代文人屈大均在《广东新语·介语》中有"石蟹"条目：

环琼水咸，独崖州三亚港水淡，故产石蟹。石上有脂如饴膏，蟹食之粘螯濡足而死，辄化为石，是为石蟹。取时以长钩出之，故螯足不全。或谓石蟹浮游海中，见风则坚，误也。或谓石蟹水沫相著所化，多生海潮出入处，随风漂出，善水者没而取之，于水中洗刷，出水则泥不能脱云。[2]

---

① 陈铭枢总纂：《海南岛志》，海南出版社2004年版，第380页。
② 海南地方文献丛书编纂委员会汇纂：《历代文人笔记中的海南》，海南出版社2006年版，第313页。

　　唐宋文人以为石蟹是"水沫相着，因化成石，每遇海潮即飘出"，解释成因，不甚准确。唐世凤将三亚港采集到石蟹放在水中清洗时，他感慨海洋物产丰饶，无奇不有。认识海洋首先从研究海洋生物开始，然后再到海洋潮汐、海洋水质、海洋港口，他觉得海洋研究是一片浩瀚的领域，需要生物学、物理学、化学、地质学、气象学等多门学科共同开展。开展生物学研究，离不开研究历代文献的记载。他的海南之行，一方面是行万里路，亲身实践，动手采集，实地考察；另一方面，不断地搜集与海洋有关的数据和文献。

研究玳瑁　潜水西洲

三亚港岸上有鹿回头岭，其西有二沙洲。一个是西玳瑁洲，一个是东玳瑁洲。两洲之间，宽处10余丈，窄处两三丈。平时有小船通崖州县城，夜间开行，第二天清晨可达。

清代《崖州志》这样介绍两个小岛：

大洲在临川场海中，离三亚二十余里，周围三十里。有居民百四十户，四周多礁，前有一路，可通小舟。偏西，潮大，亦有一路可入。洲后皆巨石，高七丈许。内有深洞，产燕窝。洞吼，有飓风。西南别起石岛，潮落石出，与大洲相连。东十里有小洲，周围十三里，与大洲对峙。地宜椰，大洲人种植其上。二洲中间有二石，高八丈，状如两扉。海船从中出入，名曰双帆石。海浪冲击，必主飓风。[①]

这两个小岛附近产玳瑁，所以人们称之为东玳瑁洲和西玳瑁洲。

玳瑁，海龟科的海洋动物。玳瑁生活在珊瑚礁中，喜食海绵，食性杂，还包括水母、海葵、虾蟹和贝类等。

综合范成大《桂海虞衡志》等文献可知，玳瑁生海洋深处。状如龟鼋，而壳稍长，背有甲十三片，黑白斑文，相错而成。其裙边有花，缺如锯齿。无足而有四鬣，前长后短，皆有鳞，斑纹如甲。……老者甲浓而色

---

①〔清〕张嶲、邢定纶、赵以濂纂修，郭沫若点校：《崖州志》，中国文史出版社2010年版，第40—41页。

明，小者甲薄而色暗。世言鞭血成斑，谬矣。取时必倒悬其身，用滚醋泼之，则甲逐片应手落下。

玳瑁甲壳红棕色，有淡黄色云状斑，打磨后，有温润的光泽，如玉，如瓷。明朝文人区怀瑞作赋赞叹"绀采斑驳，若云若霞""映日凝丹，流文蔓荺"。用其制作的器物和装饰品，是高贵奢华的象征。比如，《古诗为焦仲卿妻作》中有"足下蹑丝履，头上玳瑁光"之句，李世民《帝京篇》有"罗绮昭阳殿，芬芳玳瑁筵"之句。

每年7月至9月，玳瑁纷纷登陆这两个小岛，在沙洲上产卵。因历代捕捉玳瑁取其甲片，导致其成为珍稀动物。

西玳瑁洲，在三亚港外，有帆船往来。洲上有居民，一二百户，均以海上捕鱼为生。西洲岛上的儿童，不少三岁就能在海里游泳，年龄稍微大点，就戴上护目镜，潜水到海底，用简易的渔网捕鱼，或者捡拾海底的动物。唐世凤在西玳瑁

⊙在西玳瑁洲潜水的孩子们（摘自1934年第10期《科学画报》）

洲上，为一群七八岁的男孩拍摄了一张照片。8个男孩肩并肩，互相搂着，其中有5个男孩戴着护目镜。他们面对唐世凤的镜头，露出害羞与好奇的神色。这些男孩子全都赤条条，浑身被热带的阳光晒成古铜色。这就是大海之子啊！西玳瑁洲岛屿上的居民，与海洋融为一体。

东玳瑁洲，在西玳瑁洲之东，距三亚更近，因为岛屿上无淡水，是一个无人岛，岛上有一个椰子园。

在西玳瑁洲居住的日子，唐世凤每天与渔民一起劳作，采集标本，闲暇时，与岛上的孩子们一起在沙滩上嬉戏。他感觉自己融入了这里。孩子们喜欢他，缠着他讲南京、上海等大城市里的生活。他讲完后，就让孩子们观察显微镜下的海洋生物。他希望在这个岛屿上播撒科学的种子，让有

志于海洋研究的孩子们，有朝一日走出这里，也许会和他一样，拥有完全不同的人生。

最难忘的记忆是与孩子们一起潜水。唐世凤戴好护目镜，与几个大一点的孩子一起跃入海洋之中。这天风平浪静，离岛屿近的海水，从碧绿到浅蓝，再到深蓝。色彩变化，很有层次。

唐世凤下潜到海底，缓缓游动。海底世界尽在眼前，像一幅神奇的画卷徐徐展开。海藻在水中随着波浪飘摇，珊瑚在海底缓慢地生长。软的珊瑚，硬的珊瑚，聚集在一起，形成珊瑚礁。这礁是鱼类的家园。管状的海绵一簇又一簇，在水中舞动的海葵，与各种海藻，占据着沙质海底。大大小小的海星，橙黄色的，红色的，散落各处。海胆浑身是刺，悄悄地啃食海藻。这些带刺的家伙，在海底是龙虾的盘中餐。黑色的海参躲在海绵旁。受到惊吓的小鱼哧溜钻进沙子里，不见踪影，只留下一团浑浊的海水……

五彩斑斓的热带鱼在海水中逡巡。小丑鱼遇到唐世凤，一个激灵，钻入海葵之中。一群可爱的鱼贴着海底的沙子游泳，像极了飞翔的鸟儿，时而俯冲，时而滑翔，自由自在。鲷鱼成群地出现，用亮晶晶的眼睛好奇地打量着唐世凤。

不下潜到海底，人们就不会意识到，即使海底的沙子中，也藏着无数的生物，海螺、螃蟹，隐藏在沙子中，隐藏在沙底的洞里。

身形巨大的玳瑁在海水中游泳，看不出一点笨拙，灵巧而轻盈。一群玳瑁看到唐世凤，向海面游去，它们要去西玳瑁洲的沙滩上产卵吗？唐世凤追逐着玳瑁，来到海面。他大口大口地呼吸着新鲜的空气，潜水成功的喜悦，饱览海底世界的激动，在他心中激荡，久久不能平息……

在西玳瑁洲岛潜水，唐世凤采集到了鹦鹉鱼。这一群鹦鹉鱼游啊，游啊，游到了1934年12月下期中国科学社主办的《科学画报》的封面上。封面照片的说明文字为"新发现海南水底的鹦鹉鱼"。

鹦鹉鱼喜欢栖息在热带珊瑚中，它还能啃食珊瑚，可见其牙齿多么厉害。鹦鹉鱼凭借其强大的消化功能把珊瑚化为小小的颗粒，排泄出来。

鹦鹉鱼源源不断地制造海底的沙滩。日积月累，这个岛屿周围的沙滩的沙粒，部分来源竟然是鹦鹉鱼的排泄物！徜徉在海洋世界，探索海洋生物的奥秘，唐世凤的求知欲获得极大的满足。

崖州出猎　遥想苏过

海南生物采集团，所到之处，得到了海南各地官员、实业家的热情接待。由此可见，国人对科学研究和海洋调查的支持和热忱。当时，海南当地民众期待国人来此投资兴办企业，开发这片热土。

在崖州，唐世凤一行受到了郑绍程先生的款待，不仅为他们免费提供食宿，提供交通工具，还邀请他们参与海南的民俗活动——打猎。

唐世凤在《科学画报》发表的《科学调查的海南》中，有照片说明："崖州郑绍程先生，集临

⊙崖州打猎（摘自1934年第10期《科学画报》）

高保平二村之人，组织一狩猎团。他们所用的工具，是受过训练的猎犬，不必刀枪。记得那一次该团和我们出猎之日，领有猎犬十有七头。纵犬入山，顷刻间，自闻警报，人步犬后，从而夺之。是日，得狐狸两头，南蛇一尾及水里一种人蜥蜴。"

通过这简单的记录，我们可以想象到9人组成的狩猎团，手牵猎犬，到山林打猎的热闹场景。

唐世凤在海南采集海洋生物的那个时代，海南岛上一些少数民族的居民，还过着较原始的生活。打猎是其获取生活资料的重要手段，为各少数

民族所重视。

海南岛上的苗族人，"性喜居山，往往焚山而耕，既又弃而他徙，几于住无定所"。在山中生活的黎族人，使用小渔网在溪流以及田沟捕捉鱼虾，还擅长制作猎具。"以木为弓，以竹为弦，箭镞如菱形，间有钩者，机粗陋。然习练纯熟，所发多中。此外有竹片所制捕鼠器，虽简单，颇有效也。"①

虽然海南岛上的黎族人过着比较封闭的生活，但枪炮已经进入黎族生活。"手枪可易牛三四头，驳壳枪可易牛五六头或七八头。火药之值亦重，奸商慕利，辄乐于供给之。"

唐世凤参加郑绍程组织的狩猎团后，感受到浓烈的海南风情。他想起苏轼的三子苏过在儋州时写的一首诗。

夜猎行

海南多鹿麚，土人捕取，率以夜分月出，度其要寝，则合围而周陆之。兽无轶者。余寓城南，户外即山林。夜闻猎声，旦有馈肉者。作《夜猎行》以纪之。

霜风肃肃陵寒柯，海月滟滟翻秋河。
空山无人柴径熟，麚肥鹿饱眠长坡。
山夷野獠喜射猎，腰下长铗森相摩。
平沙仿佛见遗迹，踊跃不待张虞罗。
均呼夜起山谷应，披抉草木穷株窠。
何人得隽喜叫绝，胹割未羡青丘多。
今年岁恶不可度，竹间有米田无禾。
耕牛日欲登鼎俎，野兽脱命理则那。
朝来剥啄谁有馈，愧尔父老勤弓戈。

① 唐世凤：《科学调查的海南》，《科学画报》1934年第10期，第2—7页。

一言愿子不我忽，暴殄天物神所呵。[1]

　　苏过的这首诗生动地展现了在宋代海南岛生活的黎族人民，在秋天的月夜狩猎的过程。这样的狩猎，也是有背景的。时值天旱，竹子枯黄结籽，田里没有了禾苗，"米贵如珠"，人们连耕牛也宰杀烹煮了，山林中的野兽能逃脱得了被捕杀的命运吗？即使这样，苏轼、苏过父子面对黎族猎人送来的猎物，也发出了这样的呼吁："一言愿子不我忽，暴殄天物神所呵。"过度地捕杀自然界的生物，是要受到天地神灵的谴责的！

　　令唐世风感到钦佩的是，苏过诗中传达出朴素的生态保护观念。这种观念显然受了老庄哲学及佛家思想的影响。

　　当唐世风得知郑绍程组织狩猎团时，劝说其不要使用刀枪。他们狩猎只带了猎犬，象征性地捕猎，所以收获的猎物也不多。

---

[1] 苏过著、舒大刚校注：《斜川集校注》，巴蜀书社1996年版。

昌江渡河　台风来袭

　　唐世凤一行在海南岛采集生物，从海口到崖州，经过了两三个星期的适应期，渐入佳境。他们在陵水县和三亚采集的生物最为丰富。每天清晨，他们在海岸线上的港口作业，有时随着渔民的船只出海，采集具有生物学研究价值的海洋生物标本。

　　为了轻装上阵，他们每到一处，都将采集的标本设法邮寄到位于南京的中国科学社生物研究所。唐世凤在《海南采集谈》专门提及"标本寄运办法"。他写道："太古公司有自海口直达上海之轮船，托运标本，既便利又省捷。标本自岛之内地寄往海口，可托商店交舢板船运载，价亦颇廉，或者托汽车带运亦便利。至若不通车辆或无航道，则雇牛车或工人挑运，唯拖延时日而已。"[1]

　　又到了离别的时刻，唐世凤一行与崖州本土的朋友们挥手告别。他们都头戴白色的帽子，雇佣当地的向导，驾着牛车，沿着海南岛西南海滨的土路继续调查。

　　"海南环海公路，尚未成功。自崖州以西，旅行必徒步，牛车载行李以俱。"[2]

　　那时车马慢，牛车更慢。有土路的地方就靠步行，三天后，前方出现一条大河。又一次渡河。原来到了昌江，眼前的这条昌江河，宽数里，河面虽然宽广，但是为泥沙所淤塞，水浅不能通航。他们只好赶着牛车，

---

　　① 唐世凤：《海南采集谈》，《科学》1935年第3期，第420页。
　　② 唐世凤：《科学调查的海南》，《科学画报》1934年第10期，第2—7页。

⊙昌江渡河（摘自1934年第10期《科学画报》）

跋涉渡河。牛车到了河中央，车轮陷入淤泥之中，费了九牛二虎之力，才渡过难关。板车晃动，为了避免车上珍贵的显微镜坠入河流之中，唐世凤只好将其抱在怀中，深一脚浅一脚地过河。过了两三里的河，就到了昌江县。

　　唐世凤在昌江县的沿海港口采集生物，主要集中在北黎港和英潮港。《海南岛志》有对这两个港口的介绍：

　　北黎港又名墩头港，位于昌江之南。沿港各地广筑盐田，规模宏大。居民约800家，商店在新街，为昌、感货物之输出入港。惟港路短浅，巨船难泊，货物起落驳接需时。

　　英潮港又名昌江港，位于昌江入海处，为昌江商旅出入要道。惟港身淤浅，不容巨船。离昌江县城5里，有茅屋二三十间。港之北岸茅屋鱼鳞栉比，居民业渔。每年二三月间渔船麇集，鱼客云屯，极形热闹。入伏后则星散，寥落如荒村也。①

---

①陈铭枢总纂：《海南岛志》，海南出版社2004年版，第85页。

唐世风在考察中，也留下了对英潮港的记录：

> 英潮港，在昌江县治附近。港内尽是乌泥，淤溪。港外亦是沙滩，无高山屏障。一年中仅有渔船来驻数次。附近海尾产鲍鱼。[1]

昌江县鱼类资源丰富。渔港众多，自南至北有咸田港、昌化港、沙渔塘港、海尾港、新港5个。昌化渔场是南海四大渔场之一。海尾港盛产鲍鱼，闻名于海南岛。

唐世风一行到达昌江县，时值9月初，遭遇了一场强劲的台风。风雨交加，唐世风经受住来到海南岛后最大的考验。

他们来到昌江，考察任务已经接近尾声，适应了海南岛的气候，诚如李聘咏海南黎峒诗有云："南方风土异，终古无霜雪。祝融常司令，四岁皆炎热。"

可是，一场突如其来的台风，让他们真切地感受到海南岛气候的另一面。这次台风带来强降雨，风雨大作之时，仿佛一下子进入深秋。这就是海南人常说的"一雨入秋"。

唐世风经历的台风，早在北宋，苏轼、苏过父子就经历过。苏轼的三子苏过写了一首《飓风赋》，详细地描写了台风来袭的情景：

> 仲秋之夕，客有叩门指云物而告予曰："海氛甚恶，非祲非祥。断霓饮海而北指，赤云挟日而南翔。此飓风之渐也，子盍备之？"语未卒，庭户肃然，槁叶簌簌。惊鸟疾呼，怖兽辟易。忽野马之决骤，矫退飞之六鹢。袭土囊而暴怒，掠众窍之叱吸。
>
> 予乃入室而坐，敛衽变色。客曰："未也，此飓风先驱尔。"少焉，排户破牖，陨瓦擗屋。礧击巨石，揉拔乔木。势翻渤澥，响振坤轴。疑屏翳之赫怒，执阳侯而将戮。鼓千尺之涛澜，襄百仞之陵谷。吞泥沙于一卷，

---

[1] 唐世风：《科学调查的海南》，《科学画报》1934年12月下期，第365页。

落崩崖于再触。列万马而奔骛，溃千车而争逐。虎豹謷駭，鲸鲵奔蹙。类巨鹿之战，殷声呼之动地；似昆阳之役，举百万于一覆。予亦为之股栗毛耸，索气侧足。

夜拊楬而九徙，昼命龟而三卜。盖三日而后息也。父老来唁，酒浆罗列，劳来僮仆，惧定而悦。理草木之既偃，葺轩槛之已折。补茅屋之蟂漏，塞墙垣之颓缺。已而山林寂然，水波不兴，动者自止，鸣者自停。湛天宇之苍苍，流孤月之荧荧……①

苏过描写的台风，与唐世凤经历的台风，有相似之处。唐世凤还经历过台风过境时带来的强降水。

当时风雨大作，天上下着瓢泼大雨。唐世凤在昌江县进行生物调查时，住在英潮港附近一个老乡的草房子里。台风来袭，房屋漏雨，屋外、屋内都是水汪汪一片，身无立锥之地，倒是采集的样品，都完好地放在老乡桌子上。一架老式显微镜怕水，被唐世凤用衣服包好，放在不漏雨的地方。

台风过境后，一切恢复了平静，"山林寂然，海波不兴"。经过这次折腾，唐世凤病倒了。风寒侵袭，他盖着一床薄薄的毛毯，睡在湿漉漉的稻秸之中，浑身发冷，发起了高烧。幸好他们带了足够的药物，每天按时吃药，再加上年轻，身体素质好，抵抗力强，只过了三天，唐世凤就恢复了健康。

---

① 霍旭东主编：《历代辞赋鉴赏辞典》，商务印书馆2011年版，第1002页。

儋州访苏　凭吊东坡

到了儋县，唐世凤一行照样先考察当地的港口。

新英港在儋县之西，距县治约10里，北门、新昌两江由此入海。

新英港分为内外两港，其分界处两岸突出如虎牙状，各有旧炮台一座。内港坐东向西，东西长约20里，南北广约10里。近新英市方面水较浅，由五六尺至十六七尺。靠白马井方面水较深，由五六尺至二十余尺。外港坐北向南，洋浦市在焉（小商店10余家，居民100余户）。其西岸之土股伸出约8里，尖端有灯塔，今已废。内外港均无码头，面积甚广，航海事业向称发达。虽积沙多而水不甚深，然四五百吨之轮船可以出入。若能稍事疏浚，自不失为西部之良港。有二江来注，淡水亦无虞缺乏。

新英港位置正与北海相望，对内、对外均具有相当之价值。

海头港介于儋、昌两县分界处，北岸属儋县，海头市在焉；南岸属昌江，新昌市在焉。中有一沙洲，周围约6里，海头新市在焉。港身西向，东西长3里，东北广约2里。水深由四五尺至十余尺。每年帆船往来于北海、安铺、阳江、江门、铺前、海口、临高、昌江、感恩、崖县各埠者约80艘。

新英港又名临高港，在县治之西约45里，为儋、临两县分界处。

儋县古称儋州，这里是苏轼的贬谪流放之地。唐世凤一行考察完儋县海港并完成海洋生物采集的任务后，寻访苏轼留下的历史遗迹。

苏轼晚年万里投荒，一贬谪至惠州，再贬谪至儋州。三子苏过和他一起浮海。苏轼先到海口，然后到儋州。刚开始受到地方官的照顾，和在惠州一样，他得以安置在官舍。次年元符八年（1098），朝廷派使按察岭外，将他逐出官舍。

苏轼只好在城南的一个椰子林买下一块地，在当地居民的帮助下，盖了5间简陋的房子，以作栖身之所，起名"桄榔庵"。海南当地的书生学子常来此拜访。苏轼为有一个会客的场所，便把其中的一间取名为"载酒堂"。这就是苏轼当时在儋州化育的地方。

苏轼随遇而安，戴上黎族的藤帽，赤着双脚渡水穿林，一蓑烟雨任平生，觉得自己本来就是一个黎民，一个岛民，其诗曰：

被酒独行遍至子云威徽先觉四黎之舍

半醒半醉问诸黎，竹刺藤梢步步迷。
但寻牛矢觅归路，家在牛栏西复西。

苏轼酒至半醺，乘兴访黎。他与黎族的四位学生黎子云、黎威、黎徽、黎先觉，交往甚密，作为老师家访，主动融入当地百姓的生活。天色向晚，他循着牛粪的踪迹回家，"家在牛栏西复西"，他已经认可了当下的生活，因为，"此心安处是吾乡"。

随遇而安是人生的大智慧，苏轼的历练让他抵达这样的境界。唐世凤望着苏轼的载酒堂，心中如是想。

唐世凤来到了载酒堂，他拍摄一张照片，将照片发表在《科学画报》，并有简要的文字说明：

⊙载酒堂（摘自1934年第10期《科学画报》）

东坡载酒亭在儋州旧城，为苏东坡先生之故址。亭内石碑上，镌有载酒亭诗。诗云：

松林山下万松冈，岁晚空留载酒堂。

千载风流苏别驾，乾坤双眼正茫茫。

唐世凤在载酒堂前久久徘徊，不忍离去。苏轼一生创作有三个辉煌时期，他曾自述："问汝平生功业，黄州惠州儋州。"苏轼在海南岛三年，播撒了文教的种子。唐世凤这次来到海南岛考察采集海洋生物，在岛上已经10个月。有幸来此凭吊，与先生隔着千年的历史云烟对话，真是人生中一次重要的际遇。

春风化雨育桃李。《琼台纪事录》记载："宋苏文公之谪儋耳，讲学时道，教化日兴，琼州人文之盛，实自公启之。"

在苏轼的努力下，儋州一个叫姜唐佐的读书人果然在之后就成功中举。在姜唐佐离开儋州去赶考的时候，苏轼在他的扇子上写了两句诗以示鼓励："沧海何曾断地脉，白袍端合破天荒。"这就是"破天荒"的由来。后来，姜唐佐在赶考途中去河南汝州拜会苏辙的时候，苏轼已经去世。而姜唐佐中举之后也毅然返乡，孜孜不倦，教书育人，为海南人文的薪火相传做出了贡献。

苏轼把中原文明带到了儋州，受到儋州人们的敬仰。苏轼自己把这些经历都化作了精神动力，诚如他所说，"九死南荒吾不恨，兹游奇绝冠平生"。

苏轼离开海南后，海南人读书求学蔚然成风，为了纪念这位传播文化的中原先驱，海南人民在载酒堂的原址修建了东坡书院。

唐世凤在儋州，处处都感受到一代文豪留在这里的痕迹。在儋州，苏轼就像一口甘甜的水井，润泽着一代又一代的人们。流传至今的东坡村、东坡井、东坡田、东坡路、东坡桥、东坡帽等，无不表达了人们对苏轼的缅怀景仰之情，连方言都有一种"东坡话"，流传在人们的唇齿之间。

海南的阳光炽热，雨水充沛，植物带有一种野性，遍地疯长。"不用长愁挂月村，槟榔生子竹生孙。"高高的槟榔树上，缀满果实。这片土地留下了苏轼的脚印，所以由此生长出来的槟榔林，获得更多的生机？

　　1920年那一场"州难大火"，历代官员和当地绅士精心维系的文化坐标——槟榔庵——轰然倒塌，只剩下一方石碑，铭记着苏轼在儋州的时光和功业。唐世凤观看了"中正碑"碑文《重建槟榔庵记》，抬头仰望高高的槟榔树。那些羽毛状的叶片，在风中摇曳。远处海涛隐隐，在儋州载酒堂，他获得了文脉的力量、精神的滋养……

海南归来　学术讲演

　　南京成贤街，中国科学社生物研究所大礼堂内座无虚席。一位面容黝黑的年轻人站在讲台中央，面向台下的年轻学子讲演。台下的学子们，被讲演者新鲜、奇特的经历深深吸引住了，他们把目光齐刷刷地投向讲演者。大厅里鸦雀无声，只有这位讲演者讲述的声音，从大厅里传出来……

　　这位身材高大的讲演者是唐世凤。唐世凤一行圆满地完成了海南生物调查和采集的任务，满载标本凯旋。1934年11月24日，他应秉志之邀，在南京的中国科学社生物研究所做了题为"海南采集谈"的演讲，随后这个演讲稿刊发在《科学》杂志上。

　　唐世凤向年轻的学子介绍海南岛的地理位置、自然资源、港口分布、交通状况，介绍了采集的海洋生物标本，也讲了海南岛上黎族的地方风情、物产风土、语言习俗等。他号召年轻人开发海南岛，建设海南岛。

　　海南生物采集与海洋调查工作结束后，唐世凤率先整理他拍摄的照片发表。1934年12月，唐世凤所写的《科学调查的南海》，附以60余幅奇特新颖的照片在《科学画报》上登载，全面介绍此次科学考察情况，特别强调"吾国南海边疆为国防要地，法、日所垂涎者，非一朝"，表现出其强烈的海洋国土意识。

　　唐世凤这一批不怕苦累的年轻学者，完成了我国第一次对海南岛及周边岛屿进行的多学科、长时间的团队考察，在科学史册中写下灿烂的一页。

　　海南考察，标志着唐世凤进入海洋学研究这浩瀚的学术领域。在海南的海洋调查和生物采集，是一次学术历练。这个宝贵的经历让他受益匪浅，在他随后的人生道路和学术研究中慢慢展现出来。

　　沿着海南的海岸线走了一趟，唐世凤处处收集、记录海洋潮汐的数据，置身于潮间带，他对潮汐产生了浓厚的研究兴趣。他不仅博览海南各地的志书，还进入一个属于自己的学术领域。1935年5月，唐世凤撰写的学术论文《海南潮水志》，在《科学》杂志上发表。

　　不清楚当年唐世凤在海南采集的生物标本是否还留在人间。在一定意义上说，海洋生物成为标本，自然的生命消亡，但学术的生命新生。这些标本里不仅蕴藏着海洋的奥秘，也是生命的赞美诗。这些标本也储存了时间，风浪消逝，瓶中的岁月已经开启。海洋生物标本包含着巨大的秘密，过去的，现在的，还有将来的。

海洋先驱
唐世凤

第六章

转战渤海　调查渔场

　　1935年6月6日，伍献文研究员与气象研究所吕炯研究员、动植物研究所助理研究员唐世凤及练习生共7人，乘坐军舰从威海出发，拉开了海洋调查的序幕。这是中国近代第一次对渤海、黄海北部的多学科、长时间航海作业的海洋综合调查。

综合调查　转战渤海

　　唐世凤先生，一生从事海洋调查及研究工作，鏖战南国，成为中国海洋生物研究的先驱之一；转战渤海，与师友一起开启华夏海洋综合调查。

　　1933年6月，在加拿大温哥华举行了第五次太平洋科学会议。关于海洋学组，各国分会皆早已成立，只有中国始终未着手组织。上届大会决定以国立中央研究院总干事为海洋学组中国分会主席。中央研究院总干事丁文江就任以后，即于1935年3月拟具名单组织中国分会，同时发起海洋渔业调查。[1]

⊙丁文江赠友照

　　经过一个多月的筹备，1935年4月10日，丁文江在南京成贤街国立中央研究院主持召开太平洋科学协会海洋学组中国分会成立大会，出席者有侯朝海、伍献文、陈子英、竺可桢、吕炯、王家楫、曾省、陈谋琅、蒋丙然、叶可松、陆鼎恒。来自水产界、海洋学界、气象学界、生物学界各学术机构数十人出席，经过讨论后，决定由中央研究院动植物研究所、气象研究所等组织负责"渤海海洋调查"（实际范围是渤海及黄海北部）。

　　调查工作中，伍献文任团长，主持工作。唐世凤全面协助并具体负责整个调查工作的计划、筹备和组织实施等，最后的调查总结报告也全部交

　　① 吕炯：《渤海盐分之分布与其海水之运行》，《地理学报》1936年第2期。

由唐世凤负责。

这次的成立大会上，决定开展三项工作：海道测量，渤海渔业调查，珊瑚礁调查。

丁文江在会上讲述了这三项重要工作将如何开展，谈到海道测量时说："中国海道地图经外人及国人历年之调查，已成功者不少；惟自山东半岛以南到扬子江口一段，从未工作。今拟于三年内完成此项工作，已与海道测量局商定由该局担任，其所需经费，则由资源委员会（即前国防设计委员会）与监务稽核所及本院分别补助。"①

珊瑚礁调查工作也顺利进行。丁文江报告："中国珊瑚礁之地点有三：（一）海南岛（二）西沙岛（三）东沙岛，广东方面采集之珊瑚标本甚多，正待研究，东沙岛已请马君廷英前往调查采集。"

这是中国学术界对海洋的综合调查。经与国民政府海军部协商，第三舰队司令谢稚周同意借用"定海"号军舰协助考察。"定海"号军舰排水1100吨，长57米。参加协作的部门还有中央研究院气象研究所威海卫专员公署。有海军保驾护航，再加上各方共同协作，海洋综合调查的顺利进行得以保障。

1935年6月6日，伍献文研究员与气象研究所吕炯研究员、动植物研究所助理研究员唐世凤及练习生共7人，乘坐军舰从威海出发，拉开了海洋调查的序幕。调查团分海洋化学、海洋物理、浮游生物、海洋气象、渔业渔具、航海6个组共13人。调查工作从6月7日至11月17日，历时近半年。在青岛至秦皇一线设计31个观测站，每月巡回一次。整个航程7054海里。工作区域南起青岛，北抵北戴河，西至大沽，东出庙岛海峡。具体考察了渤海湾及山东半岛沿岸的渔业资源，对海水的氯化物含量、酸碱度、硅化物含量等都有详细的测定数据和记录。这是中国近代第一次对渤海、黄海北部的多学科、长时间航海作业的海洋综合调查。

从唐世凤遗留给后世的总结报告原稿中，我们可以得知这一调查中的

---

① 宋广波编著：《丁文江年谱》，学林出版社2009年版，第463页。

各组负责单位或负责人员：中央研究院动植物研究所（所长为王家楫），伍献文、施泽远负责化学组；唐世凤、刘鹏负责物理组；常麟定、胡荣祖为生物浮生组；中央研究院气象研究所威海卫专员公署，宋玉亭、宋修阜及渔夫6人为渔业组；"定海"号军舰40人为航海组。共计57人。

不知疲倦的唐世凤，像一只航行在大海上的小船，与风浪为伍，以鱼虾为伴。他除负责海洋物理组调查作业外，还参与渔业组及化学组的工作。

后来因为日本发动侵华战争，考察工作未能继续进行，考察资料也未能得到全部整理。1935年底，王家楫、伍献文、唐世凤以中央研究院的名义写成数万字的渤海海洋调查报告——《渤海湾及山东半岛之海洋与海洋生物之调查》。这篇用英文撰写的调查报告，分为三部分：一、通论（王家楫）；二、海水之物理性（唐世凤）；三、海水之化学性（伍献文、唐世凤）。1937年2月，英文的调查报告发表在第八卷第一期的《国立中央研究院动植物研究所丛刊》上。

除了集体的学术成果，唐世凤还先后发表了《渤海海洋调查报告》（海洋物理部分）、《干贝之繁殖》等论文。

1935年的海洋综合调查，在中国近代海洋史中占据着非常重要的地位，是我国海洋科学研究的开端。

《中国大百科全书》在"近代中国的海洋研究"中记述："1935年6—12月，中央研究院动植物研究所组织了渤海和山东半岛沿海的海洋学和生物学调查，由伍献文、王家楫、唐世凤负责考察报告。1937年2月出版的关于这次调查活动的背景和具体情况的资料，也是中国现代科学文库中不可或缺的。"

有了海南岛海洋调查与生物采集的经历，次年，唐世凤又参加了渤海、黄海北部的更全面的海洋综合调查，他成为海洋科学的"弄潮儿"。这两次与海洋"亲密接触"的漫漫长旅，对他而言，是难得的经历。另外一个层面的影响就是：对他的心灵是一种激荡。

1955年，唐世凤在回顾这次海洋调查工作时，心情沉重地写道：

　　过去，在中国搞海洋学工作，处处都是与帝国主义作斗争，那也可以说过去在中国搞海洋学工作的人，不可能不是一个爱国主义者，我搞海洋工作也是受日本人的侮辱而逼出来的。1935年我参加渤海海洋调查工作在青岛购买日本出版的黄渤海海图时受到一名日本女人的侮辱，她竟不卖给我。在渤海调查中我们的调查船"定海"舰航行到秦皇岛装煤，日本人又以"何梅协定"为由，不许我们的调查船停留，限令当天离开，否则威胁缴械。为此设在北戴河的调查站点，我们白天不能去，只能在黎明时偷偷地去作业，这种侮辱岂能忘怀。[①]

　　后来，唐世凤在英国，又亲眼见到英国人记录的中国海洋详细的资料以及海图，心灵上再次受到很大刺激。海洋调查使唐世凤的爱国之心、报国之志更加强烈、更加执着。

东沙采礁　胶澳采集

　　太平洋科学协会海洋学组中国分会成立于1935年，是中国规模空前的集学术机构与行政部门为一体的国际性学术团体。该分会是在太平洋科学协会海洋学组的组织设置与工作安排直接影响下，由中央研究院组织成立，由中央研究院总干事丁文江一手负责筹建。1935年4月10日举行的成立大会通过多项关系中国现代海洋学事业发展与海产生物调查工作的决议。此后按照成立大会决议，经丁文江、蔡元培、丁燮林、朱家骅与相关方面努力，为该分会所属的青岛海滨生物研究所、厦门大学海洋生物研究室、渤海（烟台）海洋生物研究室、定海海洋生物实验室成立。

　　由于成立该分会，中央研究院动植物研究所在丁文江的提议下开展了渤海湾与山东半岛海洋和海产生物调查工作，并派马廷英赴东沙岛主持珊瑚礁调查研究工作。

　　马廷英（1899—1979），古生物学家、海洋地质学家、海洋生物学家，是中国海洋地质科学的先驱之一。早年从事珊瑚生长节律之研究，是"古生物钟"之最早发明者。他还致力于"古气候与大陆漂移"的研究，做出了贡献。

　　马廷英接受丁文江的邀请，于1936年4月至9月赴东沙群岛调查研究现代造礁石珊瑚成长率，采集各属种石珊瑚标本，收集东沙岛观象台水温记录。结合资料，证明各种造礁石珊瑚的成长率深受海水温度的控制，水温越高，造礁石珊瑚的成长率越大。"相信比较与研究现代与过去造礁珊瑚的成长率确不失为研究古气候的一个极为可靠的工具。"马廷英为分析造礁石珊瑚的成长率以研究气候变化开拓了新领域；同时，他根据西沙群岛珊瑚礁发掘的汉朝王莽钱币和明朝永乐通宝钱币，由埋藏钱币上堆积的珊瑚礁厚度推算珊瑚礁成长率约为3mm/a。[1]

1936年，马廷英在日本东北帝国大学矢部长克指导下，以珊瑚礁论文获理学博士学位，后秘密回国。他应聘为实业部中央地质调查所新生代研究室技士，兼中央大学地质系教授。

1940年，马廷英任中国地理研究所研究员兼海洋组主任。英国留学归来的唐世凤任中国地理研究所研究员。马与唐同在海洋组工作，两人在全面抗战时期，继续开展海洋调查和研究工作，堪称中流砥柱。

该分会的成立，还促成了一次海洋调查。北平研究院动物学研究所与青岛市政府合作，张玺主持了以调查胶州湾海产动物为主的近海综合调查工作。

张玺（1897—1967），原名王常珍，字尔玉，河北平乡人。我国著名动物学家和海洋湖沼学家，中国贝类学奠基人，中国科学院海洋研究所创始人之一。

1932年1月，从法国留学归来的张玺，进入国立北平研究院动物学研究所从事

⊙张玺在法国留学时的留影（薛原提供）

研究工作，从事海洋学与动物学研究，从此他把自己的命运与祖国的海洋科学事业紧密地联系在了一起。

1935年5月，张玺领导的胶州湾海产动物采集团来到了青岛，开始青岛胶州湾海洋动物调查。

张玺等人对胶州湾的考察中，在青岛发现了肠鳃类中的柱头虫。柱头

---

① 参见赵焕庭、王丽荣、袁家义：《南海诸岛自然科学调查研究概述》，《热带地理》2017年9月第37卷第5期，第649页。

虫是介于脊椎动物和无脊椎动物之间的一种动物，对于教学和科学研究都具有很重要的价值。张玺据此发表了一篇论文，宣布在中国沿海采集到了柱头虫标本，并且鉴定它为一新种——黄岛柱头虫，在生物学教学上可以不只引用外国资料了。

这里面还有一个小故事。在队伍将要出发的时候，北京中法大学生物系主任夏康农教授曾公开悬赏：谁要是采集发现柱头虫，就给谁100块大洋。采集到柱头虫标本的是作为见习学员的马绣同。

张玺调查胶州湾海洋动物，还有一个重大发现——文昌鱼。对于采集有生物进化"活化石"之称的文昌鱼，一直以来，生物学家关注的重点都是厦门。张玺等人在胶州湾考察中发现，青岛也是文昌鱼的另一个重要出产地，而且产量不在厦门文昌鱼之下。张玺把胶州湾新发现的文昌鱼与厦门文昌鱼进行对比，认定胶州湾文昌鱼是厦门文昌鱼的一个新变种，被列为国家二级野生保护动物。

这一次大规模的胶州湾海洋动物考察，让张玺不仅对胶州湾各类动物的分类、形态等方面进行了研究，也对海湾及其附近的海洋环境和动物分布做了详细的研究。

在1936年撰写的《胶州湾及其附近海产食用软体动物之研究》中，张玺对腹足类、瓣鳃类和头足类动物的形态做了详尽的论述，考证了一些科、属、种的名称，对其形态、生活习性、捕捞或养殖以及利用等都有记述，并评述了我国古代的资料，成为我国第一部比较全面的贝类学著作。

令人击节赞叹的是，张玺的海洋调查报告，既有科学的"硬货"，又有文学的趣味。比如，他介绍牡蛎的营养价值时，对名人轶事信手拈来，非常具有可读性：德国的"铁血宰相"俾斯麦，喜欢吃牡蛎，据传他曾在饭馆一次吃尽175只牡蛎，全座为之震惊。

张玺的文笔也很有现场感，读之如身临其境。比如，他饶有趣味地描写在沧口赶海的人们：

沧口一望无涯之海滩上，可见到男女老少，成群结队，多数系捡蛤仔者，妇孺们多集中于沙泥微高而富有蛤仔之区，坐于小凳上，用铁锄或铁钩平挠，则栖于泥沙内之蛤仔等层层皆被刮出矣。男子们多以获得大者或发现区处最丰者为希冀，掮铲持筐，乱处奔跑，适遇当地，即以铲子平敛地面，薄加刮挠，其收获品，确较妇孺者整齐可观。另有老年者，很有经验，手持小铲，一掘一个，盖蛤仔等多埋在5至7厘米深处，外面露有椭圆小孔，伊等熟识此孔，故得铲铲无讹。[①]

1935年张玺与青岛初次结缘，他没有料到自己晚年的归宿是青岛，就像一艘科学考察船，经过多次远航，最后停泊在青岛港。

新中国成立后，张玺与童第周等于1951年共同筹建青岛海洋生物研究室，张玺任副主任，研究室设在青岛莱阳路（今28号）。这里曾是俄国人开办的一所旅馆，作为避暑胜地的青岛，夏日客人很多；而到了冬季，旅馆则仅留几个看门人低价出租。著名诗人、翻译家卞之琳1935年冬天来青岛翻译小说时就住在这里，又邀何其芳趁学校寒假从莱阳来青岛一起在这里过年。

如今，莱阳路28号甲有一个方方正正的黑色大理石铭牌，上面镌刻着"张玺故居"四个字。

晚年张玺回望自己的人生道路和治学历程，他说："我曾到过厦门、烟台、威海、青岛等沿岸采集调查，当时最感痛心的就是沿海重要地区均为外人占据。我也曾代表北平研究院和青岛市政府沈鸿烈榷商组织了一个胶州湾海产动物采集团，由港务局和水族馆人员参加。"[②]

张玺领导的胶州湾海洋调查和动物采集，推动了青岛海洋科学的发展。1951年，张玺来到青岛；1952年唐世凤来到青岛。这是青岛之幸，海洋科学家汇聚岛城。

因为以上海洋调查的深入开展，因为各地海洋生物研究所的建立，该分会将中国现代海洋学建制化与海洋科学调查推向第一个高潮。

---

① 薛原、胡修江：《张玺与我国第一次海洋动物综合调查》，《人民政协报》2014年07月24日。
② 薛原：《南海路七号：海洋科学界的陈年旧事》，山东画报出版社2016年版，第155页。

巡海莱州　渔场调查

1936年，唐世凤再到烟台进行两个多月的渔场调查，完成渤海莱州湾带鱼孵化渔场的观测报告。莱州湾是山东省最大的海湾，因有黄河入海，有大量的营养物质。这使莱州湾成为中国主要的渔场，尤以对虾闻名于世。

唐世凤在烟台进行渔场调查时，走遍了烟台的海岸线、渔场和渔村。他用脚步丈量烟台的海岸线，用专业为风帆，以执着为船桨，乘风破浪，进行海上作业和实地考察。他每到一处，闲暇时间，总是翻阅文献，对烟台的渔业史、水产机构、水产教育、渔政管理进行深入的研究。

山东为滨海之省，胶东半岛横跨黄海和渤海。清代，伴随沿海地区的不断垦殖开发，渔户、渔船、渔获量均较前代增加。光绪年间，胶澳地区已有渔村160余处；海阳沿海居民数万户，"全赖终生捕鱼养鱼"；掖县"北境濒海，民殖鱼盐以生"；蓬莱"沿海居民，多以捕鱼为业"；而文登沿海诸岛，"春夏之交，渔者云集"。据统计，到民国初年，山东沿海已有渔民近2万户，各种风帆渔船11495只，年渔获量约25万担。[①]

据《烟台水产志》记载，烟台市是我国海洋捕捞历史最悠久的地区之一。据芝罘区白石村古文化遗址中发现的大量出土文物考证推知，烟台市的海洋捕捞业可溯源于距今7000年左右的新石器时期。

到了晚清，烟台的渔业发展，曾向西方学习。

1905年3月，在山东巡抚周馥的支持下，候补翰林院学士、前署礼部侍郎王锡藩在烟台开办山东渔业公司，集股银4万两（内有山东商务局官股1

---

① 庄维民：《近代山东渔业生产的改良及其局限》，《古今农业》1998年第2期，第33页。

万两），聘黄县商人梁礼赞（体贤）为总董事，协理公司业务。公司成立后，以渔船保护、渔具渔法改良、鱼类腌制销售、水产养殖为业务宗旨，先后派人赴广东招聘腌鱼工匠，考察沿海捕捞，并向日本订购电船电网及其他新式渔具，雇募渔艇，参用西法捕鱼。同年4月，公司还在烟台开办水产小学校，招收附近渔民子弟入学，三年间入校学习的学生四十余人。这是山东最早从事水产教育的学校。[1]

进入民国，北洋初期，山东沿海的多个沿海城市仍被东西方多国侵略者霸占，山东各地渔政工作陷于瘫痪状态，乱征渔税、船牌税和检查费等现象层出不穷。

1914年，第一次世界大战爆发，日本趁乱，军事接管了原先被德国侵略者占租的青岛；英美侵略者侵占了烟台；原来由俄国侵略者侵租的旅顺、大连等城市，也转手让给日本。日本垂涎山东沿海的渔场，渔船到山东沿海进行掠夺式捕捞。

1914年开始，日本的130多艘渔轮开始大规模侵入我国渔场，进行疯狂的侵渔活动。日本在山东渔场的侵渔活动表现方式主要有三种：一是直接进渔场捕鱼；二是发展加工业；三是破坏与之竞争的我国渔民的渔具，以获其利。

当时，山东沿海的传统渔场大致分为7个区：黄河口以西渔场，莱州湾渔场，蓬莱沿海渔场，烟威外海渔场，成山头至石岛渔场，乳山和海阳外海渔场，胶南和日照外海渔场。山东邻靠渤海、黄海，海岸线全长3000多千米，是当时我国北方最重要的海洋渔业产区。[2]

据1933年胶济铁路车务处出版的《胶济铁路经济调查报告》记载，山东沿海的这几个大型渔场，每年春季吸引来自辽宁、江苏、天津等大批渔船前往捕鱼。

1917年，山东省委派陈葆刚等人在烟台西沙旺创建了山东省水产试验

① 庄维民：《近代山东渔业生产的改良及其局限》，《古今农业》1998年第2期，第33页。
② 曹凛：《北洋时期山东一带的渔政管理及船质检查（上）》，《中国船检》2017年第3期。

·109·

场，以改良渔具渔法、研究海产品和加工技术为宗旨，这是中国最早的水产科研机构，是中国最早的涉海科研单位。陈葆刚为原直隶甲种水产学校毕业生。山东省水产试验场占地3.5亩，设渔捞、制造、养殖三科，老师包括技士1名、技佐3名、办事员3名，再加上练习生，共有20多人。山东省水产试验场配有汽艇一艘，专门用于海洋资源调查。

山东省立水产试验场在西沙旺开始"生长"，海洋文化与海洋科学也开始"灌溉"这块土地。这个地方的人文和地理值得关注。

"西沙旺，地角荒，零零星星几村庄，黄沙从秋刮到春，提着咸水洗衣裳。"一度流传的烟台民谚道出了西沙旺的地理特点。6000多年前，西沙旺还是一片海洋，后来海水退却，变成了茫茫的大沙滩。

这片茫茫的大沙滩，看似荒凉，其实蕴含着无限的生机，化身为试验田。

1817年，美国传教士约翰·倪维思将西洋苹果带入烟台，最早苹果是在福山绍瑞口一带种植，后来又在西沙旺生根。西沙旺原本是海滨一片黄沙滩，什么植物都长不好，并不奇怪；但这片黄沙滩唯独适合种植苹果，真是神奇。每到金秋，苹果树上果实累累，空气中都是苹果的芬芳，冲淡了海风的气息。西沙旺成为我国西洋苹果的种植地，同时开创了烟台乃至全国西洋苹果栽培的新纪元。

一百年后，风云际会，西沙旺又成为海洋水产的试验场。这也是海洋水产研究和教育的道场。

唐世凤在查阅烟台海阳水产的资料时，发现烟台最著名的当属海参，他也曾潜水到海底捕捉海参。

中国海参中之极品刺参主要分布在黄海、渤海海域，是"海产八珍"之首。清初著名诗人吴伟业在《梅村集》卷十记载："海参，产登莱海中。"他还为海参写了一首诗，流传甚广："预使燂汤洗，迟才入鼎铛。禁犹宽北海，馔可佐南烹。莫辨虫鱼族，休疑草木名。但将滋味补，勿药养余生。"清代咸丰年间，烟台一带的渔民在春汛期间，浩浩荡荡出海采捕海参，成为产业。

　　山东省立水产试验场成立后，在制造方面，主要从事石花菜冻粉的加工，也制造鱼罐头。加工海参，也有了标准化的流程："将烟台海参剖去肠沙，用海水煮熟，加15%盐渍之。俟参蓄多日，再施灰渍晒。"

　　1917年，是山东渔政管理一个标志性的年份。这年春天，山东地方政府在石岛（山东胶东半岛东南端，濒临黄海，拥有中国北方最大的渔港石岛渔港）与靖海卫（威海市荣成市西南端）两个沿海渔业发达地区，试着设立地方渔航局，以规范渔税征收的管理工作。石岛和靖海卫的当地渔场，当时有数万户渔民进行直接或间接的渔业工作。山东地方政府还加强沿海各地的"海上渔业警察"的机构管理与整顿工作，取得了一定的成效。

　　1917年，是烟台渔业和水产的里程碑。水产试验场、水产讲习所、水产学校等渔业改良教育机构，应运而生。

　　同年，山东渔业公司还在烟台开办"水产初等小学堂"，招收渔民子弟，进行水产技术和渔业管理知识的教授。"水产初等小学堂"是我国渔政历史上水产教育的早期学校，学制5年，预科2年，本科3年。

　　1923年，山东政府在烟台设立水产讲习所，以培养水产职业人才为主，注重渔业技术和管理质量工作的提高培养。

　　1925年3月，为抵御日本渔侵行为（"预防外侮"），龙口一带成立龙口渤海湾渔会公会，由当地沿海渔户组织，并有"渔警四人，实行办事"。

　　这天晚上，唐世凤查阅烟台志书中关于海洋水产、渔场和海洋生物的记录。一灯如豆，映照着他求知若渴的脸庞。他沉浸在书中，不时地记录着。窗外满天星光，密密麻麻的星子闪烁着光芒，汇聚成银河。大海之上，有星星点点的渔火；潮声阵阵，风与潮的声音，扑进窗棂。唐世凤所栖身的海草房却是一个沉静的世界。他在书海畅游，每捕捉到一条有用的史料，就有一种巨大的满足感和成就感。唐世凤经过二年的海洋调查与标本采集，已经形成了自己的一套治学体系——实地调查与文献相结合。行万里路，读万卷书，再加上他经过了现代科学的专业训练，掌握了科学研究技术和方法。

　　全面抗战爆发前，唐世凤在海洋学研究领域成为一颗冉冉升起的新

星，成就斐然，靠脚力和脑力，靠眼力和笔力，写出诸多令业界方家刮目相看的学术论文。

1937年，唐世凤奔赴浙江沿海岛屿及海湾，参加浙江省水产试验场组织的沿海渔业和海藻调查。遗憾的是，许多工作因为日本发动的侵华战争而未能继续，成果也未得及时整理。

第七章

庚款留英　绕道回国

　　唐世凤考取了庚款留学英国的资格，他向中央研究院院长蔡元培先生求墨宝。蔡元培欣然为唐世凤写了一副联语："新栽竹始开三径，大厦人先庇万间。"蔡元培以此鼓励唐世凤为国家开辟海洋科技创新领域，以造福广大民众。

百里挑一　庚款留英

1937年7月7日，卢沟桥上空呼啸的炮火，拉开了全面抗战的序幕。国家处于生死存亡的危急时刻，"地无分南北，年无分老幼，皆有守土抗战之责任"。国家处于战争之中，唐世凤忧心忡忡，但他明白，作为一名科研人员，自己能做的就是学术抗战、文化抗战。这年春天，他考取了庚款留学英国的资格，9月，乘坐海轮，漂洋过海。他出发前，就抱定了一个信念：学成回国，报效国家。

唐世凤是在怎样的情况下考取了庚款留英资格？庚款留英是在怎样的历史背景下形成的？庚款留英对当时的教育产生了怎样的影响？

1900年八国联军攻陷北京，次年，西方列强逼迫清政府签订《辛丑条约》。中国赔偿4.5亿两白银，按4%的利息，分39年还清，本息合计9.8亿两白银，史称"庚子赔款"。这是中国最大的一次战争赔款。

在庚子赔款中，英国分得赔款额折合7593081.15英镑，约占赔款总额的11.25%。清光绪三十四年（1908），美国首先退还一部分赔款用于设立清华学校及选派留学生，开庚款留学的先河。受庚款留美的启示，英国也有意退还部分庚款。1922年3月，教育部设立筹办"退款兴学委员会"，希望将退还的庚款全部用于教育。

1922年12月22日，英国政府正式通知中国："中国应付未到期之庚款，即将退还中国，作为有益于两国教育文化事业之用。"南京国民政府与英国多次协商，终于在1930年9月正式换文，中国同意将退还庚款作为基金，作为修整和建设中国铁路及其他生产事业之用，而以其息金用于文化教育事业，组织董事会管理支配全部退还庚款。

1931年4月，国民政府成立"管理中英庚款董事会"，第一任董事长由国立中央大学校长朱家骅兼任。董事会规定："凡国内高等教育机关成绩优良助教及各大学毕业生之服务于社会具有特殊成绩或专门著作，得参加此项考试。"

"庚款不是一笔光荣的款子，我们用庚款一钱，自然纪念到我们的国耻，思量如何洗雪过去的屈辱。我们主要的目的，是要将每一分从庚款得来的钱，切实而有效地用于建设国家、复兴民族的工作上面。"朱家骅在《关于中英庚款董事会成立经过及其与中国教育文化事业关系的报告》中说。①

从1933年选拔第一届中英庚款留学生起，到1947年派遣第九届留学生赴英，先后共举办了9届庚款留英生考试，共选派193人赴英国留学。留学宗旨为"培养学术高深的人充实中国的高等教育及研究机构"，学科分配侧重于理工农医类，并严格规定资格标准，从而使选拔出的人才都很优秀。在这样的选拔制度下，中英庚款留学生多出自清华、中央、北大、南开等名校。

中英庚款也成为全国优秀学子公款留学的首选，报名人数之多亦为全国之最，可谓百里挑一。中英庚款留学考试也皆由英国参与命题，英国领事馆介入监审，其难度之大、制度之严可谓世界留学考试之最。

第一届到第七届留英考试录取率分别为4.17%、6.12%、8.28%、5.24%、6.94%、4.56%、5.99%，可见其竞争多么激烈，录取的学生可谓优中择优。在全部193名留英生中，理工农医科类有147人，约占76.17%。

1937年4月4日、5日、6日三天，第五届留英公费生在南京和北平同时进行考试。中英庚款考试的成绩计算法则为：普通科目中，党义占3.75%，国文占11.25%，英文独占25%；专门科目共占50%，著作及服务占10%。

1937年4月22日，经中英庚款会第五届考试委员会第三次会议决议，第五届留英公费生录取了25名：

① 郑刚：《中英庚款与民国时期的教育》，《教育与经济》2011年第3期，第65页。

谭桢谋、鲍觉民（以上地理），汤逸人、王栋（以上畜牧），顾兆勋、张维（以上水利工程），周家仁、陈彬（以上纺织），李佩琳、张昌绍（以上理论医学），戴文赛（天文），马仕俊（物理），卢嘉锡（化学），叶和才（农业化学）、沈其益（植物病理），胡祥璧（兽医），唐世凤（水产），王兆华（机械工程），黄玉珊（航空工程），袁家骅（普通语言学），许烺光（社会人类学），徐毓（财政），程振粤（铁路管理），徐钟济（统计），张天开（社会立法）。[①]

在这个名单中有唐世凤的好友沈其益。沈其益（1909—1981），湖南长沙人，植物病理学家，农业教育家。1929—1933年，就读国立中央大学生物学，比唐世凤低一级，两人在国立中央大学读书时就结下深厚的友谊。

沈其益在伦敦大学皇家学院和洛桑斯特农业研究试验场留学，师从于著名植物病理学家布朗·格纳特教授。1939年，他完成小麦根腐病研究的博士论文，经答辩认为研究具有创见，并获得伦敦大学哲学博士学位。同年，赴美国入明尼苏达大学，任名誉研究员。1940年正值中国处于抗日战争的艰苦岁月，他深感国难深重，毅然束装回国。

沈其益回国后，先后任中央大学生物系教授。新中国成立后，任北京农业大学教授、教务长、副校长。

唐世凤考取了庚款留学英国的资格，即将离开中央研究院。他向中央研究院院长蔡元培先生求墨宝，作为纪念。蔡元培先生欣然为唐世凤写了一副联语：

⊙蔡元培赠唐世凤对联（唐乐永提供）

① 周琇环：《中英庚款史料汇编》（中册），中国台北"国史馆"印行1993年6月，第311—316页。

新栽竹始开三径，

大厦人先庇万间。

蔡元培以此鼓励唐世凤为国家开辟海洋科技创新领域，以造福广大民众。

后来，唐世凤在已经装裱好的这副联语原件标注：蔡院长孑民先生书对联，时年七十岁。1937年，蔡元培70岁。联语前有这样几个字"诗凤先生雅属"。

考取第六届庚款留学英国资格的朱树屏，也是唐世凤的好友。

朱树屏（1907—1976），字锦亭，山东昌邑人。著名海洋生态学家，水产学家，世界浮游植物实验生态学领域的专家。1934年，朱树屏在国立中央大学生物学系毕业，考入中央研究院动植物研究所任助理研究员，主要从事浮游生物研究。唐世凤与朱树屏是国立中央大学的校友，又是中央研究院动植物研究所的同事，晚年都定居青岛。

1938年，朱树屏到英国，有幸得到英国海产生物学协会主席、英国淡水生物学协会主席、伦敦大学皇后学院水产生物研究室主任F·E·弗里奇教授的指导，在伦敦大学开始研究浮游生物。1939年转入剑桥大学，他夜以继日地工作和学习，修完了动物、植物两系的课程，又修了生物化学系课程，业余和假日全用于实验研究工作上，成绩卓著。他曾踏遍英伦三岛海岸及大小湖泊，调查水质及生物生态，并自己设计制作水质分析仪器，后由英国化学仪器公司正式生产；配制人工淡水及培养浮游植物成功后，即为伦敦自来水公司及英国淡水生物研究所采用，以后又用于英国和欧洲许多实验室。1941年底获哲学博士学位。又应普利茅斯海洋研究所聘请，任雷兰克斯特研究员，继续从事海洋浮游生物研究。[1]

1946年，朱树屏受聘国立山东大学教授，筹建水产系。1949年，任中

---

① 《水产之父朱树屏》，《山大视点》2013年03月15日，https://view.sdu.edu.cn/info/1018/39588.htm

国科学院研究员。1951年到青岛，任海洋水产研究所所长，兼山东大学教授。朱树屏研制成功"朱氏人工海水培养液"，因对中国水产方面的卓越成就，被誉为"水产之父"。如今，在青岛市南京路黄海水产研究所，有一尊朱树屏的雕像，伴着每年樱花的盛开飘落，伴着黄海的潮涨潮落，趋于永恒之境。

英伦岁月　学海泛舟

浮天沧海远，又挟风雷作远游。

唐世凤选择到利物浦大学海洋系深造。英国利物浦是一个美丽的港口城市，利物浦大学建立于1881年，1903年获得皇家特许，成为全日制综合性公立大学。在世界上久负盛名，学校曾有8人获得过诺贝尔奖。

在英国，唐世凤除进修海洋生物学外，还师从该系系主任伯劳德门教授，主修物理海洋学和潮汐学，并在贝智同潮汐研究所做了1年研究工作。

⊙1937年，唐世凤的证件照
（唐乐永提供）

刚到利物浦大学，唐世凤遇到两个难关：一是语言和环境难关，二是专业体系难关。他的专业是生物，从伍献文老师那里学到的是切片和解剖。而从事物理海洋学，是海洋科学中数理最强者。要他从鱼类结构一下转到海洋的潮汐运动，谈何容易。好在他从小养就不服输的韧劲儿，奋起直追。经过一番拼搏，他终于能跟上教授的讲课节奏了。

在利物浦大学，唐世凤并不孤单。有几位来自中国的留学生，他们自发地形成了一个小圈子，周末时间经常交流，虽然身在遥远的英国，但他们都关心国内的战事。

唐世凤与薛芬交往甚密，两人时常在一起切磋专业上的问题。

薛芬（1905—1948），字仲薰，江苏无锡人，早年就读于清华大学生物学系，1929年毕业后留校任教。1935年，薛芬第二次考取庚款留学，计划

去美国康奈尔大学深造。他了解到海洋学作为一门新兴的自然科学，在欧美发展迅速。中国辽阔的海洋有待开发利用，但海洋学人才奇缺，所以薛芬放弃了美国康奈尔大学，1936年赴英国利物浦大学海洋学系攻读博士学位，1938年获博士学位。

在英求学期间，薛芬在学习海洋生物学的同时，师从伯劳德门教授及丹尼尔博士研习海洋学3年，对于"物理性海洋学"（即今所称"物理海洋学"）已具相当基础。薛芬心系祖国，于1939年辗转回国，投身到四川大后方，在极其艰苦的条件下将所学用于我国的科研教育事业中。

抗日战争胜利后，薛芬返回上海，在任复旦大学生物学系主任期间，于1946年秋创建复旦大学海洋学组并任主任，招新生20名。薛先生亲自教授海洋学课程，引领学生进入海洋学专业领域。与此同时，唐世凤在厦门大学筹建海洋系。

1948年，薛芬获得英国文化委员会奖助，准备再赴英国物利浦大学海洋学系研究与考察物理性海洋学，为期一年。他在计划书中写道："予拟用九个月之时间在利物浦大学海洋学系及潮汐研究所，研究潮汐、海流与海洋底形等问题。予将应用各种最新式之仪器（如潮汐记录器，海流动速器，测深仪器等）采集各项原始记录。所得记录，引用最新之方法整理分析。……予再拟用二个月之时间赴普利摩斯海洋生物研究所，考察最近海洋生物学研究之进展情形。……其余一月作参观之旅行之用。"[1]

人生航程中隐藏着巨测的风浪，突发的疾病如掀起的巨浪让薛芬的生命之舟倾覆。1948年9月，薛先生远渡重洋前往英国进修，船行至马来西亚槟榔屿时，因积劳成疾，心脏病突发，不幸病故途中，年仅44岁。薛先生英年早逝，壮志未酬，中国海洋学界痛失一位英才。

唐世凤与薛芬在利物浦大学秉烛夜谈时，他们难以预料未来的事情。但其抱着科学救国的热忱是一致的，抱定的海洋强国的梦想是一致的。

---

[1] 管秉贤：《薛芬先生和其创建的复旦大学海洋学组》，《中国海洋报》2006年8月1日。

妻子伴读　家人团聚

　　1935年1月，唐世凤与王敏结婚，两人在治学上比翼双飞，在生活中相濡以沫。唐世凤在利物浦大学站稳脚跟后，他写信给妻子王敏，让她来英国一起求学。

　　1939年2月23日早上，唐世凤到达巴黎。这次巴黎之行，唐世凤有两个目的，一是拜访受聘法国巴黎博物馆的鱼类学专家方炳文先生（唐世凤在中央研究院动植物所工作时的老师），二是前往意大利威尼斯，迎接妻子王敏和不满两岁的儿子。

　　2月25日，唐世凤和方炳文先生结伴到达威尼斯。在威尼斯港口，当唐

⊙唐世凤和王敏在英国留学时拍摄
　（唐大令提供）

⊙唐世凤在利物浦大学（唐乐永提供）

世凤看着妻子抱着儿子走出来，他急切地上去迎接，紧紧地搂着妻子与儿子，喜悦的泪水从脸庞滑落。

在战火纷飞的年代，多少家庭支离破碎，踏过千山万水，漂过大洲大洋，家人团聚在一起是人间最大的幸福。儿子亮晶晶的眼睛，好奇地望着他。唐世凤早就收到儿子的相片，这是父子第一次相见。王敏让儿子唐乐嘉叫"爸爸"，孩子乌溜溜的眼珠转动着，看了看唐世凤，害羞地叫了一声"爸爸"，话音未落，就把头转向妈妈怀里。唐世凤激动得热泪盈眶，望着妻子王敏，动情地说："今后，咱们再也不分开了……"

当天，他们一起游览威尼斯。2月26日一同乘火车去巴黎。方炳文先生带领唐世凤一家三口游览巴黎，参观了法国巴黎博物馆、巴黎圣母院大教堂，饱览凡尔赛宫、罗浮宫的艺术珍藏，开阔了视野。一周后，唐世凤一家由巴黎回到利物浦。

1939年3月至1940年12月，王敏在利物浦大学陪唐世凤读书。王敏就读于利物浦大学植物系。在此期间，她生下了二儿子唐乐明。

毕业典礼 荣获博士

1939年12月7日，利物浦大学在艺术礼堂为留学生举办毕业典礼，唐世凤以海洋贻贝的研究成果获得哲学博士学位。

唐世凤身穿着宽大的学位服，头戴一顶方方正正的博士帽。在毕业典礼上，利物浦大学的校长将唐世凤帽子上右前侧的红色流苏移至左侧中部，使之呈自然下垂状，并将毕业证书授给唐世凤。唐世凤手持毕业证书，面带微笑，看着台下的妻子王敏。此时的王敏，孕育着一个小生命。她娴静又从容，眼睛洋溢着无限的柔情，流露出自豪的光芒，目不转睛地注视着台上每一个细节。大儿子唐乐嘉依偎着妈妈，小乐嘉的目光被爸爸博士帽上晃动的红色穗子吸引住了。

毕业典礼结束后，一家报社的记者为唐世凤拍摄了照片。唐世凤抱着两岁的唐乐嘉，对着记者的镜头露出微笑。随后，唐世凤又和中国的其他留学生在利物浦大学海洋系教学楼前留影。

1939年12月8日，利物浦《回声报》刊发了该报记者拍摄的照片，并配以简短的英文：

At The Graduation

Mr. F. S. Tang，the Chinese graduate，who received the Degree of Doctor in Philosophy at the congregation for Thursday's conferment of Degrees of the Liverpool University. He is seen leaving the arts theatre with his two-year-old son.

⊙1939年12月7日，唐世凤（左）博士典礼后留影。（唐乐永提供）

⊙唐世凤获得博士学位，抱着长子唐乐嘉留影。（唐乐永提供）

唐世凤获得博士学位后，在利物浦潮汐研究所所长杜德逊的指导下做了一年的潮汐研究工作。

唐世凤本来的专业是生物学，机缘巧合，他的老师伍献文把他引入浩瀚的海洋学。唐世凤是那个时代，海洋调查成果宏富的青年才俊，他的足迹留在了时代的风口浪尖上。

他在厦门刘五店随渔民出入风波里，捕捉文昌鱼；在厦门鼓浪屿观海望潮，采集海洋动物。他考察了海南岛的大大小小的海港，初步探讨海洋潮汐与船只进港的关系；他在西玳瑁岛潜水观察海底世界。他把脚印留在烟台西沙旺沙滩上，看到海浪抹去沙滩上的一切痕迹；他在莱州湾畔一间海草房里，远眺渤海中的点点渔火。他在青岛观象台上观胶州湾风起云涌、潮涨潮落；他在三个红色圆球耸立的信号山上留意旗帜的变化，引导船只进入大港。他在浙江舟山渔场调查渔民如何捕鱼，在钱塘江涨大潮时观测海浪冲击江岸。

如今，唐世凤不满足于获得博士学位，他站在利物浦港口高耸的灯塔下面，望着海天水云深处，脑海里一一闪现中国古代科学家对潮汐的论述

（王充"涛之起也，随月盛衰"，窦叔蒙《海涛志》，张君房的《潮说》，燕肃的《海潮论》，余靖的《海潮图序》等），他决定留在利物浦大学，深造潮汐学。

这里我们要特别提及杜德逊教授，他是潮汐学的大师。20世纪中期，做潮汐研究的人几乎离不开他的潮汐分析方法。

畅游剑桥　雅聚留影

　　1940年春，一个风和日丽的日子，唐世凤畅游剑桥大学。他到剑桥访问好友朱树屏，并遇到了在阿伯丁大学攻读浮游生物学的郑重。这真是海洋学"三剑客"的一次会晤。

　　这天，蔚蓝的天空浮动着的白色云团。他们在剑桥谈论着中国的海洋学发展蓝图，边谈边在校园漫步。他们来到校园的湖畔。湖水波光粼粼，银子一般的阳光在水面跳跃着。在一株高大的垂柳前，他们渴盼抗战

⊙唐世凤（右）与朱树屏（左）、郑重（中）在剑桥大学合影。（唐乐永提供）

早日胜利。惠风吹拂着垂柳，无数柔顺的枝条在风中荡秋千。湖水涟涟，柳色青青，绿草茵茵，他们笑语晏晏。

　　唐世凤在剑桥大学告别郑重后，回到了利物浦大学。那时，他不知道，他会和郑重在厦门大学再聚首。他们会成为厦门大学海洋学系的顶梁柱。

　　唐世凤与朱树屏交往甚密，可能是因为两人都出生于贫寒之家，又都有艰难困苦、曲折漫长的求学经历。他们在异国他乡，不仅在学术上互相支持，而且在生活上互相帮助。

　　朱树屏在埋头学习工作之余，念念不忘报效祖国。他了解到国内各大学设备陈旧、经费筹措非常困难，为了归国后开展云南高原大湖调查，用薪俸余额购置了调查工作所需的文献及用具，先期空运至昆明；留英同学

⊙唐世凤（左二）与友人在剑桥大学留影。（唐尔永提供）

编辑《东方副刊》，寄到国内印刷；通过伦敦电台每月向中国介绍国外学术研究、新技术和工业进展概况等，以拳拳报国之心，尽其所能，积极为祖国的科学发展效力。唐世凤对朱树屏的作为非常钦佩，他也加入留英学生团体，为国家和抗战做一些有益的工作。

谢绝挽留　绕道回国

唐世凤在利物浦生活了3年多，对这个港口城市产生了深厚的感情，他已经完全适应了这里的生活和研究。很多学术机构对他抛出橄榄枝，邀请他入职。梁园虽好，不是久留之地。唐世凤决定放弃几乎到手的一切，他要回到受苦受难的祖国。

1940年12月，唐世凤夫妇谢绝了伯劳德门教授等人的再三挽留，带着5岁的长子唐乐嘉和不满周岁的次子唐乐明，冒着生命危险乘上"蓝浦丹拿"号轮船，毅然踏上艰险的回国之路。他要实践出国之前对伍献文老师的郑重承诺："学成回国，把中国物理海洋学搞上去。"

回国前，他们一家四口人，在路旁的一棵大树下拍摄了一张照片。唐世凤和王敏都头戴礼帽，身穿过膝的风衣，唐乐嘉依偎着唐世凤和王敏，王敏抱着唐乐明。他们一家站在归国道路的起点，期盼平安回家。

在回国之前，国民政府给按期学成回国的公费留学生发路费。

"唐世凤王敏夫妇收到160英镑之后，心中涌起无限感慨：160英镑，按当时市价计算，要折合3200大洋！这是他

⊙1940年12月，唐世凤一家回国前夕。（唐乐永提供）

们人生中第一次遇到'巨款'。"[1]

面对这笔"巨款"，唐世凤和王敏做了一个了不起的决定。他们觉得现在中国处于抗日战争最艰苦的岁月，为政府节约一部分开支，是爱国学子们义不容辞的责任，于是毅然将款退回，改乘免费的"蓝浦丹拿"号客货混装船。

回国途中充满凶险，第二次世界大战又为这次征途增加了死亡的气息。1940年10月18日至20日，德军8艘潜艇运用狼群技术，在爱尔兰群岛西北海域，连续3个夜间对3支英国护航运输队发动攻击，38艘货船葬身海底。

为了避免不测，唐世凤和家人在一条船上，把携带的书籍、行李等则放在同行的另一条船上，认为两条船当中只要有一条能安全抵达中国，对中国未来海洋学发展都是大有裨益的。

当这支船队从一个秘密的军港驶出后，不敢南下经直布罗陀海峡进入地中海，也不敢经北非西海岸南下，而是直接驶向西北，经冰岛向西到达纽芬兰，然后沿美洲东海岸南下，经非洲南端的开普敦、好望角进入印度洋。

两个多月后，他们于1941年2月抵达上海。同行8条船中，最后只剩下他和家人乘坐的这艘船得以生还，而大部分书籍和行李已沉没在茫茫的大海中，可谓"七死一生"。

---

[1] 侍茂崇：《唐世凤：现代海洋科学不能忘却的身影》，《中国海洋大学报》2005年4月30日。

游子归来　浙大西迁

　　唐世凤早在英国时，就得知浙江大学西迁曾暂住泰和县，他回到家乡的这段时间，满目都是浙江大学留下的踪迹，满耳朵里听到的都是浙江大学校长竺可桢留在泰和的故事。

家人团聚　热泪盈眶

"悠悠天宇旷，切切故乡情。"站在夜航船的甲板上，唐世凤望着夜色中的一轮明月，夜空悠远，江水浩荡，长夜漫漫，心中涌动着无限的情思。思念故乡之情越发浓烈。

游子归来，近乡情更怯！

唐世凤挈妇将雏出现在泰和三派唐雅村，内心百感交集。他扑腾一声，跪在家乡的土地上，眼中的热泪肆意流淌。当年那个求学无门、上下求索的少年，归来时已经是利物浦大学的博士。环顾家乡熟悉的土地，河水哗哗流淌，香樟树在风中发出簌簌的声响，一对燕子在空中飞翔。脚下的土地绿草茵茵，宛如绿色的地毯，上面开满了五颜六色的小花。家乡还是这般模样，但是，整个国家进入了全面抗战的僵持阶段。唐世凤自从在上海登陆，就感受到日军的飞扬跋扈。战争仍然在进行，山河破碎，金瓯残缺，无数的家庭毁于战火，无数的难民流离失所。他站在家乡的土地时，心中涌上无数的念头，经过了常年的漂泊，他喃喃自语："终于回到了故土，终于到家了！"

母亲胡银莲双鬓飞霜，脸上已经出现了皱纹。她看着儿子儿媳，还有两个孙子，笑得合不拢嘴，笑着笑着，眼睛就湿润了。唐世凤看着泪光中的母亲，也热泪盈眶，潸然而下。母子哭了又笑，笑着又哭，这是喜极而泣的眼泪啊。儿子坐在母亲的身旁，心中有无限的欣慰。母亲抚摸着儿子的脸庞，感到无比的骄傲。她没有想到，这个多次辍学的孩子，竟然能到英国留学，拿到了外国大学的文凭。

唐家的族人得知唐世凤回来了，纷纷来到唐世凤家祝贺。村里有个清末的秀才，捋了捋胡子，慢悠悠地说："世凤拿到了英国利物浦大学的博士学位，不亚于状元及第啊，可喜可贺！世凤取得的成就，光我唐氏门楣，唐氏后继有人啊！"

这注定是一个难眠的夜晚，一家人团聚在一起，有着说不完的话。

唐世凤和王敏在唐雅村住了几天，虽然处于动荡的战争年代，但这个古老的村落仍然宁静。唐世凤领着王敏，带着孩子，给他们讲自己过去求学的坎坷经历。

过了几天，唐世凤和王敏想到了找份工作的问题。就在这时，机会来了。

王敏获悉陈鹤琴先生来江西办学。

陈鹤琴是我国著名的教育家、儿童心理学家，被誉为"中国幼教之父""中国的福禄贝尔"。他毕生致力于儿童心理的研究，"活教育"是他教育思想核心部分，对我国教育产生了深远的影响。陈鹤琴早年毕业于清华学校，后留学美国，获教育硕士学位，1919年回国后从事幼儿教育与幼儿师范教育事业。

1940年2月，陈鹤琴应江西省主席熊式辉邀请，前往江西办学，并开始进行"活教育"实验。5月15日，在泰和县新池村创办南昌实小新池分校。10月1日，在泰和县文江村创办江西省立实验幼稚师范学校，这是中国第一所非教会的幼稚师范学校。这所学校很快赢得了声誉。

1943年2月，江西省立实验幼稚师范学校改办为国立幼稚师范专科学校，即南京师范大学学前教育学科前身。

1941年10月，王敏应陈鹤琴之邀，执教江西省立实验幼稚师范学校，被聘为副教授，教生物学。王敏在该校执教，一直到1944年7月。

唐世凤早在英国时，就得知浙江大学西迁曾暂住泰和县。他回到家乡的这段时间，满目都是浙江大学留下的踪迹，满耳朵里听到的都是浙大校长竺可桢留在泰和的故事。

竺可桢（1890—1974），字藕舫，浙江省绍兴县东关镇人，中央研究院院士、中国科学院院士，中国近代气象学家、地理学家、教育家，中国近

代地理学和气象学的奠基者。

1915年竺可桢获得哈佛大学硕士学位后，留在哈佛继续深造。竺可桢是中国科学社最重要的领导人之一。

1920年秋，竺可桢执教南京高等师范学校，讲授气象学、地理学等。这年冬天，在南京师范学校的基础上，开始筹建国立东南大学，1921年，竺可桢任地学系主任。

1928年6月9日，国立中央研究院正式成立，下设8个研究所，气象研究所为八所之一，该所也随之正式成立。竺可桢辞去国立中央大学地学系主任职务，应中央研究院蔡元培院长之聘，任气象研究所所长。选南京钦天山为所址，在山顶北极阁原址重建气象台，自5月动工至12月完工。1936年，竺可桢任浙江大学校长，直至1949年。

⊙竺可桢

唐世凤去英国留学前，供职于中央研究院动植物研究所。与蔡元培、竺可桢都有交往。

在泰和，唐世凤获悉竺柯桢校长在浙大西迁中遭遇家难，次子竺衡与夫人张侠魂患病不幸去逝。三月的一天，唐世凤至松山岭竺可桢夫人张侠魂墓地祭奠。坟墓上已经长满了青草，黄色的菊科植物在风中微微摇曳。坟墓旁长满了蒲公英，种子被风吹散。唐世凤看了看墓碑上的字，经历了一年多的风霜雨雪，有了时间留下的痕迹。

浙大西迁　暂驻泰和

唐世凤在家乡泰和休整期间，他还原出浙大西迁、暂驻泰和的过程。

1937年淞沪会战打响后，战火波及浙江，为了免遭日军涂炭，从11月11日开始，浙江大学本部在竺可桢校长率领下，携带大批图书资料和仪器设备，行程700多千米，辗转迁至江西吉安市，借寄在白鹭洲中学上课。1938年2月，学校迁到了泰和县上田村，此后再迁往广西宜山、贵州遵义和湄潭等地，整个西迁行程2600余千米。浙江大学的这段"流亡办学"、举校西迁的过程，被形象地称为"文军长征"。

浙江大学刚迁至吉安，时值隆冬，师生沿途既遭受敌机空袭，又饱受交通堵塞、露宿荒野、饥寒交迫之苦。幸而人员、物资均无损失，因泰和校舍来不及准备就绪，抵达古安后，教职工住在乡村师范，眷属租用当地民房。浙江大学先后在白鹭洲书院、净居寺、阳明书院临时办学。期间，竺可桢校长住在与白鹭洲仅一水之隔的木匠街（现在的书街）53号。

阳明书院为浙江余姚人王阳明先生在吉安任知县时开坛讲授理学的地方。竺可桢校长来到此处，从阳明理学中挖掘出"求是"精神，酝酿出后来浙江大学的"求是"校训，并于1938年11月著《王阳明先生与大学生的典范》一书，阐述"求是"校训的内涵。

路烽火，一路学习。只要稍做安定，浙江大学便迅速开课。在古安短短的三周时间，浙江大学坚持开课两周，并进行期末考试。

随后，浙江大学校址就选在泰和城西2.5千米的上田村，借用萧百万老宅办学。萧百万本名萧柄南，是清末泰和的传奇人物，因盐业发家，在泰和县上田建造了庄园。该村有2座古书院——大原书院和华阳书院，后来大

⊙1938年，泰和上田村萧氏祠堂

⊙1938年，泰和上田村遐观楼浙江大学图书馆

原书院成了浙江大学在泰和的校本部，而村中原有的趣园和遐观楼（即藏书楼），则成了浙江大学的图书馆和教室。

1938年2月15日，浙江大学师生由水路（赣江）和陆路（赣粤国道）南行40千米，迁移至泰和上田。

浙江大学还开设游泳课。据当年在泰和读书的女生王灵芳回忆，一天夜里某同学途经图书馆门口的小桥回宿舍，不慎溺水，竺校长万分悲痛，提出每个浙大学生必须学会游泳。上田靠近赣江，于是将赣江一水流平稳

⊙泰和上田村赣江浙大码头

的浅水区圈成游泳池，开设游泳课。游泳课上，签到台置于泳池中，要签到必须下水，如此，一些害怕下水的同学也纷纷下水。当时一位同学怎么也学不会，教导主任提出，只要下水30次，就让她及格。没想到，这位同学下到30次时，竟然学会了游泳。

浙大师生留驻泰和期间，为当地人民做了三件好事：修筑防洪大堤，创办澄江学校，协助开辟沙村示范垦殖场。

修筑防洪大堤。赣江两岸大多为平原，泥沙淤积，夏天大雨时，洪水几乎年年泛滥。上田村的楼壁墙角，以往的水痕斑斑可见。当地人民虽屡遭水害，但因无力防治，也就习以为常。浙江大学了解这一情况后，决定负责全部技术工作，与地方合作修筑防洪堤。该堤全长7.5千米，使当地人民免遭水害，乡亲们亲切地称之为"浙大防洪堤"，江边一码头，被称为"浙大码头"，这些名称沿用至今。

创设澄江学校。为使当地农村儿童和搬迁中的浙江大学教职工子弟得到良好的教育，学校与地方联合，创办了澄江学校，庄泽宣任校长。1938年3月24日开学上课。教师除聘请专职二名以外，其余均由浙江大学各系高年级同学担任，仪器图书均由学校借用。后来这所学校改称县立上田村小学，以后又为省立实验小学接办，对当地教育事业的发展起到了推动作用。

建立沙村示范垦殖场。抗日战争的烽火使得不少苏、浙、皖的群众流离失所，有的难民来到了江西。浙江大学和江西省政府商议合办垦殖场，以解决一部分难民的居住和生计问题。利用沙村附近的600余亩荒田，建立了沙村示范垦殖场。该垦殖场由浙江大学土木系工读生勘定、测绘，由农学院负责主持筹划，卢守耕教授担任主住。垦殖场安置战区难民140名，使难民生活大幅改善，也使农垦事业有所推进。

唐世凤在"浙大码头"远眺赣江，在澄江学校感受浙江大学惠泽泰和教育的举措，走进沙村示范垦殖场看稻田。所到之处，都听到当地百姓对浙江大学的深情诉说。

重庆来函　接到聘书

　　唐世凤考取庚款英国留学资格，按照当时的惯例，学成回国后，应服务于中央研究院。他回国在泰和休整期间，给中英庚款董事会董事长朱家骅写信。很快，他接到朱家骅签发的聘书。唐世凤被聘为中国地理研究所海洋学组副研究员。

　　在这里钩沉一下唐世凤供职的学术机构——中国地理研究所。

　　中国地理研究所的创立，要追溯到国立中央研究院。国立中央研究院为民国时期中国最高学术机关，1937年该院拟筹建地理研究所，并聘请李四光为"国立中央研究院地理研究所"筹备处主任，请丁骕在庐山为地理研究所监修所址。旋因抗战军兴且经费困难，国立中央研究院筹建地理研究所一事一时未能如愿实现。

　　时任中央研究院评议会评议员、管理中英庚款董事会董事长的朱家骅向来极重视发展地理学，特提请管理中英庚款董事会通过，由该会完成国立中央研究院未完成事业，筹办地理研究所。1939年12月，朱家骅请黄国璋筹设中国地理研究所。1940年8月1日，中国地理研究所在四川北碚（今重庆市北碚区）正式成立，黄国璋被任命为首任所长，所址位于四川北碚中山路15号。作为管理中英庚款董事会在抗战时期自办的事业，中国地理研究所的研究经费主要由该会拨付。

　　该所设有自然地理、人生地理、大地测量及海洋学四组。主要职责为考察人生及自然地理、编制经济地图、研究历史地理、大地测量及海洋水产。

　　1944年，施雅风在贵州遵义浙江大学研究院毕业后，到重庆北碚中国地理研究所工作，他在回忆文章中这样记录"海洋学组"：

海洋组长为马廷英（古生物学家）。高级研究人员有唐世凤等，助理员成荫。海洋组也不在北碚，而是长住厦门，倚托厦门大学工作。曾开展东山岛附近潮流观测与生物采集。我和黄秉成都是1944年夏季进所，测量与海洋二组人员均未见到。①

1943年为免日机轰炸和节约房租开支，所址迁至北碚城南6000米的状元碑蔡家湾。1945年9月，黄国璋因在中央设计局任职，业务繁重，无法顾及中国地理研究所内工作，故请辞所长一职，所长由李承三代理，研究所于1946年初迁回北碚市区的中山路23号；1946年8月，因中英文教基金董事会（即原管理中英庚款董事会）经费困难，中国地理研究所改属于中华民国教育部，其研究经费改由教育部拨付，林超接任所长。1947年6月，该所完成由重庆北碚迁至国民政府首都南京事宜，所址为南京市苏州路1号。②

中国地理研究所首任所长黄国璋，在地理学界堪称风云人物，1949年后，他被视为"学阀"。

黄国璋（1896—1966），字海平，湖南湘乡黄泥坪人，生于富裕之家。1911年，在湖南湘乡县立东山高等小学堂的毕业生中，有两位后来成了卓有成就的人，一位是开国领袖毛泽东，而另一位则是著名地理学家黄国璋。后，两人又同时考入湘乡驻省中学。

1915年，黄国璋考入长沙雅礼大学，1919年毕业之后在雅礼中学担任地理和英文教员。1926至1927年，黄国璋在耶鲁大学师从地理名家亨廷顿攻读经济地理。次年，黄国璋转入芝加哥大学地理系，并于1928年获硕士学位。黄国璋是20世纪20年代中国留美专攻地理学的三人（余为黄玉蓉、王成组）之一，以经济地理和人文地理见长。

---

① 施雅风：《从中国地理研究所到中国科学院地理研究所》，《中国地理学90年发展回忆录》，吴传钧、施雅风主编，学苑出版社1999年版，第239页。

② 参见詹永锋、王洪波、邓辉：《民国时期中国地理研究所钩沉》，《地理研究》2014年9月第33卷第9期，第1770页。

1928年9月，学成归国的黄国璋被竺可桢聘为国立中央大学地学系教授，开设人文地理、北美地理和地理考察三门课，深受学生欢迎。1936年9月，黄国璋转任北平师范大学地理系教授兼主任。黄国璋虽然离开了国立中央大学，但在此任教期间，深得国立中央大学校长朱家骅的赏识。

1936年，黄国璋主持北平师范大学地理系，与胡焕庸主持的国立中央大学地理系南北呼应，形成"南胡北黄"的格局。黄国璋则是北派首屈一指的人物。

1939年中英庚款会拨款成立川康考察团，以黄国璋为副团长。1940年，黄国璋被委以重任，出任中国地理研究所的所长，可见朱家骅对黄国璋的赏识和信任。

中国地理研究所在黄国璋主持下，西北联合大学地理系（原北平师范大学地理系）的师生占据中国地理所人文地理组的半壁江山，20位职员之中有8位来自西北联大。

中英庚款董事会在抗战初期，财力雄厚。中英庚款会赞助中国的科研、教育，自办事业，创办中国蚕桑研究所、中国地理研究所、甘肃科学教育馆、中国美术学院、中国心理生理研究所等5个机构，以及数个边省中学。

接到中国地理研究所的聘书后，当天晚上，唐世凤翻阅书籍，看到清初苏门孙奇逢的一句话："人生最系恋者过去，最冀望者未来，最悠忽者现在。"回到家乡已经一个多月了，经过了休整，也应该出发了。唐世凤只身前往福建，他把脚印留在八闽大地的海岸线上……

海洋先驱
唐世凤

第九章

闽南巡海　　石井验潮

　　1941年中国地理研究所海洋组有一个五年计划，要沿着福建沿岸进行海洋调查。与福建省合作成立福建海洋考察团，唐世凤任团长。当时敌机轰炸、土匪出没、疫病流行、经费匮乏，工作条件极为艰难，该考察团是抗战期间国内唯一坚持工作的海洋考察团队。

闽南考察 指导盐业

日本全面发动侵华战争后，正式发表"遮断航行"宣言，封锁我国的苏、浙、闽、粤4省沿海，中国的海洋科学研究几乎陷于停顿。和这一时期一些人纷纷出国不同，唐世凤在抗战最艰苦的时期回国。他没有回到内迁重庆的动植物研究所搞生物研究，也没有坐在重庆新成立的地理研究所写学术论文，而是将妻女留在泰和老家，毅然参加最初只有两个人编制的中国地理研究所海洋组工作。他和地质学家、古生物学家马廷英先生一起，在福建永安气象台的一间房子外，挂起海洋组办公室的牌子，他自己又迫不及待地奔向前线沿海，把汗水滴落在闽南沿海涌动的浪花上。

⊙1943年7月，唐世凤于福建永安中国地理研究所海洋组。（唐乐永提供）

马不停蹄，海湾港口潮间带，渔民渔船晒盐场，经过一番考察，唐世凤摸清了福建的海洋资源"家底"。

虽然处于战争年代，但唐世凤从长计议，对抗战胜利后海洋与国防、海洋与经济等有长远的展望。

1941年6月18日，福建版《中央日报》第四版《科学与人生》，以整版篇幅刊登了唐世凤的长篇文章《海洋学与国家》。

文章回顾了抗战前中国海洋调查研究概况后，着重从国防军事与经济两方面，对海洋科学与国家富强的关系进行了充分的论述；以当时和历史上中外海战实例，指出潮汐、潮流、海水比重、水深、气象等与海军、空军作战的关系；指出海洋调查研究、航海技术、海洋地理对于一国海军的重要性；从中国"望洋兴叹""临水生畏"等成语，与英国《鲁滨孙漂流记》《金银岛》及拜伦诗歌中对海洋的描述相比较，指出文化层面对海洋教育的影响；从中国和发达国家在海洋调查研究及开发方面的差距，指出斯时"正吾人磨砺以须，教养生聚之非常时期"；"去年成立中国地理研究所时特设一海洋组"，与福建省资助海洋考察与研究事业，"皆出于高瞻远瞩"！

这篇文章的结论是，"对于国家富强有关之海洋学，在研究与教育两方面，有相提并重之必要"。这是唐世凤的肺腑之言，是福建海洋考察团的"出师表"和宣言书，也是他给自己定下的奋斗目标。

中国地理研究所海洋组与福建省合作成立福建海洋考察团，唐世凤任团长。名曰考察团，实际上加上盐务部门的协助和临时雇用的帮手，最多时也不超过4人，平常也就是一二人。人虽少，工作效率却很高。

1941年8月27日至10月27日，唐世凤、马廷英、成荫（中国地理研究所海洋组），陈遵民、杨生坦（福建省气象局），林龚谋（福建省立研究院），三方学术机构共计6人，联合对东山岛进行海洋观测。

唐世凤率领的福建海洋考察团，从永安出发，乘车先至龙岩，又至南靖县蜀之水头（亦称水湖）。到了水湖，陆地路段因为抗战，已经破坏。于是乘坐小舟，顺流而下至漳州。这是旅途的第一阶段。

旅途的第二阶段，从漳州步行一天半至漳浦县城；然后开始翻山越岭，冒着烈日酷暑登山。"挑夫有中暑晕倒者，团员均流汗如雨，浑身湿透，且行且喝路旁溪水，以解口渴。"唐世凤在《东山岛海洋观测通讯》文中提到的挑夫是福建海洋考察团雇的，挑运考察用的仪器。下了盘陀岭，抵达云霄河畔。"既而雇得小船，顺流而放。迨抵云霄县城，已是月在中天，钟鸣九下。是日仅走七十里，但辛苦之至，此第二段旅程也。"

9月13日，开始最后一段旅途。"上午八时，离云霄，南行五十里，达竹港，大海忽入眼际，各团员均雀跃趋前，争观为快。盖在战时，吾人能立

于国家完整之领土上，目睹本国之领海，确非易事。尤其来自四川者，万里跋涉，与海梦寐为劳者已半年矣。"唐世凤的文笔生动，有古代文人笔记的意趣。这篇《东山岛海洋观测通讯》不仅具有海洋学史料价值，也值得研究抗战史学者的注意。

唐世凤带领的福建海洋考察团，在国防最前线开展工作。"自抗战以来，曾沦陷三次。岛之南部，常敌人军舰，东西往来，有时下锚停泊，据岸甚近。"在这样艰苦的条件下，进行海洋观测，无异于战士在前线抗击敌人。

9月15日，考察团在东山海峡试验各种仪器，并择定海峡最深处，于19日开始正式观测。主要项目有每日24次的普通海洋观测，比较海水物理性质和化学性质的日变化；用唐世凤自己设计制作的十字架形木制海流计，测量海水流速、流向及潮流以及进行潮汐观测和气象观测等，前后六易寒暑。考察团的足迹遍及闽南沿海。

特别要提到的是，唐世凤文章中有近一半和"东山岛"有关。这是因为1941年中国地理研究所海洋组有一个5年计划，要沿着福建沿岸进行海洋调查。当时敌机轰炸、土匪出没、疫病流行、经费匮乏，工作条件极为艰难，该考察团是抗战期间国内唯一坚持工作的海洋考察团队。

由于日军海上封锁，沿海渔民无法出海打鱼，纷纷改行晒盐。盐业当时成为福建省重要的工业及财政支柱。参与盐场改良，指导盐业生产，成为考察团另一项重要工作；设立验潮站，测量海水盐度；教盐民根据潮汐变化汲取高盐度海水，提高盐产量。从湄洲湾的山腰盐场到东山岛的诏浦盐场，都洒下了唐世凤辛勤的汗水。

1943年，唐世凤在财政部主办的《盐务月刊》（第五期）发表论文《从海洋学上为晒盐增产之设计》。这篇论文中有一张唐世凤手绘的唐氏比卤计图。唐世凤发明的比卤计，为盐民增产提供了科学的仪器。"凡盐区既无潮汐表可用，而清水又不常有之处，可用唐氏制作的竹筒比卤计，以测量海水之盐分，而启闭闸门。"唐世凤把比卤计的制作方法传授给诏浦盐场的工程师任聚盛，并把制作方法在论文中详细介绍。唐氏比卤计，制作简易，科学有效，成为盐民增加盐产量的工具，在福建各盐场推广。唐氏比卤计的推广，为福建各盐场增产无数。

福建地处抗战前沿，生活困苦，工作条件恶劣，经费不足，再加上其他的诸多因素，研究人员处于变动之中。马廷英于1943年退出海洋组第一队工作，赴四川后方，1944年请辞海洋组工作后被中国地理研究所解聘，助理员成荫也在1942年因病退出工作，只剩下第二队唐世凤带领新加入的助理员郑执中和石橘贞苦苦坚持。

为解决工作经费不足的问题，唐世凤先生千方百计地开展工作，多方筹措。盐务收入是政府财政的大头，唐世凤顺应需要结合潮汐研究开展盐田改造增产工作，获得福建省政府建设厅和财政部盐务管理局资金支持，以及盐务局派工程人员协助工作的人员支持，使海洋科学工作得以坚持到抗战胜利。

中国地理研究所海洋组先后为惠安山腰盐场、南安莲河盐场、东山盐场等提供改良建议。1949年中华人民共和国成立后，唐世凤应轻工业部盐务总局邀请多次到女姑口、即墨马哥庄、胶南等地的盐场指导，提高产量。

唐世凤的海洋学研究重视实地考察，注重解决沿海盐业、渔业生产中存在的问题。抗战时期，他在福建沿海的海洋观测与考察，积累了大量的海洋数据，

○唐世凤发明的比卤计（摘自1943年《盐务月刊》第5期）

慢慢地转化为学术成果。1951年，唐世凤在《海洋湖沼学报》创刊号上发表的论文《东山海水盐分之半日周期变异》，就是这时期海洋调查实践的成果。

师生携手　石井验潮

唐世凤从事海洋科学研究的起点在厦门大学，他在福建从事海洋调查工作，必然要与这所高等学府建立学术联系。

面对战火威胁，1937年12月24日，时年35岁的校长萨本栋带领国立厦门大学全体师生开始内迁，目的地是距离厦门800里外的福建山城——长汀。厦门大学因此成为当时粤汉铁路线以东仅有的国立大学，也是最逼近战区的大学。

1942年秋，唐世凤应邀到内迁至长汀的国立厦门大学生物系，做一场海洋调查工作的学术报告。他的执着和敬业精神，深深打动了听讲的学生，其中就有郑执中。唐世凤的讲座结束后，勤学好问的郑执中立马向唐世凤先生请教，问了他好多问题。唐世凤在一一解答后，对这位年轻人刮目相看，饶有兴致地询问了郑执中：来自福建什么地方？将来毕业后有什么打算？

1943年夏天，郑执中在国立厦门大学生物系毕业，受聘于陈嘉庚创办的集美中学。结果，唐世凤出面"抢人"，中国地理研究所海洋组将郑执中纳入"麾下"了。

原来，郑执中毕业后，从长汀到集美途中，取道永安，顺道去看望唐世凤先生。

2012年9月2日，郑执中的儿子郑融在科学网个人博客发表《想念石井》一文，谈到了当时的情况：

我父亲还在厦大读书的时候，唐先生曾到厦大作过学术报告，我父亲向他请教过一些问题，给他留下了很好的印象，而父亲也终生尊唐先生为师。

　　唐先生知道我父亲已经毕业，便劝动了我父亲放弃集美中学的工作，留下做他的助理员。他说他正好有意在我父亲的家乡石井进行潮汐观测，希望由父亲来承担这项工作。恰好集美中学的校董陈村牧先生也在永安办事，唐先生便把陈先生请来，当面办妥了这件"半路劫人"的事。①

　　郑融在这篇文章中，还透露出一些信息，例如海洋组的人员设置："当时在中国地理研究所海洋组工作的，除了唐世凤先生，还有海洋地质学家、古生物家马廷英先生和一位姓石的女助理员，这位女士也是厦大毕业的，但不久就离开了。石女士走后，加上一位工友，整个海洋组也就剩下四个人。唐先生带着工友到晋江、莆田沿海进行考察，马先生正忙于研究论文的出版事宜。"②

　　郑执中加入海洋组后，承担起唐世凤交给他的一个重要任务，在郑执中的家乡石井建一个验潮站，进行潮汐监测。

　　石井是位于福建东南沿海的一个海滨小镇，具有得天独厚的位置。石井在厦门的东北方向，离厦门不到100千米。它与金门隔水相望，还临近福建省另一个重要的城市泉州。它在泉州以南的围头湾处。围头湾自南向北深入，形状狭长，也被称为马江。石井位于马江入海处，是古代泉州海上交通的必经之地。

　　石井之所以被称为石井，有个说法，西面有个白鹤山，山上有清泉流下聚而成井。井壁及井底，皆天然岩石。此井距海只数步，涨潮时，海水灌入井内，据说过后井水依然清淡，不含咸味。

　　石井港是闽南主要贸易口岸之一，宋设"石井镇"置"巡检司"，为海防前沿要塞，明建"靖海寨"，筑"烟墩铳城"，是抗倭平寇的主要阵地。

　　南安石井港有悠久的海外交通史。唐代，就有奎霞林灵仙造船通印尼。明朝石井郑芝龙、郑成功父子强大船队航线就开往东南亚。至明崇祯

---

① 郑融：《想念石井》，http：//blog.sciencenet.cn/blog—38063—608474.html.
② 郑融：《想念石井》，http：//blog.sciencenet.cn/blog—38063—608474.html.

六年（1633）郑芝龙船队，有船千艘；盖上"南安石井郑氏印记"的牌照，前往海外诸国贸易；1662年，郑成功大船队兴师渡海，收复台湾。

石井这个沿海小镇，是明末清初的风云人物郑芝龙的出生地，是民族英雄郑成功的故乡。1604年，郑芝龙出生于石井，通晓各国语言，进行海上贸易，也被官方认定为"东南沿海第一大海盗"，建立了一支实力强大的队伍。

郑芝龙在17世纪中国明朝海禁与世界海权勃兴的时代背景下，以民间之力建立水师，并于1633年在泉州金门岛的料罗湾海战中成功击败西方海上势力。

郑芝龙的儿子郑成功出生于日本。郑成功7岁时，回到父亲的出生地石井。石井最有名的古迹当属"海上视师"的石刻。据说，这是纪念郑成功在石井屯兵刻下的。郑成功从这里出发，率领海军收复台湾。如今，石井保存着很多郑成功的历史遗迹。

唐世凤选择在石井建验潮站，出于石井具有独特深厚的航海历史，也出于石井险要的地理位置。

石井验潮站的建立大约是1943年秋，办公室设在石井钟楼，挂牌"中国地理研究所海洋工作站"。所谓"钟楼"，实际上是华侨所建的楼房。先前曾在其上挂了一口钟，若有敌情，便敲钟报警，"钟楼"因此得名。唐世凤给郑执中留下一枚中国地理研究所沿海考察团的印章，需要与外面有关部门联系业务时，就靠这枚公章。

郑执中的主要工作是验潮，即测量潮汐的时间和高低变化，还测量海水的比重等。

郑融在《想念石井》文中，详细地描写了父亲郑执中如何开展工作：

当时的测量工具非常简陋，只有一支比重计，两把自制的标尺，一只手表，以及父亲自己在尚未建成就半途而废的码头壁面上划的刻度。其中一把标尺安放在近岸的石坪附近，测量涨潮的水位，另一把放置在较深处，测量退潮的水位。废码头壁面上的刻度主要用于校对的目的。那时为了校正手表的时间，每次都跑到8千米外的莲河盐场去，因为石井附近只有该盐场有电台可以校对时间。石井一个名叫许培基的热心少年人有时帮着一起去作测量。与此同时，唐世凤先生给父亲一个他从英国带回来的浮游生物网，父亲用它来采集一些海洋生物的标本。并在本地牡蛎养殖场做了一些关于牡蛎的自然生态问题的探索。[①]

石井验潮站也是福建省海洋考察团在石井设立的海洋观测站，存有连续31个月的观测记录。唐世凤亲自参加，负责温度、盐度、海水透明度、潮汐和海流观测。

石井验潮站收集了大量的海洋数据，唐世凤和郑执中据此以"石井港潮信常数"为题共同写了一篇论文，于1957年交给海军有关部门。因论文数据属于军事机密，所以论文未能公开发表。

1996年9月30日，厦门大学海洋系庆祝创办50周年之际，郑执中为《厦门大学报》撰写了《忆唐世凤先生》的文章，第一次公开谈到了石井验潮站的往事。

2004年，为纪念唐世凤先生100周年诞辰，郑执中把与恩师唐世凤合作撰写的论义《石井港潮信常数》公开发表。

这篇论文的概要如下：

石井港，是福建南安县的港口。石井海洋观测站的工作，主要是每日观测潮位，兼测海水比重、水温及气温。观测工作自1943年11月27日起到1946年8月26日全部结束。共得每日观测潮位记录31个农历月，其中38小时的连续观测一次。海水比重、水温及气温等观测，各得24个农历月的记录。根据记录，进行统计分析，得到石井港14种潮信常数数值以及海水比重、水温、气温等年变化的平均值。所得潮信常数数值包括：高低潮间隙、大小潮高低潮潮高、大小潮潮差、平均高低潮潮高、平均海面及其季

---

① 郑融：《想念石井》，http://blog.sciencenet.cn/blog—38063—608474.html

节改正数、四大分潮的迟角及其振幅。上述数值对该港沿海海港建设、潮汐预报、水文预报等工作，都有参考价值。[1]

今天的人们读到这篇论文，对唐世凤、郑执中在当年如此艰难的条件下，做出如此卓越的成绩，定会心生感慨。

这篇论文发表时，唐世凤先生已经逝世33年。不管世事如何变化，唐世凤、郑执中把名字"写在"了石井的海潮上。

[1] 唐世凤、郑执中：《石井港潮信常数》，《海洋湖沼通报》2004年第4期，第6页。

海洋先驱
唐世凤

第十章

设海洋系　厦大育才

　　唐世凤主持国立厦门大学海洋学系，引进了现代海洋科学，研究范围涉及海洋生物、海洋化学、海洋物理、海洋渔业、盐业、中国海洋史等，是我国现代海洋科学研究及海洋科学教育事业的奠基者之一。国立厦门大学海洋系为新中国海洋事业输送了首批专业人才。早期毕业的4届学生中，后来成为博士生导师、教授、研究员的40余人；任中科院、水产部、国家海洋局及省属研究所等要职的7人。

山河重光　契机降临

抗战胜利了，山河重光！

唐世凤从东山岛考察归来，听闻这个喜讯，他的内心被巨大的喜悦激荡，卷起层层浪花。

1945年8月15日，日本天皇裕仁以广播《停战诏书》的形式，正式宣布日本无条件投降。神州大地到处涌动着欢庆的浪潮。唐世凤把考察时带回来的海鲜拿出来，叮嘱工友简单做一下。他破例和大家一起开怀畅饮，庆祝抗战胜利。

这是一个难眠的夜晚。听着窗外海浪冲击礁石的声音，他心中出现一幅波澜壮阔的海洋研究蓝图。唐世凤兴奋地走到海边，任由海风吹拂着他的头发和衣襟。他透过海天之间的夜色，看到了中国海洋学的美好前景。

他脚下的海是多么神秘啊，又是多么美丽！

浩渺宇宙，蓝色星球。唐世凤脑海中浮现出这样的问题：茫茫混沌之中，何时出现地球？地球何时出现海洋？海洋是生命的摇篮，是人类赖以生存的家园。海洋以博大的胸怀哺育了大千世界的芸芸众生。海洋提供氧气，塑造气候，为人类提供食物。

"亘古历史证明，谁占有了海洋，谁征服了海洋，谁就掌握了开启人类文明进程的钥匙。因此，悠悠5000年人类文明的艰难发展历程无不闪烁着蓝色文明的火花。"[①]

中国大陆濒临的渤海、黄海、东海和南海，总面积在470万平方千米以

① 李乃胜等编著：《中国海洋科学技术史研究》，海洋出版社2010年版，第1页。

上，沿海岛屿星罗棋布，面积500平方米以上的海岛有6500多个，海洋资源十分丰富。

中国拥有漫长的海岸线，是一个海洋大国，但是对海洋的开发和利用，少得可怜。自鸦片战争以来，我国丰富的海洋资源却任凭外人掠夺，至民国初年，世界数十国航业注册，我国竟无资格参加。

但有志之士、有识之士，早已经意识到海洋强国的重要性。魏源，著有《海国图志》，被称为近代中国"开眼看世界"的第一人。

《海国图志》叙述世界各国的地理分布和历史政情，分析鸦片战争的经验教训，探求富国强兵抵御外国侵略之道，主张学习西方科学技术，如西方制造战舰、火器的先进技术，提出"师夷长技以制夷"的主张。如果能掌握西方的新式生产技术，多年之后，必然"风气日开，智慧日出，方见东海之民，犹西海之民"，从而使中国屹立于世界强国之林。

《海国图志》打破了传统的夷夏之辨的文化价值观，传播了近代自然科学知识以及西方科学与技术、社会制度、风土人情，开辟了近代中国向西方学习的时代新风尚。

经过了鸦片战争、甲午战争，晚清付出了惨痛的代价，到了民国初年，不仅要恢复海军，守我海疆，卫我主权；还要开发海洋，利用海洋，实业强国。厦门大学创办人陈嘉庚面对海洋资源被列强掠夺的局面，痛心疾首，强烈呼吁"力挽海权，培育专才"，于1920年2月创办了集美学校水产部（后发展为集美水产航海专科学校），希冀引起政府对挽回海权的重视。可是直至抗战胜利，国民党政府仍把中国的海权让给帝国主义国家，对培育本国的海洋学科专才仍漠然置之，全国各大学中仍无一校设立海洋学系。

唐世凤敏锐地意识到，在大学创建海洋学系最好的契机来了，而国立厦门大学，占有天时、地利与人和的先机。

设海洋系　为国育才

　　抗战期间，国立厦门大学迁至长汀办学，校誉日隆；抗战胜利后，厦大更是受到各方的瞩目。为了适应客观形势，学校首先着力于理、工两科的发展。

　　厦大濒临东海，靠近南海，面对台湾海峡，周边的海域及滩涂盛产各类海洋生物，私立时期对海洋生物的研究已取得具有国际影响的成果，且被国内外学术界公认为非常适合开展海洋科学研究的学府。内迁长汀之后，因地处山区，海洋生物研究工作难以继续开展，但生物学家汪德耀博士来校任教时，仍为学生开设了"海洋生物学"课程，并请准设立了水产研究室。

　　1944年11月，朱家骅再次出任教育部长。唐世凤给朱家骅写信，建议在国立厦门大学设立海洋学系。朱家骅采纳了唐世凤的建议，给福建长汀的国立厦门大学校长汪德耀下了一道部令，筹备建立海洋学系，并推荐由唐世凤负责筹备。

　　汪德耀1942年任福建省立研究院院长时和福建海洋考察团有过协作，后来，调到厦大任校长。他邀请唐世凤到长汀为师生做学术讲座，并聘请唐世凤为名誉教授。接到教育部长朱家骅的部令后，汪德耀以厦大还在长汀办学为由，称暂时不便办海洋学系。

　　1945年9月，唐世凤接到教育部电令，到长汀与国立厦门大学合作。与此同时，汪德耀出席重庆教育善后复原会议，再次被教育部长朱家骅催促筹备海洋系。汪德耀回到长汀后，当面叫唐世凤以汪的名义起草电报，发教育部：本校拟新设海洋学系，并聘请唐世凤到校负责筹备。汪德耀先聘请唐世凤为生物系教授。唐世凤一边为生物系授课，一边起草海洋学系组织章程。在这样的情况下，他坚持撰写学术论文。

1945年11月，教育部批复，准许新设海洋学系。唐世凤被聘为海洋学系主任，负责进行筹备。经过紧张的筹备，海洋学系至1946年6月已告就绪，9月间招收首届新生20名，宣告我国高等学校中的第一个海洋学系正式成立。

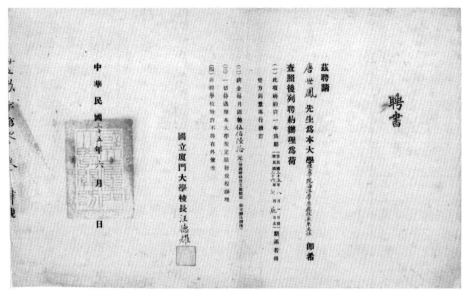

⊙1946年6月，国立厦门大学聘请唐世凤为海洋学系教授兼系主任的聘书

国立厦门大学海洋学系成立后，在海洋学人才奇缺的情况下，唐世凤相继聘请了以下教授在海洋学系执教（有的是合聘）：

郑重（英国亚伯丁大学博士，曾任剑桥大学、牛津大学等大学的讲师及普利茅斯海洋研究所研究员）

王敏（女，原国立复旦大学教授）

李象元（水产教授，鱼类学专家）

黄文沣（留日，原福建省渔业管理局局长兼福建省立高级水产职业学校校长，任国立厦门大学海洋系、山东大学水产系副教授，福建省水产研

究所所长，集美水产学校校长等职）

沈汉祥（1941年在江西省泰和县江西省建设厅养鱼试验场工作时与唐世凤相识，历任国立厦门大学海洋系教授，国立山东大学水产系教授系主任）

郑沅（原海军军官学校教官、厦门要港司令部兼代司令）

刘春霖（重庆舰副舰长，大连海运学院教务长，第三届全国人大代表）

石延汉（原福建气象局局长，南京大学气象学教授）

唐世凤还聘请了胡继勤、霍莲池、克拉克（女、英籍）为兼任副教授，还有助教多人，师资力量较为齐整。

聘请郑重、克拉克到国立厦门大学海洋学系执教，还有一个小插曲。1947年，郑重偕夫人克拉克从英国回国，先是被国立山东大学水产系聘请。伍献文先生深知国立厦门大学海洋学系的难处——缺少师资，他受唐世凤的委托——"截胡"郑重和克拉克。伍献文竭力劝说郑重、克拉克到国立厦门大学海洋学系执教。唐世凤、王敏夫妇为此专程到上海，向郑重、克拉克夫妇提出借聘一年。郑重、克拉克夫妇被唐世凤和王敏的诚恳和热情打动，到了国立厦门大学海洋学系执教。

两对海洋学伉俪，在英国留学时期就结下了深厚的友情。在这样的情形下，郑重本来许诺在国立厦门大学执教一年，不料，执教了一辈子。

国立厦门大学海洋学系创办初期，教职工14名，其中，正副教授7名、兼职副教授4名，共担任5门基础课、10多门专业选修课的教师。不妨看一下这份档案资料，海洋学专家荟萃国立厦门大学，极一时之盛。

厦门大学海洋学系1946—1952年工作人员名单（部分）

年份	人员	学科信息
1946年	唐世凤（教授）	普通海洋学、潮汐学
	周楠生（讲师）	海洋生物学　后在国立厦门大学生物系
1947年	王敏（教授）	藻类学　后去山东大学生物系
	郑重（教授）	浮游生物学　后在国立厦门大学生物系
	胡继勤（副教授）	气象水文学　后去广州华南师范学院

续表

年份	人员	学科信息
1948年	丘书院（助教）	后在厦门大学生物系、博导
	李象元（教授）	鱼类学
	郑执中（讲师）	海洋动物　后为中科院南海所所长
1949年	黄文沣（教授）	海水养殖学、渔捞学　后为福建水产研究所所长
	刘荣霖（教授）	船艺学、航海学　后去大连海运学院
	郑沅（教授）	航海学、水文学　后去大连海运学院
1952年	黄厚哲（讲师）	海洋化学　在厦门大学生物系
	蒋青（教授）	轮机学　后去大连海运学院
	霍莲池（教授）	鱼类学
	石延仪（教授）	海洋气象学
	吴景荣（助教）	
	张其永（助教）	厦门大学海洋系、博导
	李松（助教）	厦门大学海洋系、博导
	何大仁（助教）	厦门大学海洋系、博导

当时国立厦门大学海洋学系的工作人员共19人，教授9人、副教授1人、讲师3人、助教5人、工友1人。[①]

厦门大学海洋学系聘请的教师，如同八仙过海、各显神通，为学生开设了十几门课程。"普通海洋学""海洋学""气象学""潮流学""海洋动物学""海洋生态学""浮游生物学""鱼类学""海崇学""渔捞学""水产学""养殖学""经济鱼类""海洋渔业调查""航海学""地文航海""天文航海""船艺学"以及具有丰富信息量的"书报讨论"等专业课程，包括海洋学基础、水产、航海等三个领域，适应了收回海权及开发海洋资源的需求。

1946年至1949年，国立厦门大学海洋学系共培养了4届57名学生。这些学生1950年开始陆续毕业，成为新中国海洋事业的首批专业人才。据统

---

① 当时的海洋学系是厦门大学拥有教授最多、师资力量最强的系。据唐乐永提供的资料，这个表格中应有动物学教授顾瑞岩、助教李复雪的名字。

计，早期毕业的4届学生中，后来成为博士生导师、教授、研究员的40余人；任中科院、水产部、国家海洋局及省属研究所等要职的7人。

因此，国立厦门大学海洋学系（中国第一个海洋学系）被誉为我国海洋科学人才培养的"蓝色摇篮"。

⊙1947年2月，国立厦门大学海洋学会成立典礼第一次会员大会召开，前排居中为唐世凤，二排左三为尤芳湖。

唐世凤主持国立厦门大学海洋学系，引进了现代海洋科学，研究范围涉及海洋生物、海洋化学、海洋物理、海洋渔业、盐业、中国海洋史等，是我国现代海洋科学研究及海洋科学教育事业的奠基者之一。他本人为海洋系学生讲授4门课——"普通海洋""物理海洋""潮信学"和"潮信推算"，后又增开"海洋调查"课程。

唐世凤先生的四子唐乐永告诉笔者，唐世凤先生在国立厦门大学海洋系开设我国第一门物理海洋学课程。

厦门大学的海洋学研究渊源有自，在历史中有传承，有发展。时至今日，打开厦门大学海洋与地球学院官方网站，会看到学院简介：

经过几代海洋人的努力，今日的海洋与地球学院拥有海洋科学国家一级重点学科，海洋科学一级学科博士学位授权点和博士后流动站；已建成了一个涵盖海洋生物科学与技术、海洋化学与地球化学、物理海洋学、应用海洋物理与工程、地质海洋学等专业在内的门类齐全、层次完整的学科体系，在国际上享有嘉誉。近百年来，名家荟萃、贤达辈出，涌现了唐世凤、陈子英、郑重、李法西、陈国珍、何恩典、伍献文、曾呈奎，以及陈宜瑜、洪华生、焦念志、戴民汉等一大批杰出科学家，为社会输送了数以千计具有"海洋"视野和胸怀的优秀人才。

　　水有源，故其流不穷；木有根，故其生不穷。唐世凤为主创办中国第一个海洋学系，为国家培养了海洋学领域的人才，同时把名字留在中国海洋科学的青史之中，留在广袤富饶的海域之上。

居鼓浪屿 测南安潮

　　唐世凤应国立厦门大学之聘，来到厦门，先是安家鼓浪屿，后住大南新村、白城。

　　鼓浪屿是厦门的人文胜地。鼓浪屿在宋元时期被称为"圆沙洲"。明末清初，鼓浪屿是郑成功最初的根据地。

　　1902年，中国政府被迫同

⊙鼓浪屿旧影

日、美、德等签订了《厦门鼓浪屿公共租界章程》，鼓浪屿被列强正式明确为公共租界。外国的传教士、各国领事馆人员纷纷在鼓浪屿建别墅。"台湾新文学之父"赖和1918年抵达鼓浪屿定居，作诗写鼓浪屿，描写鼓浪屿的情形：

　　　　层楼压海气峥嵘，晓色朦胧市有声。
　　　　万国旌旗迎日展，千家灯火烛天明。[1]

　　赖和来到鼓浪屿时，西方人在鼓浪屿开展各项建设，洋行鳞次栉比，商业贸易繁荣。英国人塞舌尔·保罗对此描绘道："英国租借地在厦门海后滩，还准备建码头，其背后是成排的洋行。它是厦门城区主要的商业地

　　[1] 转引自何瑞福主编：《鼓浪屿研究第七辑》，厦门大学出版社2017年版，第126页。

带，对外贸易在这里经营，最主要的中国的商人们的商行也坐落在附近。多数外国人每天从他们鼓浪屿的住家渡海到厦门办公。鼓浪屿几乎成了住宅区，最重要的官员们都住在那里。除此之外，一两家外国商店、各国领事馆及邮局、工部局以及外国电话电报公司的代办所也设在那里。"[1]

唐世凤一家来到鼓浪屿安家时，鼓浪屿大致还是塞舌尔·保罗描述的样子。

唐世凤长子、高级工程师唐乐嘉后来回忆：

我们最喜欢去的地方是菽庄，在四十四桥踏浪观景，坐在千波亭欣赏变化无穷的蔚亮海色，看那海鸥翻飞嬉戏的空天海景，视线无限高远，心情格外舒畅，比当年绕过好望角还要宽广惬意。到青岛后，时常与家人谈起厦门、鼓浪屿的生活，时常念叨鹭江电船过渡的"卜卜声"，忘不了舢板渡海"同安竹篙"的亲水身姿，脑海不时涌现鹭江潮搏击沙滩的珠玉浪花。[2]

唐乐嘉在接受龚洁的采访时说："现在说起鼓浪屿，还能忆起推开西窗望见彩霞下的八卦楼红色圆顶和悬崖顶上的汇丰银行公馆的美景。"

鼓浪悬帆今胜昔，堆金积玉慨而慷。鼓浪屿是蓝色梦幻一般的大海上漂浮的花园，是鼓浪声声伴着叮咚琴声的钢琴之岛。

此岸是家，彼岸是工作，渡船来往穿梭。看一下这个时期唐世凤的工作和教学。

国立厦门大学海洋学系里还特设了一个海洋工作站，供学生实习和教员研究之用。

1948年2月，唐世凤带领学生赴南安莲河观潮。当时国立厦门大学海洋学系师生的海洋调查以及实习，颇受关注。中央级的媒体和厦门当地的报

---

① 何丙仲辑译：《近代西人眼中的鼓浪屿》，厦门大学出版社2010年版，第126页。

② 龚洁：《中国海洋科学先驱唐世凤的鼓浪屿情结》，《鼓浪屿研究第七辑》，何瑞福主编，厦门大学出版社2017年版，第112页。

纸对此都有报道。

据厦门《立人日报》1948年2月29日报道：

中央社28日电。国立厦门大学海洋系，与此间海军巡防处、盐务局合作，观测南安海潮。厦大海洋系主任唐世凤博士，今晨率同该系学生，搭海军炮艇前往南安莲河观潮。据唐氏告诉记者，彼等除观测海潮外，并拟调查当地盐场盐民、渔民生产及生活情况，约三四日回厦。

又据厦门《江声报》1948年7月13日报道：

厦门大学海洋系主任唐世凤，近应邀前往惠安山腰盐场考察。据唐氏告诉记者，山腰盐场结构齐整，不但引水方便，且管理容易，形势之优，可谓全省各场之冠。惟技术方面尚待改进，诸如调节涵洞、定时引水、舒畅淡水、排配池坎位置等。如均能照此改善，则产量必可倍增。各项计划意见拟交盐场公署、盐民，并地方士绅共同改革。目下公家核定盐本太低，盐民生活极苦，非走私则怠工。最近即因要求提高盐本而全体罢工，官盐不许外运，相持几至动武。幸盐场公署变通处理，始免肇事。今后有望当局迅速改善，免使闽南十数万盐民因生计所迫致有不良之效果云。这是唐世凤教授继1937年在福建沿海考察盐渔场状况十年后，再次深入莲河、山腰盐场考察，并提出了改善盐场的相应办法，可见其敬业精神。①

从以上报纸的报道，唐世凤的工作可见一斑。唐世凤领导的国立厦门大学海洋学系开展的海洋调查、实习等科研、教学活动，还有待钩沉、发现。

---

① 龚洁：《中国海洋科学先驱唐世凤的鼓浪屿情结》，《鼓浪屿研究第七辑》，何瑞福主编，厦门大学出版社2017年版，第116—117页。

海洋水产　南北呼应

　　东海之滨，国立厦门大学面海而建。黄海之畔，国立山东大学布局海洋学科。海洋是生命的摇篮，也孕育海洋文化和海洋科学。厦门大学与山东大学，一南一北，遥相呼应，都是海洋科学研究的中心，谱写了中国海洋科学的辉煌。两所大学所在的城市厦门和青岛，都是港口城市，都拥有丰富的海洋资源，都是海滨的明珠。

　　抗战胜利后，就在国立厦门大学紧锣密鼓成立海洋学系时，国立山东大学在青岛酝酿成立海洋系、水产系。我国海域辽阔，有世界著名的渔场和极为丰富的水产资源，但海洋水产事业落后，从事海洋与水产研究的学者寥寥无几，且无水产教育的专门机构。当时，侯朝海等老一辈卓有见识的学者们积极建议国民政府创办国立山东大学水产系。

　　此时，国民政府从联合国渔业善后救济物资管理处领取了一部分机动渔轮、机械加工和若干船用物资，也接收了部分水产科技人员，使水产科研与教育的开展具备了一定的基础。但要发展水产事业则离不开专业人才，这就必须办一所培养高级水产科技人才的教育机构。青岛依山傍海、气候宜人、环境优美、交通方便，具有良好的海港、渔场，且具备相当的工业基础；另外山东半岛黄海、渤海渔业资源丰富，宜养宜捕，既是生产基地又是实习基地。国民政府已确定在青岛恢复山东大学建设，"山大"在国民心目中亦具有相当的声望。基于上述因素，国民政府教育部即拟在国立山东大学开办海洋系和水产系。

　　由于国立山东大学复校资金皆由"中英庚款董事会"提供，教育部的复校建制事宜也须由"中英庚款"决断。经其批准后，1946年3月，国立

山东大学水产系筹备工作启动，并随即进行聘用系主任及教授的工作。经国立山东大学临时校务会和"中英庚款董事会"的认真研究，双方一致认为：海洋与水产学教授，尤其是系主任人选要在国际海洋、水产科学界享有相当的声望和学术造诣，因此被推荐的是朱树屏博士，他当时在世界最大的海洋研究机构——美国伍兹霍尔海洋研究所任高级研究员、藻类研究室主任。

1946年4月1日，中英庚款董事会向朱树屏发出了聘函，聘文如下：

朱树屏　君

　　青岛山东大学将成立海洋学院，分水产及海洋二系，拟聘台端任教授。能否屈就，特函询，即希查照，迅予见复为荷。

　　此致

管理中英庚款董事会

1946年4月1日[①]

朱树屏被赵太侔校长聘为水产系主任。因种种原因，海洋系未能设立。1947年9月，朱树屏到青岛就任国立山东大学水产系主任。朱树屏为水产系聘请了戴立生、王以康、王贻观等执教，设置课程，编写教材，编制课程表。朱树屏编制好国立山东大学水产系课程表，他分别给殷宏章、唐世凤、邹源琳、熊大仁、朱元鼎、陈同白等写信，征求他们对课程设置的意见。

唐世凤收到朱树屏来信后，回信如下：

树屏兄大鉴：

　　顷奉惠赠山大水产系课程表一张，谢谢，表上附言欣悉一一。本校前奉寄之聘书已荷领受，至为欣慰。本校下半年二年级生必选海藻学（海洋

　① 日月、朱谨编：《朱树屏信札》，海洋出版社2007年版，第185页。

植物学）学程，盼兄早来。曾呈奎兄有离山大来厦之可能，来信云暑假可决定也。本校月底放暑假，弟仍留此为中海所研究工作进行所能付印一新刊物也。

　　匆此即颂

研祺

弟　唐世凤　顿首

1947年6月14日 [①]

　　从这封回信来看，唐世凤为国立厦门大学海洋学系延揽名师，在国立山东大学执教的朱树屏、曾呈奎都是唐世凤竭力邀请的名师。1930年，曾呈奎从国立厦门大学毕业后留校当助教，与厦大感情深厚。从信中可以推测，唐世凤为聘请曾呈奎，大打"感情牌"。如今，厦门大学有一栋楼命名为"曾呈奎楼"。

　　当时，海洋与水产研究领域人才稀缺，国立厦门大学与国立山东大学南北并雄，有竞争，也有合作，在某种程度上促进了中国海洋科学的发展。

---

① 日月、朱谨编：《朱树屏信札》，海洋出版社2007年版，第253页。

山大水产　借读未果

1948年，国共内战正酣，但胜利的天平已经倾向共产党这一方，因为共产党代表了民意。国民党发动内战不得人心，节节败退，局势更加动荡，波及大学的教学与科研。

1949年早春，青岛已经成为华北地区的一个孤岛，周边都已经解放。因美国海军驻扎在青岛，青岛解放的进程延缓，但战争的阴云笼罩着国立山东大学。

1949年2月10日，水产系养殖组的李重华、王堉、尹法章、郭玉洁同学联名给朱树屏发出电报，请朱老师"联系厦门大学海洋系借读"。朱树屏只在国立山东大学水产系担任系主任一个学年。1948年8月，中央研究院把朱树屏调到上海。

接到电报的朱树屏深感学生求学之急切的心情，立即电示国立厦门大学海洋系主任唐世凤教授，请他与校方联系，而后又致电国立厦门大学汪德耀校长，请他予以协助。恐学生焦虑不安，朱树屏同时发航空快信寄给李重华等同学。信札如下：

李重华、王堉、尹法章、郭玉洁：

　　各同学如晤，昨晚得到你们的电报要我介绍你们在厦大借读，我当即赴电报局电厦大唐世凤先生（海洋系主任及中国海洋研究所所长），待其复电即行电达。

　　厦大海洋系及生物系（郑重先生主持生物系）的课程可择养殖有关者尽量选读，郑重、李象元、唐世凤及郑重夫人所开的课程都可考虑选习，厦大化学系的定性分析、定量分析、有机化学、生物化学也须选习，生物系的胚胎学及生理时间能来得及就选读，细菌学很需要，必要时我可去开水质学及湖沼学或海洋化学。我即将致郑重、唐世凤、李象元、卢嘉锡（化学系主任）诸友信分别写好备用。

前途远大，任重道远，请各位善加保重，致力健康并努力求进。

树屏
2月11日晨

顷悉2月9日航快函，水产系师资散尽，各位同学惶恐难安，念及极心痛。我对水产系有许多爱莫能助之处，实无可奈何。唯各位的前途是光明的，只要肯努力。有空先多读英文与化学。

树屏又及①

此信字里行间浸透着朱树屏对学子们的深切关怀。

很快，朱树屏收到唐世凤复函，信中说："校方因宿舍困难等问题难收借读生。"

1949年2月21日，朱树屏收到了汪德耀信函称厦大宿舍紧张，实不能解决国立山东大学水产系借读生之食宿。这就意味着赴厦大借读希望彻底破灭了。朱树屏即发快函一封，将此讯告诉了养殖组同学。

李重华、郭玉洁、王堉、尹法章四位同学如晤：

顷得厦大校长汪德耀先生来函，兹一并寄去，厦大寄读主要困难为宿舍问题，而彼处物价特高，亦请考虑，盼决定后即来函以便转告汪校长。

即祝健康

树屏
2月21日②

---

① 朱谨、日月著：《朱树屏传记：真实历史的回归》，海洋出版社2007年版，第110页。
② 日月、朱谨编：《朱树屏信札》，海洋出版社2007年12月，第330页。

　　尽管被拒绝，国立山东大学水产系的学生并未失去赴国立厦门大学借读之信心，且以校方名义继续与厦大洽商。终因困难重重，未能借读厦大海洋学系。1949年3月，国立复旦大学生物系海洋组同意国立山东大学水产系二三年级学生借读。

　　时局动荡不安，那时，大学中的教学和科研，如同暴风中海洋上的小船，处于风险的漩涡之中。相对于国立山东大学水产系的动荡，国立厦门大学的海洋学系，还算稳定。

兼任所长　历史沿革 🐟

　　国立厦门大学海洋学系成立后，国立厦门大学中国海洋研究所于1947年6月成立，1946年国立山大复校，成立了海洋研究所。唐世凤任海洋学系主任兼中国海洋研究所所长。国立厦门大学的中国海洋研究所与海洋学系互为补充，聘请的教授多为兼职，工作人员名单如下：

　　厦门大学中国海洋研究所1947—1951年工作人员名单

教授六人、专家两人：

伍献文（兼）　著名鱼类学家，后武汉中国科学院水生所所长

朱浩然（兼）　著名藻类学家，古微藻学家，南京大学生物系教授

唐世凤（兼）

薛芬（兼）　复旦大学生物学系主任，1946年秋创建复旦大学海洋学组并任主任

沈嘉瑞（兼）　北平研究院动物研究所研究员

郑重（兼）　厦门大学海洋系教授

林书颜（兼）　联合国粮农组织渔业部技正

戴行悌（兼）　台湾省立水产学校校长

副教授一人：

克拉克（专）　郑重夫人

助理员四人：

徐恭昭　后成为著名鱼类学家、中科院南海所所长、博导

罗耀九　后厦门大学历史系主任

郑焕宇　后到中国科学院水生生物研究所工作

欧盈茂　后在福建东山、云霄等地教中学，创建东山二中海洋生物标本陈列室，标本种类之多为当时全国中学之冠

　　从以上工作人员名单可以看出，厦大中国海洋研究所在海洋研究领域所具备的人才优势。

　　中华人民共和国成立后，厦大中国海洋研究所的隶属关系有了新的变化。

　　1951年2月13日，中国科学院接收了厦门大学中国海洋研究所，改组为中国科学院水生生物研究所厦门海洋生物研究室，主任由中国科学院水生生物研究所研究员沈嘉瑞担任。原中国海洋研究所所长唐世凤和厦门大学生物系教授郑重，为中国科学院水生生物研究所厦门海洋生物研究室与厦门大学合聘研究员。该室另有副研究员克拉克、研究实习员徐恭昭等，全室共8人。

　　此时，厦门与台湾国民党军队占领的金门岛、大担岛、二担岛相邻，双方互相戒备，皆有攻击。解放军曾攻打大担岛，国民党空军飞机也常进犯厦门上空。厦门大学有迁移的计划，厦门海洋生物研究室也面临着去与留的抉择，与当时军事行动和战备有关。

　　这些变化，可以从《竺可桢日记》中找到佐证。

　　1951年3月10日，竺可桢先生在日记中写道："与简焯坡讨论厦门海洋生物室处置问题。接沈嘉瑞来函，知厦门时有警报，人民军已将厦门大学房子占用，省府已命厦门大学迁移。故海洋生物室留厦门势不可能，而迁入内地亦无法工作，故不如令沈嘉瑞带率所中八人一起回上海。余与孟和、正之商后，决定院长会议讨论。"①

　　写这篇日记时，竺可桢任中国科学院副院长，陶孟和、吴有训（正之），皆为中科院副院长。

　　①《竺可桢全集》第十二卷（日记第七辑），上海科技教育出版社2007年版，第303页。

1951年3月12日，竺可桢在日记中写道："得沈嘉瑞来电，知厦门大学决计迁龙岩，所以海洋生物室势必瓦解。沈本人与郑重太太Clark（英国人克拉克）将至上海转无锡，唐世凤与郑重则留厦大。"

因军事需要，中国科学院水生生物研究所厦门海洋生物研究室奉命疏散，1951年3月该室迁往无锡，配合水生生物研究所太湖方面的工作；郑重和唐世凤留厦门大学任教。1953年1月29日，中国科学院撤销中国科学院水生生物研究所厦门海洋生物研究室。

长期致力于中国科学院水生生物研究所所史研究的学者张晓良，2015年2月17日，电话采访陈受忠，关注郑重夫人克拉克在学术机构变迁中的下落，采访记录如下：

陈回忆，水生生物研究所厦门海洋研究室与厦门大学生物学系同在厦大生物学系一栋楼内。克拉克（Clark）是英国人，厦门大学生物学系主任郑重的夫人，中科院水生生物研究所的副研究员，从事桡足类研究。戴眼镜，抽烟抽得凶。克拉克离开厦门后到水生生物研究所太湖淡水生物研究室工作，在无锡蠡园。1954年水生生物研究所及太湖淡水生物研究室迁往湖北武汉，在这之前（具体时间记不清了）克拉克去世（一说自杀），遗体从水里捞起后就地埋葬，坟前立一石碑，上镌"克拉克先生之墓"。①

厦门大学中国海洋研究所虽然在历史中消逝了，但其人员保留下来，在海洋与水产研究中，做出了贡献。在学术机构的历史变迁之中，不应该忘记克拉克。

厦门大学中国海洋研究所改组为中国科学院水生生物研究所厦门海洋生物研究室，一年后，随着全国高等院校调整，唐世凤带领厦门大学海洋学系师生北上，组建山东大学海洋系。这是后话。

---

① 张晓良：《竺可桢日记中水生所的人与事（之五）》，http://blog.sciencenet.cn/blog—708326—868630.html.

玄黄未定　去留之间

1946年至1949年，唐世凤在国立厦门大学主持海洋学系和中国海洋研究所，这几年，是时局动荡的大时代。国共内战持续，战争影响了高等学府学术和科研的发展，也影响了大学教授的人生选择。

在这一段时间，唐世凤与桂永清、朱家骅发生了一些联系。

1946年暑假的一天，上海海军部吴淞海道测量局局长顾维翰约请唐世凤，请教海洋学方面的问题，并给了他一个聘书，"名誉研究员"。唐世凤没有想到会与海军总司令桂永清见面。原来，海道测量局想从利物浦大学购买潮信推算机，请唐世凤与利物浦大学接洽。因为这件事，唐世凤与桂永清见了面，他们都是江西人（桂永清是江西贵溪人）。唐世凤与他的交往，是因为接洽购买潮信推算机。后来，由于国民党发动内战，在经济上面临崩溃的局面，而购买潮信推算机是一笔不菲的资金，便不了了之。厦门解放前，桂永清到厦门巡防处视察，约请厦大校长汪德耀陪他吃午饭，唐世凤作陪。饭后，汪、唐陪桂永清参观学校。

如果说，唐世凤与桂永清有交往，是因为海洋方面的业务，唐世凤与朱家骅的交往，则长远复杂。唐世凤是朱家骅的弟子，在中央研究院时是他的下属。

唐世凤后来在个人小传中提及桂永清和朱家骅，在历次政治运动中，多次检讨与两人的关系。比如，在交代社会关系时，他这样写朱家骅："他是国民党反动派的一个大官僚。我在南京中央大学读书时期，他曾经在该校做过一个短时期的校长，我在中英庚款会所办的中国地理研究所工作时，而他是中英庚款会的董事长。胜利后，我在厦门大学办海洋系时期，他是当时伪教育部部长，与他有通信。那几年，我每年暑假去南京，都去看过他。"①

1948年底，国共内战，中国的社会与政治面临着重大变局，文化生态与文化体制即将迎来深刻的变化。然而山雨欲来风满楼，谁能穿越世事纷纭，看透历史的变数？正如沈从文所说："大局玄黄未定……一切终得变。从大处看发展，中国行将进入一个崭新时代，则无可怀疑。"

1948年12月，蒋介石亲自组织"抢救"学界知名人士。唐世凤不在名单之中。

1948年12月25日，新华社发布第一批43名国民党战犯名单，文官朱家骅名列第20位，桂永清名列第35位。

直到1949年，唐世凤与两位"战犯"都有联系。"新中国成立前，桂永清到过厦门，我亦见过他。"②

这成为1949年之后历次政治运动中，唐世凤无法躲开的一道坎。因为与两位"战犯"有工作和业务上的关系，这给他步入新社会后，留下了政治阴影。

1949年夏天，唐世凤的同学沈其益在香港给唐世凤邮寄了一张机票，请他先飞往香港，然后，两人一起乘坐轮船到大连，到解放区做教授。唐世凤后来在自传中说："起初我答应了，经过仔细考虑，我把票退回。当时我这样做，有两个理由。首先，我认为我这种搞一辈子海洋学的人，任何地方，任何时间，都是为国家服务。应当在厦门守住工作岗位，把厦门大学我负责的海洋学及中国海洋研究所的事业，负责任维持，迎接解放。不必跑到大连去。我以为，我这样的人，到了大连亦做不了什么大事情，不能发挥什么作用。而且一离开厦门，厦大海洋系及中国海洋研究所的财产就会损失，人员就会星散。这是我第一个考虑的问题。其次，是我一家七口在厦门大学，我如果走了，他们是外乡人，谁来照顾我的眷属，我实在放心不下，所以我走不开。"③

有了这样的考虑，唐世凤决定，留在厦大，迎接解放……

①《唐世凤自传》，中国海洋大学藏唐世凤人事档案。
②《唐世凤自传》，中国海洋大学藏唐世凤人事档案。
③《唐世凤自传》，中国海洋大学藏唐世凤人事档案。

第 十 一 章

厦门解放　厦大新生

　　厦门解放，唐世凤间接为人民解放军提供了海图。历史证明，唐世凤先生此举正确而光荣。历史也证明了张圣才的功勋。厦门解放后，厦门大学海洋系12位学生协助海军观测潮汐。

厦门解放　借出海图

1949年4月21日，中共中央主席毛泽东、中国人民解放军总司令朱德发布向全国进军的命令，人民解放军的百万雄师，在西起湖口、东至江阴的千里战线上，强渡长江天堑，国民党军全线溃败。南京政府要员纷纷南逃。国民党福建省政府也决定撤到厦门，选中了厦门大学作为省府逃厦的驻所，电令厦门大学提前结束授课。学校当局无法顶抗，只好在5月9日紧急校务会议上议决学期提前于5月15日结束。

在中共地下党的领导下，发起了护校斗争，厦大师生正如陈嘉庚呼吁的那样，在共产党的领导下，"值此黎明前夜"，更加"奋发有为"。先后有300多名党团员和进步学生撤到游击区，成为当地革命队伍的骨干力量。

1949年8月25日，原国民党京沪杭警备司令部情报处长兼上海市警察局长毛森，接任厦门警备司令部司令，厦门上空顿时阴云密布。31日，毛森下令在全市进行大搜捕。当晚深夜，毛森亲率宪警、特务，包围厦门大学，手持汤恩伯的命令和一张黑名单，要汪德耀校长交人。汪校长交涉无效，在校坚持岗位的地下党员修省、张逢明、陈炎千、陈绍裘、陈公任等5人不幸被捕；同时被捕的还有师生员工安明波、崔久慧、卢霜、卢容亮、章感棣、林文生6人，共11人。紧接着，新生院又有两人被捕。

9月1日，汪德耀以校长名义，接连发出三封保释信，要求保释被捕的员生，均遭毛森拒绝。接着，国民党东南军政副长官汤恩伯的总部，强占大楼，逃亡到厦门的国民党福建省政府也占据部分校舍。国民党在厦门负隅顽抗，学校师生遭殃。留校师生被强行迁到鼓浪屿新生院，实际上被集中监视。中共地下党员暂时隐蔽，仍然在护校斗争中发挥着作用。

血雨腥风笼罩着厦门，唐世凤仍然坚守岗位，海洋调查无法进行了，他指导学生进行研究，也暗暗地支持地下党员和进步学生的活动。唐世凤和厦门大学的教授们一起，身处黎明前的黑暗之中，渴盼天明。

1949年10月1日，中华人民共和国成立，开辟了中国历史的新纪元。唐世凤对妻子王敏说，厦门解放指日可待。

当时，胜利进军福建的中国人民解放军第三野战军第十兵团，已连克福州、平潭、莆田、惠安、泉州等地。9月中旬，第十兵团部一方面抓紧组织漳厦战役，一方面奉命在泉州成立厦门军事管制委员会。撤到闽中、闽南革命游击区的厦门大学地下党、团员及进步学生，积极地投入漳厦战役的后勤工作和接管厦门的准备工作。

10月17日中午，人民解放军从鹭江道靠近中山路的地方，迈着整齐的步伐走进中山路。为了响应解放军的歌声，围观的进步学生和年轻人自觉地唱起了"解放区的天是明朗的天……""你是灯塔，照耀着黎明前的黑暗……你是舵手，掌握着航行的方向……"等歌曲，欢迎解放军的到来。

厦门大学师生迅速组织宣传队、搜索队、纠察队，冒着生命危险帮助解放军建立革命秩序。与此同时，参加战役及厦门市军管会工作的厦大学生，也随着大车进城，继续上课学习。

⊙《厦门日报》创刊号刊发厦门解放的消息

1949年10月17日厦门全岛解放后，解放后厦门市第一任市长梁灵光率接管人员进驻鹭岛，全面接管厦门，一面反特防奸、巩固海防，一面打破封锁、复工复业。

遵照中共中央对新解放区的有关政策规定，10月20日，中国人民解放军福建省军区厦门市军事管制委员会主任叶飞、副主任黄火星发布教字第1号令。全文如下：

令厦门大学

本市业已解放，凡前国民党当局所属一切军事、政治、经济、文化机关团体，本会即行分别各按系统予以接管，实行军事管制。兹委派吴强、肖枫为正、副军事代表，负责进行接管事宜。仰该校负责人，除饬所属全体人员，负责保护该校所有文件档案、账册资财，不得稍有损害，致于法纪外，并即行办理移交手续，听候处理，仰即遵照为要。①

由于汪德耀校长于9月间赴英国讲学，校务由教务长陈朝璧代理。陈教务长于次日即复呈厦门市军管会，表示要切实执行教字第1号令。

10月21日，军代表吴强主持组建新中国成立后的中共厦门大学第一届支部，书记林云程。

唐世凤和留厦师生得知军管会已委派军事代表前来接管，无不欢欣鼓舞，纷纷汇集到校本部，于23日举行盛大的欢迎接管大会，并积极协助军事代表做好接管工作。厦门大学自此回到了人民手中。

复课紧锣密鼓，全校在校学生数为780人，集中在演武场校本部上课。鼓浪屿新生院随之撤销。

值得一提的是，厦门解放，唐世凤间接为人民解放军提供了海图。徐东桂先生撰写的唐世凤传记中有这样一段：

有一天，厦门地方势力头面人物张圣才找到唐世凤要借厦门、金门的海图。唐世凤从国民党海军海道测量局和厦门巡防处都弄到过海图，也从英国购买了一部分中国海图，标注极为详细。张圣才在当地很有名气，他

---

① 厦门大学档案馆校办档50—17。

和国共双方都有关系。解放军兵临厦门，国民党军队不缺海图，借图的用意自是不言而喻。彼此心照不宣，唐世凤毫不犹豫地叫专门保管海图的罗耀九送去。罗耀九的姐夫知道此事后说，这是张松献图啊，你们好大的胆子！他所借用的《三国演义》中的故事虽然未必恰当，却也一语道破此举的危险所在。[①]

　　张圣才[②]见到唐世凤谈了什么，大致可以猜出来。唐世凤之所以借海图给张圣才，是因为两人都秘密地帮助和营救了很多中共人士。以唐世凤识人阅世之经验，再加上当时的局势，对张圣才借海图的意图有清晰的判断，大胆出借海图给张圣才。历史证明，唐世凤先生此举光荣而正确。历史也证明了张圣才的功勋。

　　[①] 李乃胜等著：《碧海丹心——海洋科技历史人物传记》，海洋出版社2007年版，第243页。
　　[②] 张圣才（1903—2002），厦门人，毕业于福建协和大学。厦门著名的报人。1924年底在厦门出任《思明日报》总编；1932年底，创办《厦门日报》。1931年，在厦门参与发起组建"抗日救国会"，因积极抗日被军统逮捕三次。七七事变后出狱，被军统局吸收为对日情报人员，冒着生命危险，为世界反法西斯战争做了大量谍报工作，"二战"胜利后晋升少将军衔。1946年，脱离军统；1948年，在香港被潘汉年发展为中共谍报人员。积极从事营救被捕的中共和民主人士、策动国民党军政人员起义等工作。解放初期，仍按照党的安排在香港做情报工作。此时，他的任务是协助国家保卫部门，清剿深藏的敌特和秘密电台，保卫新生的人民共和国的安全。1952年，被任命为福建省博物馆副馆长。1955年，受潘汉年事件牵连入狱、流放、再入狱，1975年平反。出狱之后回到了鼓浪屿。

协助海军　观测潮汐

新中国成立后，厦门百废待兴，各行各业开始恢复生产，厦门大学的人才和技术优势显现出来，有了用武之地。驻厦门的人民解放军，频频向厦门大学师生发出邀请。

1950年3月8日，厦门市军管会致函厦大，信中说："本会为胜利完成支前任务，特着支前司令部办理支前司机训练班。该班现有学员四百余人，拟于本月10日开始上课，惟尚缺教授数名，故特函达贵校，请动员教授四位，机械系学生数十名帮助教学。"①

厦门大学当即派出工学院三、四年级71位同学，由教授张稼益、助教杨思文等教师带队，踊跃地参加了支前工作，教解放军同志驾驶轮机。

1950年4月，应驻厦门第三十一军之邀，海洋系12位学生协助海军观测潮汐。唐世凤在厦门大学开设"潮汐学"这门课程，并在石井设立验潮站。他看到学生欢天喜地地服务人民海军，感到无比的欣慰。

海洋系12位学生顺利圆满地完成任务凯旋。三十一军军司令部致信负责接管厦门大学的副军事代表肖枫和海洋系主任唐世凤，在信中表示感谢，并表扬海洋系12位学生："你们帮助我们克服了许多困难，而且发现了以往的症结，使我们观测的技术已有很大的进步。贵校12位同志在工作过程中所表现的积极态度，我们非常钦佩，具体地表现出厦大的优良传统，刻苦耐劳的作风，我们深深地感谢着，并向你们致最诚挚的谢意。"②

---

① 厦门大学档案馆校办档50—5。
② 厦门大学档案馆、厦门大学校史研究室编：《厦门大学校史（1949—1991）》（第二卷），厦门大学出版社2006年版，第7页。

这个春天，属于厦大师生支前的季节。一晃，夏天到了。

1950年的夏天，又是高大的凤凰树开花时，满树的凤凰花，在熏风中摇曳，如同一片燃烧的云霞。迎来新生的厦门，满城尽是凤凰花，绚丽的风情，映衬蔚蓝的天空、湛蓝的大海。凤凰花开，舞动鹭岛。厦门大学的毕业季，燃烧着为新中国建功立业的激情，又一届厦大学子，即将离开港湾，奔赴未来。

应届毕业生由中央人民政府教育部统一分配工作，海洋学系、教育系的毕业生一部分被分配到东北工作，一部分被分配到其他地方。系主任唐世凤在和毕业生告别时，他勉励学子，服从分配，勤奋工作，研究海洋，开发海洋，为新中国的建设添砖加瓦。

这一届毕业生，对于唐世凤来说，具有特别的意义，这是厦门大学海洋学系的第一届毕业生。这些毕业生挥手与唐世凤告别，告别母校，奔赴全国各地。他们后来成长为海洋学研究领域的栋梁。

毕业季到来时，传来一个好消息，厦大师生期盼的校长任命公布了。

1950年5月24日，中央人民政府教育部任命王亚南为厦门大学校长。7月12日，王亚南校长到校视事，厦门军管会驻厦大军事代表室宣布结束。

王亚南（1901—1969），湖北黄冈人，中国现代著名的经济学家和教育家。

王亚南毕生从事马克思主义政治经济学的研究。王亚南和郭大力用10年心血，克服重重困难，于1938年出版马克思伟大著作《资本论》三大卷全译本，是马克思经济学说在中国系统传播的里程碑。

抗战期间，王亚南曾在周恩来主持的国民政府军委政治部工作过一段时间，他被聘为中山大学经济学教授、福建研究院经济研究所所长。1945年秋，王亚南被厦门大学聘为法学院院长兼经济系主任，在讲授马克思列宁主义的同时，受到全校师生的敬重。1949年1月，经中共南方局安排，王亚南前往我国香港，5月转北京，任清华大学教授。由于王亚南在学术上贡献卓越，对党忠心耿耿，武昌中华大学教育系出身，熟谙高等教育，了解厦门大学的校情，因此，中央人民政府任命他为新中国成立后厦门大学的

首任校长。

　　唐世凤和王亚南都是在抗战胜利后的同一时间执教厦门大学，最初那几年，他对王亚南知之甚少。王亚南重返厦门大学，担任校长时，唐世凤才真正地了解了他。

　　1950年暑假，王亚南校长为厦大师生开设政治学习课。这次暑期学习，以《中华人民共和国土地改革法》为主要内容，时间为6周。王亚南在第一、二、六周亲自主讲《政治学习的目的与方法》《土地改革的意义与工商业的关系》和《土改法学习补充报告及学习总结》；三、四、五周分别由章振乾主讲《中共土改政策之史的发展》，陆季藩主讲《关于土地改革法》，厦门市委副书记林修德主讲《怎样准备土改，怎样进行土改》。

　　唐世凤参加了暑假的政治学习。通过学习，他不但对土地改革的重要意义有了深刻的认识，而且对新民主主义也有了进一步的理解。

向党靠拢　提高认识

1957年，全党开展整风运动。此时，唐世凤在山东大学海洋系执教，他在整风运动中写了一份自我反思、自我检讨的小传。在这份自传中，回首在厦门大学积极向党靠拢的经过，特意提到自己思想转变的过程。促进他思想转变的是几位厦门大学的师生。

熊德基，时为厦大党组书记，他是唐世凤南昌一中的老同学。

熊德基（1913—1987），又名吕晓、鉴堂，江西南昌人。1935年考入中国大学文史系。因参加学生抗日活动被国民党当局逮捕，后由校方保释出狱。1937年加入中国共产党。

1939年，熊德基到昆明后进入西南联大，插班在师范学院史地系三年级。在校期间，他师从陈寅恪、向达、汤用彤等著名史学家，不仅开阔了学术眼界，还掌握了进行研究工作的方法。由于他年龄较大，同学们多尊称他为老学长。选择毕业论文题目时，他听从向达先生的建议，利用当地的史料，撰写了《南诏之种族与宗教》一文，颇得好评。

在刻苦学习的同时，他仍坚持进行革命工作。担任西南联大师范学院支部书记，接受南方局的领导。1942年他毕业于联大，系主任雷海宗因他历年成绩优秀，向校方推荐他留校任助教，但此前有一个变节分子的供词牵涉到他，故为校方所拒绝。于是，熊德基到了湖南蓝田的国立师范学院，任史地系讲师。①

---

① 参见刘驰：《史家当具千秋识——熊德基先生与其史学研究》，《炎黄文化研究》第六辑，王俊义主编，大象出版社2007年版。

1946年，熊德基受聘于厦门大学，担任历史系副教授。他通过与进步学生的交往，积极寻找组织，于1947年春重新接上组织关系。他历任厦门大学党支部书记、厦门市临时工委书记，向闽西南地下党领导的游击区输送大量骨干，并为解放厦门做了大量的准备工作。

在临近解放时，熊德基与妻子以"半夜吵架"的方式分别出走，在唐世凤的帮助下，成功地躲过国民党军警的大搜捕和特务的盯梢，转移到香港。

远在香港的熊德基，时刻关注着厦门的情况。在广播电台听到厦门解放的消息，他即乘第一艘开往厦门的船，涉险偷渡金门海峡，回到厦门。

1950年7月，熊德基任厦门大学校务委员、副教务长，兼教学计划研究部主任及中共厦门大学党组书记。

王亚南校长特别重视师生的政治学习，校部组织了"大课教学工作委员会"，由熊德基任主委。下分：（1）社会发展史教学工作组，由黄厚哲负责；（2）政治经济学教学工作组，由袁镇岳负责；（3）中心工作组，由郑道传负责，以统一领导全校性的政治学习。

在党和人民政府领导下，经王亚南校长的推动，1950年开始，厦门大学开始出现一派团结向上的新气象。唐世凤在这种气象的感召下，向党靠拢，思想逐渐转变。

1951年，熊德基任福州大学（后改名福建师范学院）教务长、教授。1957年，他奉调至京担任中国社会科学院历史研究所第二所副所长。熊德基多年担任行政领导工作，白天的时间用来处理繁琐的工作，晚上回归史学家的身份，以独树一帜的农民战争史研究闪耀史学界，他还是魏晋南北朝、唐朝领域的史学家，对六朝阶级结构、土地占有制等问题进行了深入的研究，撰写了多篇论文，著有《六朝史考实》《论武则天》等著作。

对唐世凤产生影响的，还有海洋系的学生尤芳湖和徐恭昭。

尤芳湖（1928—2005），福建省泉州人。1949年4月于厦门大学参加革命工作，同年8月加入中国共产党。1950年5月毕业于厦门大学海洋系海洋学专业。曾任中共厦大党组成员、团委书记、助教。

尤芳湖是厦门大学海洋系的第一届毕业生，厦门解放前后的这段时间，他担任厦门大学学生会主席。唐世凤对厦门大学海洋系第一届学生，倾注了大量的心血。师生朝夕相处，唐世凤有时带他们出海考察，共同经历险滩暗礁、台风暴雨，建立了深厚的感情。尤芳湖从事革命工作，唐世凤早已察觉。他暗中保护学生，提供帮助和便利。而尤芳湖从事革命工作，也对唐世凤产生积极的影响。

让唐世凤感到欣慰的是，尤芳湖在从事革命工作的同时，没有忘记海洋学专业，最终回归海洋学研究。

1954年，尤芳湖被调到中国科学院，为副院长竺可桢当秘书。他陪竺老到过中国科学院的许多研究所和实验室，考察过黄河和南方的许多地方，随访过苏联、瑞十、意大利和东欧一些国家，进行了多学科、多层次的科学考察和国际学术交流活动。1956年，党中央号召向科学进军，国务院科学技术规划委员会编制12年科学技术发展规划，海洋科学技术发展第一次被列为国家的科学技术规划。"尤芳湖在赵九章、赫崇本等老一辈科学家的领导支持下，参与海洋科学项目的调研和论证，并执笔起草了海洋项目中的《交通、国防应用上的海洋学问题》，内容涉及海洋河口动力学、海湾港口开发、海洋声学等领域。在中国科学院三年科学活动的经历，特别是竺老等老一辈科学家的言传身教，拓宽了他的知识和视野，为他的海洋科学研究和学术思想的形成奠定了基础。"[1]

1957年5月，按照中国科学院和苏联科学院关于国际地球物理年的有关协议，尤芳湖受中国科学院派遣，参加苏联"勇士"号在太平洋上航程2万海里，历时110天的综合考察。这是新中国第一代海洋科学工作者首次纵跨太平洋。他在7万言的考察日记中写道："海洋中出现的科技问题层出不穷，探索海洋的奥秘，要经过长期的努力。"

巡洋壮襟怀，考察开眼界。经过这次两万海里的航程，尤芳湖一生与海洋科学签约。尤芳湖和老师唐世凤一样，最后都停泊在山东的蓝色海域。

尤芳湖从20世纪70年代后期先后在中国科学院海洋研究所、山东省科

---

[1] 缪本团：《海纳百川——尤芳湖同志的学术思想》，《科学与管理》2005年第5期，第11页。

委和山东省科学院工作。

20世纪90年代，海洋学家尤芳湖提出"海上山东"的建议。"海上山东"不仅是个经济概念，而且有社会发展、科技进步的内涵。他组织了"山东省海岸带和海涂资源综合调查"，5000多人次参调；主持多学科、多层次的"山东省海岛调查和开发试验"，首次确认山东500平方米以上的海岛326个……

徐恭昭对唐世凤也产生了积极的影响。1947年至1951年，徐恭昭在厦门大学中国海洋研究所任助理研究员，后成为著名鱼类学家、中科院南海所所长、博士生导师。

厦门解放前夕，海洋系工友、地下党员钟保哩为躲避抓捕欲藏身霍家，唐世凤叫他赶快另找地方。结果当晚霍家遭特务搜索，钟保哩躲过了一劫。新中国成立后，钟保哩任厦门大学总务处处长。

"海会"成立　常务理事

中华人民共和国成立后，诸位师友与唐世凤酝酿成立中国海洋湖泊学会。朱树屏在策划、筹备方面着力甚多，从他的日记和信件的记录，可以勾勒出中国海洋湖泊学会成立的过程。

1950年1月15日下午，中华人民共和国成立后第一个自然科学学术团体——中国海洋湖泊学会成立大会暨第一届全会在上海中国科学院会议室召开。

朱树屏在会上做筹备经过报告。后选出常委（即常务理事）七人：秉志、黄亚成、王志稼、饶钦止、伍献文、王以康、朱树屏，其中秉志任理事长。朱树屏在日记这样记录：

1950年1月15日，下午在院中会议室开中国海洋湖沼学会成立大会，作筹备经过报告时颇觉不满意，幸王志稼夫子、黄亚成先生等大力协助，始告成功，选出秉、黄、王、饶、伍、以康、朱七人为常委……

1950年1月16日，整日仍为海会忙，下午晤秉先生，彼对昨日大会甚为满意，并接常委职务，唯与屏约定如他不能出席常委会时，由屏代他出席。①

中国海洋湖泊学会创立，基本上是以原中央研究院动植物研究所研究员为骨干。中国海洋湖泊学会成立后不久，北京分会成立。1950年2月5

---

① 朱谨、日月著：《朱树屏传记》，新华出版社2007年版，第131页。

日上午，北京分会召开第一届理事会，选出下列诸人为常务理事：孙云铸（北京大学地质系主任）为常委理事兼理事长，张春霖（北京师范大学教授）、张玺（中国科学院动物研究所研究员）为常务理事兼副理事长，沈嘉瑞为常委理事兼书记，庄孝德为常务理事兼会计……①

1950年8月21日，中国海洋湖沼学会第一届全国会员代表大会在北京召开。来自上海、厦门、青岛及北京的会员代表齐聚清华园地学厅，共商中国海洋湖沼科学事业发展之大计。全体代表一致推举孙云铸、张春霖、沈嘉瑞、张玺、伍献文、朱树屏、唐世凤七人为常委（常务理事），孙云铸为理事长，张春霖为秘书长。同时议决学会会址设在北京大学地质馆，加入全国科联成为会员组织。

这次大会召开过后，推动了各地分会的成立。

1951年，朱树屏到青岛，任中国科学院海洋生物实验室研究员。同年3月调水产部海洋水产研究所（后改名为黄海水产研究所）任所长，兼中国科学院海洋生物研究室研究员、山东大学水产系教授，直至1976年去世。

由于朱树屏和张玺（中国科学院海洋研究所创始人之一）来到青岛工作，中国海洋湖沼学会青岛分会亦随之发展起来。

1951年8月8日，中国海洋湖沼学会总会在北京召开了第二届全国代表大会，各分会常委全部到会。会议上，各位专家交流了学术论文。

朱树屏在会上做《在海水及淡水中无机磷含量的固定保存法》的学术报告。孙云铸、张春霖、张玺、唐世凤、王贻观、高哲生也相继做相关课题的学术报告。

会议决定出版会刊《海洋湖沼学报》，选举组成了新一届常务理事会和学报编委会。中国海洋湖沼学会常务理事为：孙云铸（兼理事长）、张春霖（兼秘书长）、沈嘉瑞（兼会计）、张玺、伍献文、朱树屏、唐世凤。《海洋湖沼学报》编辑委员总编辑为夏康农；编辑为伍献文、朱树屏、郑重、

---

① 1950年2月8日沈嘉瑞致朱树屏信，转引自《朱树屏传记》，新华出版社2007年版，第132—133页。

马杏垣、张春霖。

　　不久，由中国海洋湖沼学会主办编辑的第一期《海洋湖沼学报》即由中国科学院出版，在全国公开发行。《海洋湖沼学报》的创刊号1951年第一卷第一期第一篇是唐世凤先生的论文。朱树屏先生报告的论文亦在这一期发表。

　　如今，中国海洋湖沼学会已在北京、上海、青岛、厦门、武汉建立分会。

科联盛会　躬逢其盛

1950年8月18日，中华全国自然科学工作者代表会议在北京清华大学礼堂开幕。

厦门大学汪德耀、唐世凤两位教授，作为厦门市的代表，参加了这次盛会。

参加这次会议的自然科学工作者代表，有中央人民政府有关科学机构、人民解放军和人民革命军事委员会所属科学机构、各地区、兄弟民族以及筹备会常务委员会的代表共469人。代表中既有埋头科学研究数十年如一日的老科学家，也有长期从事革命工作的老干部，还有大学毕业不久的青年科学工作者。

会议从8月18日开幕到8月24日闭幕，历时7天。参加会议的400多名代表，代表了理、工、农、医各方面的科学工作者4万多人。吴玉章致开幕词，梁希致闭幕词。

中央人民政府副主席朱德、李济深，政务院总理周恩来、副总理黄炎培，政务院文化教育委员会副主任马叙伦，交通部长章伯钧，农业部长李书诚，卫生部副部长贺诚，重工业部副部长刘鼎，北京市副市长吴晗以及中国科学院副院长李四光等，应邀向大会做了报告。周总理向大会做了报告《建设与团结》。他和其他领导人指出，中国革命的伟大胜利，为我国自然科学开辟了一个新时代。在这个时代里，中国自然科学的任务就是要与全国人民正在进行的经济建设、文化建设与国防建设密切配合。他们还希望自然科学工作者团结合作，努力参加巩固胜利和建设新中国的工作。

会议决定成立"中华全国自然科学专门学会联合会"（简称"全国科

联"或"科联")和"中华全国科学技术普及协会"(简称"全国科普"或
"科普")两个组织,并选举了两个组织的全国委员会及常务委员会,一
致推举吴玉章为这两个组织的名誉主席。两个组织的主席、副主席、秘书
长、副秘书长如下。

全国科联

主　　席　李四光

副 主 席　侯德榜　曾昭抡　吴有训　陈康白

秘 书 长　严济慈

副秘书长　涂长望　丁　瓒

全国科普

主　　席　梁　希

副 主 席　竺可桢　丁西林　茅以升　陈凤桐

秘 书 长　夏康农

副秘书长　袁翰青　沈其益

在这次盛会上,唐世凤聆听大会报告,内心之中升腾起巨大的喜悦。
听完周总理做的报告,他倍感欢欣鼓舞,决心在新时代用海洋学研究报效
国家,为科学的发展和经济的建设,贡献自己的力量。

在这次盛会上,唐世凤见到了诸多老朋友。吴有训先生当选为"全
国科联"副主席,竺可桢先生当选为"全国科普"副主席,沈其益当选为
"全国科普"副秘书长。沈其益是唐世凤国立中央大学生物系的同学,他
们于1937年考取第五届庚款留学英国的资格。开会间隙,老友重逢,亲切
交谈。

各地代表报到时,领取的会议资料中,有一枚徽章。圆形徽章上方的
五星红旗格外醒目,中心的图案为巍峨的天安门与高耸的华表,图案背景
为蓝色的天空。蓝色的天空上镌刻着盛会召开的日期:1950.8.18。红旗、

蓝天、天安门城楼、华表，互相映衬，庄严
和谐，精美大气。下方环绕着红色的字体
"中华全国自然科学工作者代表会议纪念"。

特别振奋人心的是，敬爱的周恩来总理
及中央领导吴玉章、贺龙等同志，在百忙当
中亲切地接见全体代表并合影留念。这张长
幅照片定格了历史的瞬间。

⊙中华全国自然科学工作者代
表会议纪念徽章

⊙与会全体合影

唐乐永珍藏着父亲参加这次盛会获得的徽章。中华全国自然科学工
作者代表会议纪念徽章，已经带有岁月的痕迹。睹旧物，思亲人。这枚金属
做的徽章，留下父亲的手摩挲过的印记。海洋科学家对国家的赤诚，并没
有在岁月的长河之中消逝……

厦大院系　局部调整

　　新中国成立初，厦门大学共有五个学院十八系，即文学院的中文、外文、历史、教育四系；理学院的数理、化学、生物、海洋四系；工学院的土木、电机、机械、航空四系；法学院的法律、政治、经济三系；商学院的银行、会计、国际贸易三系。

　　新中国成立后，经过三年的努力，我国国民经济得到了全面恢复和发展，1952年开始实行第一个五年计划。为了适应大规模的经济建设对人才的急需，改变高等教育布局不合理、学科庞杂、专业设置过多过散的"无政府状态"，克服理论脱离实际的现象，中央提出高等教育"应以培养工业建设人才和学校师资为重点，发展专门学院和专科学校，整顿和加强综合大学"的方针，开展以东北、华北、华东为重点的全国规模的院系调整。1952年2月，华东高教局召开高等教育调整会议，确定厦门大学为华东四所综合性大学之一。厦门大学大规模的院系调整，从1952年8月开始至1953年初基本结束。而局部的调整在1951年就已开始进行，到1955年才全部完成。

　　王亚南校长上任后，对院系进行了初步调整，与海洋系有关的调整如下。

　　理、工两学院下属各系分设专业组。

　　数理系分数学、物理两组。化学系分纯粹化学、工业化学、有机化学三组。生物系分动物、植物两组。海洋系分海洋、水产两组。机械工程系分机械制造、动力两组。电机工程系分电力、电讯两组。同时恢复海洋研究所与化学研究所。

将原海洋系航海组扩展，设立航海专修科，学制三年。

将接收的厦门市私立海疆学术资料馆改为南洋研究资料馆，在此基础上设立南洋研究馆。

这是厦门大学院系内部的调整，有一些涉及海洋系的调整。唐世凤作为海洋系主任，带领师生尽快适应。

厦大校内的调整过后，大规模的院系调整开始了。

1951年3月，厦门大学航空系奉命与清华大学、西北工学院、北洋大学等院校的航空系合并，重组航空学院。

1951年4月，福建省人民政府将接管的原省立、私立及教会办大学进行了调整改组。6月，原省立福建农学院奉命并入厦门大学，改称"厦门大学农学院"，下设农艺学、园艺学、森林学、植物病虫害学、农业经济学五系，院址仍设在福州。8月，原私立福建学院的政治、法律、经济三系归并到厦门大学。

1952年，厦门大学海洋系面临着一次重大调整。

9月，厦门大学海洋系奉命把航海专修科与集美水专合并为独立的福建航海专科学校，后再分别归入大连海运学院与上海海运学院；把海洋系的海洋理化组的教学研究人员，连同仪器设备、图书资料调整至山东大学，与山东大学原有的学科组成海洋系，以后又在此基础上发展为山东海洋学院。海洋系水产组则留在厦门大学生物系，改设为海洋生物研究室。

9月初，厦门大学收到山东大学的来函，询问海洋组迁并山东大学详情，来函如下：

厦门大学：

前经华东高等学校院系调整会议决定，在本年院系调整中，你校海洋系理化组迁来青岛，与我校海洋研究所合并成立海洋系。现我校为了迎接此项迁并及建系等准备工作，急需了解你校海洋系理化组各种情况，以便来青师生能够很快地安定情绪，进行工作与学习。

1. 调来的教职员的职别和人数，系开何年级何课程，其所带眷属人口数，以及眷属中就业就学的人数。

2. 调来的同学的年级、人数与已修习过的课程，并今后准备修习课程与各课程的教学大纲等。

3. 原有教学器材、图书有无调拨带来？

4. 何时可以迁来青岛，计划怎样迁来？

特此函达，敬希速予函复，以便准备为荷。

校长　华　岗

副校长　童第周　陆侃如

1952年8月29日

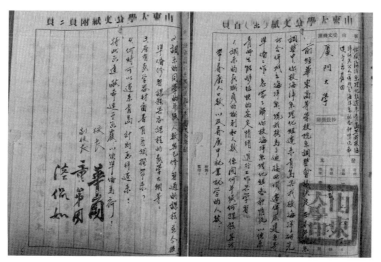

⊙1952年，山东大学致函厦门大学，了解北上的海洋系师生情况。
（厦门大学档案馆藏）

厦门大学院系调整委员会与唐世凤商量，回复此函。信函邮寄出的那一刻，唐世凤觉察到，在厦门大学工作了7年后，到了告别的十字路口。这封信邮寄出，也预示着厦门大学海洋系调整，走出了一步。

经过这次院系大调整，厦门大学的院级建制逐步撤销，形成文理科综合大学的模式。值得一提的是，工学院下辖的四个系全部调出，导致基础学科与应用学科的隔离。海洋系的调整，也对厦门市的海洋科学的可持续

发展，带来一定的影响。

唐世凤用一个多月的时间，做好各项工作交接。告别的时刻到来了。唐世凤率队出发前夕，陈嘉庚先生宴请唐世凤。唐世凤在厦门大学教书育人多年，对这所美丽的高等学府有深厚的感情。唐世凤心情沉重。席间，陈先生劝慰唐世凤："你为厦门大学创建立了海洋系，厦大以后还是要办海洋系的，你是厦大的人，盼望将来你能回来再办海洋系！"①

⊙1952年7月31日厦大海洋系师生欢送三四年级同学合影。

唐世凤想起与陈嘉庚先生的交往，往事一幕幕涌上心头。

1933年暑假，唐世凤随伍献文先生，参加国立厦门大学举办的中华海产学会第三次年会，结识陈嘉庚。从此，厦门大学就像一根情感纽带，将他们紧紧联系在一起。

1937年夏天，唐世凤考取中英庚款留学资格，赴英途中，船舶停靠新加坡。1937年8月25日，唐世凤下船，次日到新加坡"Ee Hoe Hean Club"拜访陈嘉庚，用闽南话与陈嘉庚交流。谈到日军侵占上海的情况，陈嘉庚非常愤慨。他希望唐世凤珍惜国家提供的留英学习的机会，努力学习海洋

　　① 此为唐世凤之子唐乐嘉的回忆。

科学，早日学成报效国家。

往事分明在，高楼起笛声。陈嘉庚与唐世凤谈起过去，谈到厦门大学的现在。这一年，陈嘉庚开始亲自参与设计并督建厦门大学校园内的一大批新建筑。其中，就包括面向大海的标志性建筑建南大礼堂。他们展望未来，海洋学在中国一定会有更大的发展。

送行宴结束时，陈嘉庚将唐世凤送到门口，与他紧紧握手。刹那的握手，感觉时间很长。唐世凤走进带有丝丝凉意的夜晚，他不敢回头看站在夜色中的陈嘉庚……陈嘉庚挥着的手良久才放下，唐世凤已经走进夜色之中。1952年9月20日，唐世凤踏上征程。秋风吹过演武场，片片黄叶在风中飞舞。秋风吹过鹭江，鹭江的水荡起层层涟漪。在飒飒的秋风中，唐世凤带领海洋系理化组2名助教、18名学生，踏上了北上之路。

唐世凤一行从厦门出发，乘汽车到福州。然后，经古田、建瓯、崇安，一路颠簸地穿越闽北山区，驶向江西上饶再转乘火车，几经周转，经杭州，到上海。在上海时，唐世凤请时任华东水产管理局行政管理处处长王以康先生带领师生参观上海中华水产公司的水产加工厂。过南京时，得到南京大学的住宿安排。过济南，在9月底匆匆抵达青岛。

当年随唐世凤先生一路北上的学生有施正铿。据他的回忆，可以得知很多有意思的细节。学生们第一次乘坐火车，非常兴奋。到了杭州，唐先生本可以带学生住旅馆，可以报销。他深感新中国成立初期，经济匮乏，百废待兴，为给国家省钱，决定实行"三不"（不住旅馆，不上饭店，不游西湖），目的是节省开支。

不住旅馆，住到哪里呢？唐先生"动用"个人的友情，解决了学生的住宿问题。"承蒙石延汉教授的热情支持和款待，师生都住到石先生府上。"当时石延汉为浙江大学地理学教授，讲气象学。浙江大学也面临院系调整，石延汉即将调往南京大学。在施正铿的印象中，石延汉风度翩翩，他的府上是深宅大院，非常气派。石延汉给厦大海洋系学生讲过苏联专家撰写的三大本《气象学》，他精通俄语，把苏联出版的《气象学》专著翻译成中文。"唐先生、石先生两位前辈的爱国爱教的情怀，深深教育了大家。"

第十二章

山大特色　开拓海洋

　　唐世凤一行从鱼山路校门，进入山东大学。赫崇本和唐世凤的手，紧紧地握在一起，当时中国研究海洋学的两支队伍会师。山东大学的海洋人才培养与科学研究开启了新的征程。1952年，高校院系调整后，山东大学"文史见长，加强理科，发展生物，开拓海洋"，海洋、水产和生物成为优势和特色。

海洋科学　渊源有自

　　抗战胜利后，厦门大学首设海洋学系，唐世凤担任国内大学第一个海洋学系主任，有创设之功。与此同时，同为海洋研究中心的山东大学，在青岛发展海洋科学，可谓高瞻远瞩，催生了一系列的海洋研究机构。

　　山东大学海洋科学的孕育与发展，有一个契机——蔡元培力主山东大学选址青岛，还有一位值得铭记的校长——杨振声。

　　1928年，省立山东大学停办，1929年私立青岛大学停办，国民政府教育部开始着手国立山东大学的筹建工作。

　　经过权衡，蔡元培力主将在济南筹办的国立山东大学迁至青岛筹办，理由是"青岛之地势及气候，将来必为文化中心点，此大学之关系甚大"。国民政府教育部接受了他的意见。

　　1930年4月，国立青岛大学成立，蔡元培先生推荐时任清华大学教务长兼文学院院长的杨振声出任校长，并亲自题写校名。对于国立青岛大学的办学特色，杨振声校长见解独到而富有远见。他对青岛的地理环境、自然资源以及山东的古物文献等进行了细致的分析，主张文理渗透，提出渐次增设海边生物学、海洋学、气象学等与海洋有关的学科。

　　据《中国海洋大学大事记》记载：1931年5月4日，校长杨振声在对全校师生做报告时说："文理两院，一方面为其他学院造根基，另一方面亦必求能有所树立于学术界，而后其本身是具有独立之价值，始足以自固其生存。"关于办学特色，他说："青岛附近海边生物之种类，繁盛不亚于厦门，而天气凉热适中，研究上独较厦门为便。若能利用此便，创设海边生物学，不但中国研究海边生物者，皆须于此求之，即使外国学者，欲知中国海边生物学之情形，亦须于青大求之。如此则青大将为海边生物学研究之中心矣……再者，理学院中，如海洋学、气象学，亦皆其他大学所未办，我们因地理上或参考上便利，皆可渐次设立，此理学院自求树立之道也。"①

杨振声的这番见解，对后来学校的海洋、水产学科的快速发展，青岛成为我国著名的海洋科技与教育城起到了奠基性的作用。

山东大学在青岛扎根生长，大师云集，孕育出万千学术气象。杨振声为青岛海洋科学描绘了一幅动人的蓝图，他高屋建瓴的擘画、颇具战略眼光的设想，逐渐实现。

1932年，国立山东大学生物学系聘请张玺教授开始讲授海洋知识课程；1934年夏，发起组建了青岛海产生物研究所，附设在生物系内，国内很多专家来青参加研究，同时开办暑期讲习班六星期，一时盛况空前；1936年11月，海滨生物研究所成立，国立山东大学生物系联合青岛观象台开展青岛近海渔业和海洋生物的采集与调查。这一系列活动，为后来海洋类专业的设置和学校海洋特色的形成拉开了序幕。

国立山东大学海洋科学的发展，被全面抗战中断。国立山东大学一路辗转，迁到战时陪都重庆后停办，大部分山大学子转到国立中央大学就读。

抗战胜利后，国立山东大学在青岛原址复校。1946年春，赵太侔再任国立山东大学校长，他利用青岛的地理、气候优势进行涉海学科建设和研究的理念，与杨振声的教育思想一脉相承。据国立山东大学校刊记载，1946年赵太侔校长在《本校校庆典礼校长致词补志》中强调："一个大学，固然有一般的完整性，同时也要注意它的特殊性。山大实在有它可以特殊发展的地方。在环境方面，直接受山东半岛特殊物产及青岛工业特别发展的影响，有值得进行特殊研究工作之处。所以在我们工学院方面，计划设立造船工程及矿冶工程两系；在农学院方面，我们已设立水产学系。其次

---

① 季培刚著：《杨振声年谱（上册）》，学苑出版社2015年版，第253—254页。

便是青岛天然环境，与海洋有密切关系，所以我们计划设立海洋研究所。关于海洋的物理、气象、生物、地质都是我们研究的对象。这些都是地域上特殊条件，足以供我们研究的地方。"[1]海洋研究所由此建立，并借此拉开山东大学海洋学科建设的序幕。

复校后，国立山东大学重视海洋学科建设。1946年12月8日，国立山东大学校刊中《动植物系及海洋研究所概况》一文，记载了动植物系对本单位学术研究的计划，其中对海洋研究所的发展有较为详尽的规划：

> 根据当前形势和青岛地理和气候的特点，拟于湛山附近海滨，建一所较有规模的海洋研究所。……所内组织拟分理化、生物二部。前者研究海洋方面有关理化之特性，后者研究海产之动植物，理论与实际并重，同时拟设一大规模养殖场，以供培养海藻及其他动植物之用，并兼作研究及实验之场所，故将来可与农学院生理学之水产系密切合作。
>
> 研究人员，现已有藻类学、浮游生物学、生理学、发生繁殖学、鱼类饲料等之专门学者数人，并继续延聘其他绩学之士，务使各部有适当人才，以完成一较有规模之组织。[2]

1947年2月5日，国民政府教育部正式批准山大规划设置海洋学系并附设海洋研究所。电文如下："校理学院规划设置海洋学系，同时注重物理与生物两方面之教学，附设海洋研究所，以系主任兼所长。此项计划分四年间完成，本年度可由教育部酌拨筹备费用。"

遗憾的是，由于当时各种原因，海洋系未能建立，但海洋研究所得以设置。校长赵太侔亲自拟写了国立山东大学海洋研究所大纲，使之成为青岛乃至全国海洋研究机构的先行者之一。1947年4月24日，动物系主任童第周被聘为海洋研究所所长，植物系主任曾呈奎为副所长。

---

[1]《本校校庆典礼校长致词补志》，载《国立山东大学校刊》，山东省档案馆档案：J110—01—933。

[2] 山东省档案馆档案：J110—01—933。

　　童第周和曾呈奎都是学生物的，当时国内还没有人研究海洋动力学。^①1949年2月，在美国留学的赫崇本回国填补了这一空缺。当时邀请赫崇本的还有北京大学、清华大学，但他觉得，研究海洋学就得到海边去。所以当曾呈奎告诉他"学校（国立山东大学）在青岛有一个海洋研究所，以后就由你来负责吧"时，他欣然同意了。

　　赫崇本被聘为国立山东大学教授，可当时海洋研究领域的人才极度缺乏，海洋研究所连挂名的成员只有5人。他带领景振华、马连恒等人以极大的热情投身到海洋研究所的建设与发展中。"可就是这5个人的星星之火，点燃了中国'物理海洋'研究和教学的燎原之势。"^②

---

① 这才是海洋研究所创设之初，发展乏善可陈的主因。
② 侍茂崇，李明春，吉国：《一代宗师：赫崇本》，中国海洋大学出版社2014版，第44页。

双手紧握　鱼山会师

1952年，全国高等院校进行大调整，在赫崇本等人的积极努力下，1952年9月20日，华东高校的院系调整委员会批准山东大学海洋物理研究所与厦门大学海洋系合并，成立山东大学海洋系，以培养海洋科学人才、开展海洋调查和物理海洋专业研究为目标。赫崇本被聘为山东大学海洋系第一任系主任。

赫崇本（1908—1985），辽宁凤城人。1928年，赫崇本考入清华大学物理系，是著名物理学家吴有训的得意门生，时物理系主任是享誉全国的中国物理界泰斗叶企孙。清华大学物理系毕业后，赫崇本执教河北工学院。1936年春，接替清华物理系系主任的吴有训，召赫崇本回清华大学物理系任教。于是，赫崇本重回清华园。

七七事变爆发，校园的宁静彻底被打破。清华大学与北京大学、南开大学三校合并，组成"国立长沙临时大学"，南迁到长沙，赫崇本与妻子和刚出生几个月的女儿赫羽跟随学校辗转南下。"临时大学"在长沙和南岳仅维持了一个学期，暂驻足衡山湘水，又成离别。1938年，国立长沙临时大学搬迁到云南昆明，更名为"国立西南联合大学"。在西南联大，赫崇本任物理系教员。

千秋耻，终当雪。中兴业，须人杰。笳吹弦诵在春城。西南联大为国家培养了大量的栋梁之才。赫崇本就是在昆明涌现出来的，他最终成为大师，是因为他的背后有诸多培养、提携他的宗师。

1943年暑假期间，赫崇本从西南联大调到由周培源任所长的清华大学金属研究所工作。在这里赫崇本又遇到了令他终身受教的第三位恩师——

比他年长6岁的周培源先生。

1943年，赫崇本得到了一个难得的机会。国民政府决定利用庚子赔款资助7名助教去美国留学深造。他顺利通过了考试，成为7名留学生之一。赫崇本的导师吴有训先生建议他留美攻读海洋学，以填补我国海洋科学的空白。

到美国以后，赫崇本首先选择了物理海洋。在美国，要学海洋就必须先学气象，因为海上的变化和气象密切相关。赫崇本就到美国的加州理工学院气象系读博士，1948年获得博士学位。此后，赫崇本就马上转到了海洋学研究，到加州大学斯科瑞普斯

⊙在美国求学时期的赫崇本

海洋研究所一边攻读物理海洋，一边从事海洋与波浪研究工作。

1949年，赫崇本提交了物理海洋学的博士论文，申请物理海洋学的博士学位。恰在这时，中国共产党领导的人民解放军取得了辽沈、平津、淮海三大战役的胜利，心系祖国的他再也等不下去了，毅然放弃了第二个博士学位。

1949年2月，冲破层层阻力的赫崇本终于踏上了他眷恋的祖国大地，来到了位于青岛的山东大学。赫崇本归来，让山东大学海洋科学的发展有了顶梁柱。

1949年5月至1952年9月，赫崇本任山东大学物理系教授、海洋物理研究所所长。赫崇本于1951年3月被山东大学校长华岗任命为海洋物理研究所所长。赫崇本清醒地认识到，中国要发展海洋事业，人才是关键。而要有更多的人才，必须从教育入手。早在美国攻读博士学位时，赫崇本的学术思想就很超前，他曾经提出"气象研究应从全球大系统考虑，并和海洋结合起来，才能彻底解决大气问题"的观点。

1949年10月，赫崇本在山东大学同时讲授"高等海洋学""潮汐

学""海洋学通论""动力气象学"等课程。他首创中国物理海洋学专业和海洋气象学专业，这在中国教育史上是第一次。他编著的这两门专业课教材也是可载入教育史册的。1952年，以他为主筹建山东大学海洋系，成为我国第一个以物理海洋学为主体的教学体系。

山东大学以赫崇本为主建海洋系，有全国高校院系调整这样一个背景和机遇。

1952年9月，唐世凤和两位助教陈宗镛、江克平，带领厦门大学海洋学系理化组两届学生18人北上。

9月底，唐世凤一行到了青岛。山东大学早已派人在青岛火车站迎接。唐世凤出了青岛火车站，心潮起伏。对于青岛的风景，他似曾相识，又带着新鲜感受。

栈桥若远引的长虹，伸向大海，覆盖着黄色琉璃瓦的回澜阁，仿佛浮动在蓝色的海面。小青岛上耸立着白色的灯塔，岿然不动。远处起伏的青山山峦之上，有银灰色的蓬松的云朵，大朵大朵的云团低低地飘在青山上，若有若无的雾气萦绕着青山。

1936年，唐世凤参加中央研究院动植物研究所发起的渤海、黄海北部海洋调查时，就曾经来到青岛。他参观了青岛观象台、青岛水族馆等海洋科研机构，也多次在青岛的街头漫步。那时青岛的海面上，日本军舰动辄出现。那时的青岛，纱厂大多数被日本工厂主控制，青岛的商业，一些行业也被日本商人把持。如今，唐世凤再次来到青岛，红瓦绿树、碧海蓝天依旧，但换了人间。

唐世凤一行从鱼山路校门，进入山东大学。赫崇本等人，早已在科学馆前等候，赫崇本伸出双手，欢迎唐世凤一行。赫崇本和唐世凤的手，紧紧地握在一起，当时中国研究海洋学的两支队伍会师，就好比海洋之中冷流和暖流交汇，形成海洋科研之气场，带来万千气象，无数的大鱼活跃在这片广袤的海域。厦门和青岛，海洋研究中心的地位在历史上就已经形成，南北两支力量合二为一，汇聚在胶州湾畔、青岛山下，山东大学的海洋研究开启新的征程。

学科优势　海洋水产 🐙

　　1952年秋天，院系调整后，山东大学的整体实力受到了很大的影响。以华岗校长为代表的老一代山大人能够顾全大局，在失去办学规模和学科门类优势之后，立即把着眼点转到了提高教学质量和科研水平、突出办学特色上，提出了"文史见长，加强理科，发展生物，开拓海洋"的新思路。1953年6月，确定汉语言文学、历史、海洋生物、动物胚胎、植物、物理海洋6个重点发展学科；物理、化学两个专业也定为重点学科，力求得到发展。特别是海洋学科，成为山东大学的特色，在全国独一无二。可以这样说，直到今天的山东大学、中国海洋大学的基础教育学科及优势学科的基础都是在20世纪50年代奠定的。

　　1952年10月，山东大学海洋系开办，只设物理海洋专业。厦门大学海洋系转来的18名学生（2名转入其他系），新学期分别读大二、大三。山东大学将原来的工学馆大楼拨给海洋系（海洋系所在大楼已经拆除，在原址建学术中心），初建办公室、图书室、教室、教研室。后来增设海洋化学实验室、海洋调查仪器室。1956年后，除了物理海洋专业外，增设海洋气象专业。

　　自1952年赫崇本主持山东大学海洋系以来，该系就成为中国培养海洋科技高级专门人才的摇篮。该系及水产系等有关学科于1959年扩建为当时我国唯一以海洋为主要特色的综合性大学——山东海洋学院。赫崇本是山东海洋学院学科总设计师，他亲自审定每个系的教育计划，尤其对海洋物理专业关注更多，强调加强数理基础。他还主持完成了我国第一艘海洋综合调查科考船"东方红"号的申报、设计和建设工作。

山东大学海洋系创建后，赫崇本和唐世凤是海洋系的两大台柱子。赫崇本是美国留学归来的博士，唐世凤是英国留学归来的博士、是中国高等院校第一个海洋系的系主任。可以这样说，山大海洋学的发展，是赫崇本与唐世凤携手推动的。

在教学方面，赫崇本始终坚持实践是第一性的原则。他要求海洋系学生在4年学习期间，要有针对性地出海4次至5次，他的安排大致是：一年级"海上见习实习"、二年级"海洋调查实习"、三年级"生产实习"、四年级"毕业实习"和"毕业论文答辩"，被师生称之为"赫崇本教学四重奏"。

唐世凤担任海洋学教研组主任。他为学生开设"海洋学""潮汐学""海洋调查"和部分"物理海洋学"等课程。

1953年，山东大学教师调查表中对唐世凤海洋教学评价是：同学反映能结合生物立场来分析，讲解条理清晰，分析问题通俗易懂，本人实际经验丰富，群众关系良好。凡是见过唐世凤用毛笔书写报告的人，无不为先生洋溢四射的爱国热情和极其严谨的科学精神所折服。①

海洋系还有王彬华、孙月浦、牛振义、景振华、辛学毅、陈宗镛、江克平等教师。值得一提的是王彬华，王彬华（1914—2011），原名王华文，字彬华，中国海洋气象学教育的创始人，教育家。中国海洋大学海洋气象专业的创建者，气象终身成就奖获得者。1939年7月，王彬华、孙月浦夫妇毕业于中央大学物理系，王先生1940年考入中央研究院气象研究所工作，师从竺可桢；1945年9月，受命接管青岛观象台任台长兼任青岛水族馆馆长至1949年。1948年3月，王彬华先生组织编撰出版了《青岛观象台50周年纪念特刊》。1950年9月，王彬华担任"中国人民解放军海军青岛基地观象台"台长。王彬华历任山东大学物理系教授，山东大学海洋系教授，山东海洋学院海洋系主任、博士生导师。

王彬华先生是国际知名海雾专家，自20世纪40年代就开始海雾研究，其标志性成果《海雾》一书于1983年由海洋出版社出版，1985年由世界著

---

① 李乃胜等：《碧海丹心：海洋科技历史人物传记》，海洋出版社2007年版，第239页。

名出版集团Springer-Verlag出版公司翻译成英文Sea Fog在世界各地发行。

山东大学海洋系，以此为基础，不断发展壮大，为国家培养了大量的海洋人才。

当时跟随唐世凤北上的助教陈宗镛，后在国内率先开创了"潮汐动力学"和"海平面的研究"两门课程。跟随唐世凤从厦门北上的另一位助教是江克平，后编写"中国海洋调查方法"讲义，并讲授这门课。18位北上的学生之一的施正铿，于1987年4月20日任山东海洋学院院长。

刚建系时，缺少教材。系主任赫崇本决定自己动手编制教科书。经过连日奋战，在景振华的帮助下，赫崇本编出了《海洋学通论》，成为我国海洋学者自己编撰的第一本海洋学教材，日后，又增加了"波浪学""潮汐学""动力气象学"三门课程。这一系列课程成为中国有史以来第一次系统讲述海洋研究的课程。至今，他设立的课程仍然是后继者的写作范本，是中国物理海洋教学的基础。

当时赫崇本集行政、教学于一身，极度繁忙。他原想将"动力气象"转给其他老师讲授，但学生不同意，赫崇本坚持将课讲完。

当年山东大学海洋系教学的情况，给就读的学子留下了难忘的记忆。

1955年，侍茂崇考入山东大学海洋系物理海洋专业，1959年大学毕业即留校任教。侍茂崇留青岛任教，业务主攻方向为浅海海流动力学。

1956年暑假，按照海洋系教育计划规定，侍茂崇他们年级要进行"海洋求生基本技能训练"，在短短40天时间里学会摇橹、使帆、荡桨和游泳。赫崇本先生常说：海洋系不是陆地系，是两栖系。而这项训练救了侍茂崇一命，"30年后，在进行黄河口调查时，夜间不慎落水，我漂到一个锚泊的舢板前，才用它摇回到我们的船上"。

关于唐世凤的教学，侍茂崇回忆，1956年自己有幸听过先生"普通海洋学"课程，他那浓重的江西官话，慢条斯理，而又节奏分明。他那"明晰性和简练性"，给学生留下深刻印象。

隔着60多年的时光，白发连苍髯的侍茂崇教授深情回忆起唐世凤先生，眼睛里流露出崇敬的光芒，这目光温润又明亮。"他的严谨的治学态

度，他的谦和的处世之道，他对海洋学的执着和深情，对学生的关心与爱护，都给我留下了难以磨灭的印象。他经常问我，茂崇啊，能不能听懂？不懂就多问……"①

为了山东大学海洋系的发展，系主任赫崇本呕心沥血，为了网罗人才，他四处奔波。他请来了哈尔滨军事工程学院的文圣常教授（1955年来到青岛，后来成为中国科学院院士），并亲自到清华大学和北京大学选才，之后又将陕西工业大学专攻水利工程的专家侯国本请来。这位专家"敢吼天下第一声"，为开发黄河口码头、建设石臼深水港等项工程做出重要贡献。

20世纪50年代，山东大学海洋系和水产系属于新建学科，师资力量与教学条件还在刚起步的阶段，但这两个学科都与山东省，特别是青岛地区的自然地理环境和社会生产结合密切，具有广阔的发展前景。特别是海洋系发展迅速，在山东大学的教学、科研与对外合作上发挥了重要作用，凸显出山东大学"开拓海洋"的办学理念。

山东大学"开拓海洋"办学理念的提出，是校长华岗在1952年全国高等院系调整后，会同两位副校长童第周、陆侃如，审时度势，为山东大学的发展进行定位，突出办学特色——"文史见长，加强理科，发展生物，开拓海洋"，这也成为山东大学的优势和特色。

当时在山东大学，从事海洋方面教学科研的专家有曾呈奎、赫崇本、唐世凤、文圣常、王敏等，都是从英、美等西方国家归国的博士、硕士，在海洋生物及物理海洋等研究方面有较深的造诣。副教授高哲生、李冠国、郑伯林、王彬华等，年轻有为，在教学科研中承担着重要任务。在科研方面，海洋学研究进步迅速，在学校科研中占有越来越重要的位置。由中国科学院海洋生物研究室、中央农业部水产实验所等与山东大学生物、水产、海洋三系联合进行的"黄渤海区重要经济鱼类渔场调查研究"被列入国家重大研究项目；由唐世凤主持的"潮位观测站的设计"被列入国家

① 采访侍茂崇教授，中国海洋大学出版社会议室，2020年8月20日。

规划的中心课题；赫崇本的物理海洋、海洋气象研究，文圣常的"关于利用波浪动力的研究"，牛振义的气象学研究在国家和教育部立项，并取得了一定研究成果。

通过1957年的科研经费预算可以看出，海洋、水产、生物等学科在学校科研中占的比例还是很大的，海洋系研究经费为人民币22946元、15386卢布、1000美元。海洋系是全校唯一有外汇科研经费的单位，实际上其数量也很可观。根据当时兑换价格，1卢布相当于11.63元人民币，15386卢布则相当于178939元人民币。1美元也相当于4～5元人民币。汇兑经费合计，海洋系的科研经费相当于1957年全校科研经费总数的40%。①

山东大学海洋系教学与科研的情况，1954年8月5日提交的一份总结，由此可见一斑：

自1952年9月成立以来到目前的基本情况：教学组织设有海洋学教研组，气象学教研组，海洋化学（由海洋化学、海洋沉积组成）教研组；另有动力海洋学、波浪学、潮汐学三个非正式组织，每组2人。专任教师共17人，其中教授3人（赫崇本、唐世凤、文圣常），副教授2人（王彬华、牛振义），讲师3人（景振华、江乃萼、辛学毅），助教9人。在校学生有172人，其中一年级70人，二年级59人，三年级34人，四年级9人。在教学与科研方面，由于教师少，均承担着繁重的教学任务，尚未开展系统的科学研究。正在进行的项目有：文圣常负责的利用波浪动力的研究；景振华负责的海水透明度仪器的试制；辛学毅负责的标准海水的试制。②

1952年至1959年，山东大学海洋系培养了5届毕业生（1954年第一届、1955年第二届，是从厦门大学海洋系转来的），共计121人。这些毕业生，从青岛这片大海出发，历经风浪，成长为我国海洋事业的中流砥柱。

---

① 刘培平：《海大和山大是同胞兄弟》，《中国海洋大学学报》（社会科学版）2004年第6期，第11页。

② 张静主编：《中国海洋大学大事记》，中国海洋大学出版社2014年版，第54—55页。

唐世凤的夫人王敏，来到山东大学，在生物系任教授，1956年任植物教研组主任。她在厦门大学就讲授"藻类学"。上过王敏先生课的学生，对她的印象是"细心负责，谦虚谨慎"，组织和同事对她的评价是"不爱表现，不虚伪"。

王敏在担任山东大学生物系植物学教研组主任时为高校生物学教材建设做出了贡献。她与山大生物系主任陈机、方同光合著《植物学》（上、下册），被高教部推荐为大专院校教材，1957年由高等教育出版社出版。

⊙《植物学》封面（唐乐永提供）

王敏所在的植物学教研室还有多位优秀教师。仝志国，时任生物系水产系党支部书记，后与夫人杨才文、廖仰南支援内蒙古建设，赴内蒙古大学生物系任教。仝志国后在内蒙古大学担任生物系主任。植物学教研室还有何宏贤，他是校团委委员，后赴南京药学院任教。

王敏身体柔弱，有时带病坚持上课。1957年冬天，王敏在学期最后一节课后晕倒在龙口路邮电局，幸亏被何宏贤发现并救起送往医院。唐家对何宏贤感恩不尽。

2019年，84岁的何宏贤在美国芝加哥致函唐乐永，信中谈到王敏的教学和师生情谊："她老人家话语不多，但老人家的眼神能让我感受到那慈母般的温馨！她平易近人，与教研组老教授们共事，没有门户之见，更没有什么瓜葛。一心扑在教学和培养年轻教师的工作上。我深刻感受到她老人家认真负责、严格要求、诲人不倦的导师精神！这里举上一例，那是在初冬的一个晚上，老人家来到科学馆一楼办公室，专门就真菌子囊菌和担子菌的子囊和担子的发育，以及各时期孢子的产生内容和教学法给予特别细致地指导。直到我清晰有序完整地讲解清楚它们的生活史，并鼓励我大胆地面对学生讲好课。我有幸是王敏教授的学生、助教，真是难得的机缘！

她给予的关怀、教诲至今铭记于心！"[1]

徐瑜先生谈起对王敏的印象，他说："王先生是生物系的教授，大家族出身，很有修养，很有风度，说起话来，细声细语。"[2]

---

[1] 资料由唐乐永提供。

[2] 在福山支路28号山东大学教职员宿舍采访徐瑜先生，2020年11月25日。徐瑜先生曾为山东大学校长华岗的机要秘书。

第十三章

全国海洋　综合调查

　　唐世凤在山东大学海洋系执教6年后，见证了新中国成立后的第一次全国海洋综合调查，在这次全国性的海洋综合调查中，他的学生投身海洋调查大潮之中。他急流勇退，但时刻关注着海洋综合调查的动态，把海洋综合调查的研究成果运用到教学中。唐世凤回望来时路，清晰地知道，自己在海洋学研究发展时间轴上的位置。

海调先驱　寄托后浪

1952年10月，唐世凤、王敏夫妇在合江路1号山东大学第二公舍安家。唐先生一家住在三楼，邻居是中文系的孙昌熙讲师，后是知名的教授。后来，唐先生一家移居莱阳路5号。山东大学物理系的王普也曾在莱阳路5号住过。

唐世凤、王敏夫妇刚到山东大学时，认识了山东大学物理系副教授杨有枥。杨有枥的儿子杨德渐与唐世凤次子唐乐明经常一起玩。岁月更迭，杨德渐成为中国海洋大学教授、海洋无脊椎动物研究专家。他在电话中告诉笔者，再后来，唐世凤先生一家在鱼山路10号住过一段时间。施正铿对此亦有印象。

唐世凤在山东大学海洋系执教6年后，见证了新中国成立后的第一次全国海洋综合调查。在这次全国性的海洋综合调查中，他的学生投身海洋调查大潮之中。他时刻关注着海洋综合调查的动态，把海洋综合调查的研究成果运用到教学中。

唐世凤是中国海洋调查的先驱，自20世纪30年代投身海洋调查事业，北至渤海，南至海南岛，在中国漫长的海岸线，都留下了他的足迹。渤海、黄海、东海、南海，每一片蓝色的海域上，都留下了他调查研究的身影。唐世凤进行海洋调查20多年，发表了多篇学术论文。海洋学研究是他的安身立命之所，是他念兹在兹、一生为之奋斗的事业。

1958年，全国海洋综合调查的多桅帆，被进军海洋的强劲的风鼓荡之时，唐世凤又像年轻时出海那样兴奋，真想直挂云帆济沧海，但他已经到了双鬓斑白的年纪，1957年因高血压在全国总工会疗养院住了5个月。他欣喜地看到，长江后浪推前浪，他的学生接过了接力棒，参加全国海洋综合调查，成为海洋综合调查的弄潮儿。

参加全国海洋综合调查的学生们来到唐世凤家，向他请教。他耐心细致地给予指导，谆

⊙山东大学海洋系三年级同学参加1958年全国海洋总调查纪念

谆教导注意事项，传授制作标本的经验、测浪验潮的科学方法。当学生们怀揣着蓝色的梦想告别时，唐世凤把学生们送到大院门口，目送他们的身影消失。唐世凤有一丝不易察觉的失落，更多的是欣慰，欣慰之中，有对学生的殷切祝福，对全国海洋综合调查圆满顺利进行的美好祝愿。

唐世凤回到家中书房，翻看着1934年他去海南岛进行生物科学采集拍摄的照片，抚今追昔，不胜感慨。他的脑海之中浮现出海洋调查的历史轮廓。

1872—1876年，英国皇家学会组织了"挑战者"号在大西洋、太平洋和印度洋历时3年5个月的环球海洋考察，使海洋科学逐渐成为一门独立的学科。

"挑战者"号为三桅蒸汽动力帆船，船长226英尺（68.9米），2300吨级，由皇家海军军舰改装而成，共有243名船员，6个科学家组织参加。这次考察由汤姆森爵士领导，是人类历史上首次综合性海洋科学考察。这次考察活动第一次使用颠倒温度计，测量了海洋深层水温及其季节变化；采集了大量海洋动植物标本和海水、海底底质样品，发现了715个新属及4717个海洋生物新种，验证了海水主要成分比值的恒定性原则，编制了第一幅世界大洋沉积物分布图；此外还测得了调查区域的地磁和水深情况。这些

调查获得的全部资料和样品，经76位科学家长达23年的整理分析和悉心研究，最后写出了50卷计2.95万页的调查报告。

这是世界上首次环球海洋调查，也是近代海洋科学的开端。

唐世凤从书房的窗口望去，看见远处有一个青黛色岛屿的轮廓，在苍茫的海气之中若隐若现，有几艘轮船停泊在海面。太阳快要下山，把金色的光辉洒向海面。西边的天空被橙色、红色的晚霞渲染。晚霞将明亮的、热烈的色彩调和在海天之间，海浪把霞光推到海岸，发出哗哗的声响。此时的唐世凤就像停泊在胶州湾大港的一艘轮船，他终身研究海洋，回望自己的来时路，清晰地知道，自己处于何地，也清晰地知道，自己在海洋学研究发展时间轴上的位置。

中国的近代海洋学首先在青岛萌芽。1897年胶州湾事变爆发，次年，德国逼迫清政府签订《胶澳租借条约》，胶澳沦为德国的殖民地。德国人在青岛建立测候所，在大港建立验潮站，后又在观象山建立观象台，自1911年开始把潮汐观测作为主要业务之一，保存了大量的潮汐观测数据。

日本趁第一次世界大战德国无暇东顾，出兵进攻青岛。1914年日本取代德国，侵占青岛。1922年，北洋政府通过外交谈判收回青岛主权，日本人把持青岛观象台，迟迟不配合交接。1924年2月，气象学家蒋丙然、竺可桢、高平子受政府委派到青岛接收测候所，并将其更名为"胶澳商埠观象台"。蒋丙然出任台长，竺可桢、高平子分别出任天文气象地震科和天文磁力科科长。

1925年5月1日，青岛观象台开创了由中国学者主持的、包括潮汐观测与推算在内的海洋观测。在宋春舫的倡议下，青岛观象台成立海洋科，宋春舫担任科长。青岛观象台海洋科是中国第一个进行海洋水文、气象和生物观测的海洋研究机构。1928年，青岛观象台开始编纂青岛港潮汐表，为地方和航海服务。在此前后，青岛观象台已经开始发布沿海天气、风暴警报。1930年青岛观象台创办了中国第一份海洋科技期刊——《海洋》（半年刊）。此时，青岛观象台已经成为中国开展海洋观测与研究的中心。

1930年国立青岛大学（1932年改名为国立山东大学）开始在青岛办

学，重视海洋生物的采集和研究，在山东半岛沿海进行海洋调查。1932年5月，中国第一个海洋博物馆——青岛水族馆竣工，作为中国海洋和研究所的研究、实验、办公场所，同时兼做海洋知识宣传的基地。

20世纪30年代，我国开展了一系列的海洋调查，唐世凤躬逢其盛，多次参加了海洋调查。

栈桥观潮　神游八极

　　唐世凤望着书房外的海天深处，思绪仍然在翱翔。他走出了家门，信步走到青岛前海。暮色开始浸染天空，海面上大朵的云团变得不再像棉絮一样洁白而蓬松，有了一点点银色，云朵的边缘多了铅灰色。云朵铺展在天空，已经变成了轻柔的纱巾，轻盈又多彩，有的是玫瑰红，有的是鹅黄，有的像是撒上了金粉。

　　他走到莱阳路上，海滨绿化带中探出一枝枝紫薇，紫红色的繁花压弯了枝头。海风缠绕着枝枝紫薇花，仿佛讲了一个笑话，逗得紫薇笑得前仰后合。

　　唐世凤沿着莱阳路向太平路走去，他的脑海里浮现出中国海洋调查的轮廓，40年间，问海探海，中国的海洋科学筚路蓝缕，一路走来。

　　20世纪初，我国开始了正式的海洋调查工作，促进了近代海洋科学的发展。但是由于当时我国经济和技术都比较落后，大规模、大范围的海洋调查还不能实现，所以只能进行海洋生物为主的海洋调查和海道测量，而且其规模和范围都较小。其中影响较大的调查工作有以下几个。

　　1921年，秉志在南京高等师范学校创建了中国第一个生物系，并带领学生采集海洋生物标本。

　　1922年，海军部设立海道测量局，开始进行有限的近海海图测绘和海洋调查，中国的海道测量工作开始起步。至1935年，该局共绘出海图30余幅，编有《水道图志》一册。

　　1927年，国立中山大学生物系组织海南岛生物考察。

　　1928年，青岛观象台新设的海洋科从国外购进海洋调查仪器设备和有关资料，在胶州湾及其近海开展海洋调查。

1929—1930年，广东水产试验场进行海丰和九洲近海渔捞调查。

1931—1937年，江苏渔业试验场进行了以长江口铜沙灯船为起点向东40千米和以嵊山为起点向东北方向的海洋横断渔业调查。

1934年，中华海产生物学会等组织成立海南生物科学采集团，沿海南岛各港湾进行了海洋生物采集和调查工作。

1934年，国立北平研究院动物学研究所与青岛市政府联合组织了"胶州湾海产动物采集团"，这是一次以海洋动物为主、多学科的海洋调查，考察的区域是胶州湾及邻近海域。

1935年，中央研究院动植物研究所借海军"定海"号舰，在渤海和黄海北部进行近海科学考察，在青岛至秦皇岛一线设31个观测站，在6—11月中每月巡回一次，不仅对两海区的渔业生物资源进行了调查，还对水文和气象要素进行了观测研究。

1935—1936年，北平研究院与青岛市合作组织了胶州湾及其附近海域的海洋调查。北平研究院动物研究所张玺为团长的"胶州湾海产动物采集团"于1935年和1936年的春天和秋天共进行了4次海上调查。调查共设495个观测站，分布在胶州湾以及北至崂山湾、东至大公岛和小公岛的海域。测量了水深、底质、水温（表层、中层、底层）、透明度、水色、盐度，进行了采泥、底拖网、浮游生物拖网采集。两年的调查获得了大量海洋动物标本。七七事变前出版了三期采集报告，1949年出版了第四期采集报告。

1935—1936年，浙江省水产试验场在浙江沿海及舟山海域进行了渔业和海藻调查。

1947年，农林部中央水产实验所（上海）在舟山近海进行了几次渔业资源调查。

1948年，台湾地区气象研究所等组织了澎湖群岛科学调查。

大规模的海洋调查是海洋科学发展的必要前提。虽然由于受历史条件的限制，民国时期这些零星的海洋调查工作规模较小，涉及范围有限，其取得的成果也无法与当代的海洋调查相提并论，但它们毕竟是我国现代意

义海洋研究工作的开端。

唐世凤边在海滨漫步，边回忆自己参加的20世纪30年代的海洋调查的种种细节。往事并不如烟，当年海洋调查的风浪都已经停歇，化作值得回味的往事，呈现记忆的底片。

走到栈桥回澜阁，唐世凤凭栏四望，暮色起苍茫，天空中绚丽的云霞已经渐次"熄灭"。夜晚降临，海浪涌动的海面上，夜色随波流转。海浪冲击着回澜阁前的防浪堤，轰然作响，卷起千堆雪，"哗"的一声散开，白色的泡沫迅疾撤

⊙1934年7月，海南生物采集团在海南进行海洋调查，唐世凤在新村港留影。（唐乐永提供）

退。小青岛被夜色包围，灯塔的光芒打到海面上，驱散了夜色。灯塔上的红灯一闪一闪，给人以诗的遐想。回望前海一线，华灯绽放，如同璀璨的珍珠，星星点点，沿着蜿蜒的海滨延展。栈桥两侧的灯柱，似乎在倾听海浪的歌唱。海浪抚岸，这是大自然中美妙的天籁。

唐世凤想到在抗战期间，在福建东山岛进行海洋考察的往事。

1941年，中国地理研究所海洋组，与福建省政府合作组织福建海洋考察团，在东山岛上进行各项海洋调查。东山岛位于福建省南部沿海、台湾海峡西岸，介于厦门市和广东省汕头之间。东山岛东南是著名的闽南渔场和粤东渔场交汇处，渔业资源丰富。东山岛具有悠久的历史，在东南海防中占据重要的战略地位，从明代开始，这里是海防一线。抗击倭寇、抗击葡萄牙侵略、抗击荷兰侵略、打击英国侵略者、抗击日本侵略者，卫我海洋主权的斗争绵延不绝。东山岛海洋资源丰饶，自然风光优美。马廷英和唐世凤在东山岛不仅调查渔业资源和古海洋生物，还对东山岛的地质进行调查，对东山岛海域的物理海洋、海洋化学进行调查，采集数据。

1943年至1946年，唐世凤还在福建石井建立验潮站，由郑执中负责每

天测潮汐，测量潮汐的时间和高低变化，还测量海水的比重，验潮工作积累了31个月的数据。

中国地理研究所海洋组在福建沿海坚持工作，是抗战期间唯一的海洋调查。

唐世凤在栈桥观海听潮，神游八极。他的身后是连绵起伏的中国海洋调查史，他的身前是大规模的全国海洋综合调查。

一转身，唐世凤离开了栈桥，他的脑海里电光石火一般，出现苏轼的词："夜阑风静縠纹平。小舟从此逝，江海寄余生。"他发愿，从今天起，他要收集古代的海洋文献，撰写一部《中国海洋史》，以填补海洋学研究的空白。

海洋普查　影响深远

新中国成立后，中国的海洋科学迎来发展的新机遇。

如果说唐世凤参加海洋调查创造了历史，那么，赫崇本等海洋学家谱写了新的篇章。唐世凤以及他培养的学生，参与到这规模宏大的新篇章的谱写之中。

20世纪50年代，中国海洋科学的发展，青岛是大本营。

1950年3月，中国科学院成立不久，竺可桢兼任中科院计划局局长，根据当时国内专业人员情况，确定海洋研究机构的建立分两步走，首先成立单学科的海洋生物研究室，然后在条件成熟时，再成立综合性的海洋研究所。因此，他亲自派工作组与青岛市军管会和山东大学校长华岗协商抽调童第周、曾呈奎等同志筹建海洋生物研究室，并决定将原北平研究院动物研究所张玺和该所其他从事海洋生物研究的同志从北京调至青岛。

经过多方筹备，中国科学院水生生物研究所青岛海洋生物研究室，终于在1950年8月1日正式成立了，青岛市莱阳路28号楼内汇集了28位致力于探索海洋科学奥秘的"探海人"，中国海洋科学扬帆，筑梦深蓝，向海图强。该室于1954年1月扩建为中国科学院海洋生物研究室，1957年9月扩建为中国科学院海洋生物研究所，1959年扩大建制为中国科学院海洋研究所。

1953年4月至1957年，农林部中央水产实验所、中科院水生生物研究所青岛海洋生物研究室、山东大学等单位，联合进行了"烟台、威海渔场及其附近海域的鲐鱼资源调查"，摸清了鲐鱼渔场的自然环境，掌握了鲐鱼渔场概况以及鲐鱼的生物学特性等，获得了大量的资料。这是新中国进行的第一次海洋调查，为此后渔业资源和渔场调查提供了经验。

1952年，中国科学院气象学家赵九章来到青岛，在中国科学院水生生物研究所青岛海洋生物研究室与专家见面，商讨中国科学院地球物理研究所计划在青岛筹建我国首个海浪观测站事宜。研究室环境组年轻的学者管秉贤参与了我国第一个海浪观测站的选址和建设工作。

管秉贤于1946年考入复旦大学海洋组，师从薛芬学习海洋学。1949年10月初，管秉贤和同学来到国立山东大学借读，并完成毕业论文。1950年7月，管秉贤获得复旦大学理学学士学位。他在国立山东大学借读期间，得到了赫崇本的赏识。管秉贤毕业后，在赫崇本的推荐下，来到当年8月1日成立的中国科学院水生生物研究所青岛海洋生物研究室环境组进行研究工作，在物理海洋学领域耕耘。最初，管秉贤从事潮汐潮流的分析和预报。当时赵九章在小麦岛建立了海浪观测站，管秉贤被借调到海浪观测站，负责目测海浪所需测浮杆的研制和海浪折射图的编绘；在此基础上，他对近海波高和周期等海浪要素的分布变化进行了分析研究。1954年，毛汉礼先生从美国归来，管秉贤的研究工作，又转向海洋环境。[①]

1953年底，在赵九章指导下，中国人民解放军海军青岛基地、中国科学院地球物理研究所和中国科学院水生生物研究所青岛海洋生物研究室共同负责在青岛的小麦岛建立了中国第一个海浪观测台，开始了海浪研究工作。神秘莫测的海浪、奔腾不息的海浪，被纳入现代科学的观测之下。

1954年，热电堆式海浪自记仪在青岛进行了观测试验，这次试验是在团岛进行的，同时还进行了目测方法试验，取得了一些资料，也发现了一些问题，需要对观测仪器做进一步改进。

海浪观测是研究气象的需要，也是建设海军的需要，由中国科学院与海军共同参与，观测台的编制与建设均属海军。时任海军副司令的罗舜初很尊重赵九章，对其科研上的要求尽量满足，还指派海道测量部律巍部长与赵九章经常联系，合作关系非常好。海军委派了青岛小麦岛的观测台台长，有数

---

① 参见乐肯堂：《缅怀管秉贤先生》，《建所元老的故事——庆祝中科院海洋研究所成立七十周年》（内刊）。

名战士负责观测，管秉贤、逯玉佩、陈奇礼等科技人员负责技术工作。青岛具有战略地位，直到1955年还有敌机前来骚扰。在观测台坚持工作的科技人员不仅身处风浪之中，而且在海防前线。

小麦岛观测台从1955年开始正式观测，一是进行目测，二是用海浪自记仪观测，获得不少供研究使用的资料。当时观测台已有一定的规模，有目测室、自记仪室、办公室，还有电机房，岛上无电源只能自己发电，条件虽然简陋，但与国内外其他地方相比，已是一个很不错的观测台了。1954年年底，中国科学院地球物理研究所在中关村的实验楼建成，海浪组全部集中在实验楼内，野外观测就由小麦岛观测台负责。

1955年年底，赵九章到青岛开展工作，即在1956年上半年重新安装海浪自记仪。这次他和山东大学海洋系的赫崇本，中国科学院海洋生物研究所的曾呈奎、毛汉礼等进行了学术交流。他还去了小麦岛观测台检查与安排技术工作，看望台上的科技人员和战士。①

赵九章是我国现代气象学的奠基人之一，是把数学、物理学引入气象学的开创者；是我国开展现代空间物理学研究的开拓者，是我国人造卫星事业的倡导者和奠基人之一，被追授"两弹一星"元勋奖章。在20世纪50年代，赵九章在海洋学领域，同样作出不可磨灭的贡献。他是我国开展海浪研究的开创者，推动了海浪研究，启动了海洋调查。

⊙1965年赵九章、吴岫霞夫妇在颐和园观赏玉兰。（摘自《赵九章传》）

1956年，中国科学院海洋生物研究室和水产部黄海水产实验所参加与

---

 ①《赵九章传》编写组：《赵九章传》，科学出版社2020年版，第60页。

苏联组成的联合调查队，在渤海进行渔业为主的海洋调查工作。

1956年，中国吹响了"向科学进军"的号角。海洋科学的浪潮轰然作响！

在竺可桢等科学家的倡议下，由赵九章、曾呈奎、赫崇本等海洋专家组成的科学规划委员会海洋组，起草了《1956—1967年海洋科学发展远景规划》，并被列为国家《1956—1967年科学技术发展远景规划》的第七项，即"海洋学"，主要任务是进行中国近海综合调查；并由军、地双方联合组成国家科委海洋组，主持全国的海洋科技工作。

1957—1958年，在赵九章担任组长的国务院科学规划委员会海洋组的领导下，中国科学院海洋生物研究所、中国人民解放军海军、水产部和山东大学在渤海、渤海海峡和北黄海西部，联合进行了以物理海洋学为主的多学科多船同步观测，较系统地调查了该海区的水文、生物、化学和地质特征，掌握了多种海洋要素的相互影响和一些变化规律。中国科学院海洋生物研究所，根据同步观测资料和同期内"金星"号调查船获得的资料，编写了《一九五七年六月至一九五八年八月渤海及北黄海西部综合调查报告》。这次调查标志着中国海洋调查，由单一学科调查向多学科综合性调查的转化，是全国海洋普查的预演。

1958年4月，国务院科学规划委员会海洋组决定采取大协作的方式开展中国近海海洋综合调查（简称"全国海洋普查"），并成立了由海军、中国科学院、水产部、交通部、中央气象局、山东大学等部门8名人员组成的全国海洋普查领导小组领导调查工作。领导小组由律巍（海军司令部海道测量部副部长）任组

⊙ "东方红"号海洋调查船试航

长，曾呈奎（中国科学院海洋生物研究所副所长）、赫崇本（山东大学海洋系主任）、王云祥（水产部海洋渔业司副司长）任副组长。小组下设常设机构——办公室，负责人是潘志高。办公室下设技术指导组（组长毛汉礼）、资料分析组（组长刘好治）和器材保证组（组长齐生英）。

参加全国海洋普查的调查队员先后有600多人（1958年8月2日，山东大学抽调近200名师生参加海洋普查），他们来自海军、中央气象局、中国科学院、水产部、山东大学、厦门大学、华东师范大学等系统和单位，并且选调了一大批即将毕业的大学生、中学生参加海洋调查。1958年9月15日，黄海、渤海调查队和东海调查队的船只分别从青岛和上海出发，揭开了全国海洋普查的序幕。

调查分3个阶段：1958年9月至年底，在各海区进行试点调查；1959年1月至年底，4个海区全面进行外业调查；1960年1月起转入内业，整编资料。

全国共划分为7个测区。渤海、黄海、东海4个测区先做，从1958年9月开始至1959年12月；南海3个测区，从1960年1月开始至1961年3月稍后开展。每个月七八条船同时出海，在几百个网格式的测点上进行气象、水文物理、化学、地质和生物的全面观测和取样，同时结合渔业试捕评估渔业资源。

调查范围：在北纬28°以北的渤海、黄海和东海海区，布设了47条调查断面，333个大面积巡航观测站和270个连续观测站；南海海区（含北部湾中越第一次合作调查区域）内布设了36条断面，237个大面观测站和57个连续观测站。在浙江和福建沿海的两个海区内布设了8条断面和54个大面观测站，进行了8个月的探索性大面调查。东海区台湾地区附近海域和南海区大片海域未能进行调查。

观测项目：海洋水文气象方面的水深、水温、盐度、水色、透明度、海发光、海浪、气温、湿度、气压、风、云、能见度等；海洋化学方面的溶解氧、磷酸盐、酸碱度；海洋生物方面的浮游生物分层和垂直取样，底栖生物取样和底质采样；海洋地质方面的表层取样、管状取样、悬浮体取样和连续测深。

这次全国海洋综合调查硕果累累。调查共获得各种资料报表和原始记录9.2万份，图表（各种海洋要素平面分布图、垂直分布图、断面图、周日变化图、温盐曲线图、温深记录图等）7万多幅，样品（底质表层沉积物样品、底质垂直样品、悬浮体样品等）和生物标本共1万多份。

1964年出版了《全国海洋综合调查资料》共10册，《全国海洋综合调查图集》共14册。在调查中使用的中国制定的统一调查规范，经国家科委海洋组修改和补充，于1961年正式出版，名为《海洋调查暂行规范》，规范了我国此后的海洋调查。

这次全国海洋综合调查是我国有史以来规模最大的一次全国海洋普查，在我国海洋科技发展史上占有重要地位。

全国海洋普查促成了海洋科学各分支学科的建立，更重要的是促成了多个重要海洋机构的建立。

在普查中，1959年1月，位于青岛的中国科学院海洋生物研究所扩建为中国科学院海洋研究所；1月，中国科学院南海海洋研究所在广州成立；3月，我国第一所海洋综合性理工大学——山东海洋学院成立。全国海洋普查直接促成了国家海洋局的成立——曾呈奎、赫崇本等29位海洋科学家联名写信给党中央、国务院，建议成立国家海洋局。

1964年9月1日，国家海洋局印章正式启用，开始对外办公。国家海洋局的成立是中国海洋事业发展史上的里程碑，是中国海洋科学和海洋管理发展史上的重要一页，标志着中国从此开始走向建设海洋强国的时代。

1958年至1960年进行的全国海洋综合调查，规模之大前所未有，成果宏富，影响深远，是中国海洋科学史上的一个里程碑。唐世凤时刻关注着海洋调查的进展，吸取调查的成果，并将其运用到教学中。

海洋先驱
唐世凤

第 十 四 章

山大迁济　留守海洋

　　山东大学迁济这一段时间，唐世凤心绪难宁，但他已经见惯了大学的变迁，送别了几位生物系的好友。因唐世凤王敏夫妇都在山东大学海洋系执教，所以留在青岛守护海洋系。唐世凤担任山东海洋学院图书馆馆长期间，致力于搜集中国沿海县城方志，撰写《中国古代海洋史》，填补学术空白。

院系调整　迁校风声

山东大学在百年的发展历程之中，经历了合并、拆分、迁校的曲折道路。

1946年2月，国民政府教育部正式任命赵太侔为国立山东大学校长，负责复校诸事。抗战前的国立山东大学共有文、理、工3个学院8个系，复校后学校扩充为文、理、工、农、医5个学院14个系。校长赵太侔兼任文学院院长，童第周任动物学系主任，杨向奎任中文系主任，曾呈奎任植物学系主任，朱树屏任水产系主任。

1951年3月，山东大学与华东大学正式完成合校。新的山东大学开始运转。新山东大学设文、理、工、农、医5个学院，以及政治、艺术2个直属系。中央任命华岗为山东大学校长，同时担任党委书记；副校长童第周、陆侃如；教务长何作霖，副教务长余修、罗竹风；文学院院长吴富恒（华东大学转来），理学院院长郭贻诚，工学院院长丁履德，农学院院长陈瑞泰，医学院院长徐佐夏。

1952年夏季，高教部决定对全国多所综合性的大学进行院系调整，山东大学随即成立院系调整委员会，华岗为主任委员，李芸生、童第周、陆侃如、吴富恒等为副主任委员。同时召开院系调整动员大会，制定了《山东大学院系调整方案》报上级审批。这年9月，院系调整方案全面实施，再加上随后几年的调整，具体为：

（一）政治系迁至济南，组建成山东省政治学校，现为中共山东省委党校。

（二）艺术系的戏剧组迁至上海，与上海戏剧专科学校合并，组建成中央戏剧学院华东分院，现为上海戏剧学院。

（三）艺术系的音乐、美术两组迁至无锡，与上海美术专科学校、苏州美术专科学校合并，组建成华东艺术专科学校，现为南京艺术学院。

（四）工学院的土木工程系与原山东工学院的土木、纺织两系合并，成立青岛工学院。后来迁至武汉与有关院校的系科合并，现为武汉测绘科技大学。

（五）工学院的机械、电机两系迁至济南，与原山东工学院合并，成为山东工业大学。

（六）农学院的水产系留校，农艺、园艺和植物病虫害三系迁至济南，与原山东农学院合并，现为山东农业大学。

（七）理学院的地质矿产系、采矿工程系迁至长春，与有关院校的系科合并，组建成长春地质学院。

（八）厦门大学海洋系理论组部分教师并入山东大学，组建新的海洋系。

（九）医学院因受校舍的限制，暂缓调整。1956年青岛工学院迁去武汉时，使用该院校舍组建成青岛医学院。①

其间，厦门大学海洋学理化组调整进入山东大学新建的海洋系；河北水产专科学校的部分人员调整进入水产系；齐鲁大学撤销，中文系并入山东大学中文系，历史系并入山东大学历史系。终究是出多进少，损失惨重。

唐世凤就是在这次高等院校调整的潮流之中，来到了青岛，在山东大学海洋系执教。他见证了山东大学20世纪50年代的辉煌：文史见长（"四大金刚""八马同槽"）、海洋特色。

到1953年底，经过院系调整后的山东大学，共有9个系，另有医学院，10个本科专业，各类在校学生1148名，专职教师380人，其中教授62人，副

---

① 山东大学校史编写组：《山东大学校史（1901—1966）》，山东大学出版社1986年版，第200页。

教授38人。

随着院系的调整，山东大学领导层人员调整也在进行。1952年7月，山东大学教务长何作霖调国家地质部工作，副教务长余修调任山东师范学院院长，副教务长罗竹风调任上海市政府工作。

经过这一系列调整，山东大学元气大伤。院系调整一波未平，一波又起，山东大学迁校的提议呼啸而至。

1954年，高教部做出决定：山东大学迁至河南郑州。1955年迁校事宜进入实质性操作阶段，8月11日，高教部下达关于山东大学迁往河南省郑州市建立新校的各项问题的通知。这年的9月23日，山东大学校委会举行第24次扩大会，根据中央指示副校长陆侃如做了关于山东大学迁至河南郑州成立河南大学的报告。当时列出的时间表是，最晚不过1957年暑假全部迁往郑州。1955年10月6日，山东大学成立迁校委员会，副校长童第周任迁校委员会主任委员，副校长陆侃如任迁校委员会副主任委员。

1955年，山东大学教务长刘椽与董树德到郑州，分别任当时定名为河南大学的建校办事处正、副主任。1956年2月，根据高教部指示，山东大学不再迁往郑州，但是，校舍的建设还是由山东大学负责，力争在第二个五年计划内建成河南大学。1956年4月3日，高教部通知河南大学改名为"郑州大学"，同时，郑州大学第一次筹委会在山东大学举行，成立新的筹委会，吴富恒、刘椽、董树德等为筹委会组成人员。从此，一大批优秀的山东大学教师和毕业生来到百废待兴的郑州大学，为我国中原地区的第一所新建综合性大学服务。

这次迁校风波对山东大学师生心理产生的冲击波，可想而知。这次山东大学虽然没有迁校，真正的迁校两年后来了。

山大迁济　历史背景

1958年9月16日，山东大学接到省里电令，要学校派负责人去济南研究迁校事宜，因成仿吾校长到校不久（8月28日到校），由党委副书记张滨黄于18日去济南，省教育厅负责人当面传达了省委关于山东大学迁济南的决定，还领去察看了准备接住的济南东郊洪家楼山东农学院（该校迁泰安）校舍。

张滨黄风尘仆仆地返校后，立即向校党委传达省委决定，并研究了迁校的具体步骤，9月23日召开全校师生员工大会，传达迁校的计划安排：中文、历史、数学、物理、化学、生物6个系迁济南，水产、海洋、地质（筹建）留在青岛。从传达决定到开始搬迁仅有3天时间。

其实，山东大学西迁济南的提议在此之前就有了。

舒同于1955年①调任中共山东省委书记，他一心想将山东大学迁至济南。但1957年之前民主空气尚存，知识分子还愿意表达自己的意见，1956年山东大学教职员提出几条不迁校的理由："（一）青岛环境优美，气候宜人，得天时，占地利，是理想的办学和研究环境，最好不动。（二）山东大学就是因为设在青岛，专家学者多愿应聘，从而创造她的黄金时代，国内外闻名，迁去济南将失去这一优势。（三）培养人才首先在于质量，山东大学在青岛虽然规模不大，但以质见胜，蜚有声誉，这个好的传统一定要保持。（四）应在济南另建综合性大学，山东省人口多于英、法，土地接近日

---

① 此处的1955年错误，时间应为1954年8月。

本，再建几所综合大学也不算多，只此一所何必搬来搬去。"①

这次的迁校之所以雷厉风行，有一个前提：山东大学的领导管理权由中央下放到山东省。

1958年4月，中共中央发布了《关于高等学校和中等技术学校下放问题的意见》，提出除极少数综合大学和某些中等技术学校外，其他高等学校和中等技术学校的管理权都可以下放。教育部根据中央指示精神，确定将原由中央领导的全国299所高等院校，187所的管理权下放到地方。7月29日，"接教育部电，我校归山东省负责领导"。当时，山东省只有山东大学和山东工学院由中央领导，这次管理权一起下放归山东省领导管理。

这次迁校之所以令行禁止，是因为时代背景的变化。

1957年的"反右"告一段落之后，经济和社会的大发展被提到了首位。工农业生产出现前所未有的"大跃进"景象，教育也不例外，开展轰轰烈烈的"教育革命"。

中共山东省委决定将山东大学主体迁回济南并提出四大优点："（一）山东大学是有较好基础的高等学校，在为社会主义建设服务中，还要创设文学、历史、数学、物理、化学、生物等研究所，迁到济南有条件发展。（二）山东大学迁到济南可以和其他高等学校相互学习，交流经验，取长补短，共同提高。（三）迁济后便于省委和省人委的领导，全国高等学校多数在省会。（四）山东农学院已决定迁去农村，山东大学迁济接住该院校舍，再大力扩建，逐步成为规模具备的综合大学，以为社会主义培养各方面建设人才。"②

1958年9月26日，山东大学开始向济南搬迁。9月28日，中文、历史两系600多人首批到达济南，迁校开始后恰逢国庆节放假，至10月24日，山东大学迁济的最后一批人员和物资到达济南，搬迁任务完成。山东大学迁校

---

① 童教英：《童书业传》，中国大百科全书出版社2018年版，第287页。
② 山东大学校史编写组：《山东大学校史（1901—1966）》，山东大学出版社1986年版，第256页。

那段日子，青岛几乎全城的绳子、席子、箱子、地排车都贡献了出来。

搬迁任重道远。在青岛将物资运至火车站，到济南黄台站后将物资运到洪家楼校址，均为4里多路程，全部用肩扛手提，总计258个车皮的物资，按时完整地运达济南校址。山东大学西迁济南顺利完成，参加运输的同学为此付出了不少汗水。

⊙山东大学1958年迁校时的场景

⊙1957年1月19日，唐世凤、王敏等与南京大学生物系朱浩然教授在鲁迅公园合影。（唐乐永提供）

山东大学西迁这一段时间，唐世凤心绪难宁，但他已经见惯了大学的变迁，送别了几位生物系的好友。因唐世凤王敏夫妇都在山东大学海洋系执教，所以他们留在青岛，留在海洋系。

山东大学主体迁往济南后，留在青岛的海洋系、水产系、地质系（筹建中）、附属中学、生物系的海洋生物教研组、物理系和化学系的部分教研组，以及直属教研组的部分人员，共计1116人。教学人员139人，干部74人，工人52人，在校学生592人；附属中学教师23人，干部、工人30人，在校学生206人。1949年前，两次担任山东大学校长的赵太侔留在青岛。中文系教授黄公渚因工作暂留青岛。

1958年11月3日，苏联专家列昂诺夫应邀到校，为教师讲授区域海洋学，为期一年，1959年10月19日离开青岛回苏联。

1959年3月30日，中共中央批准山东省委3月2日上报的《关于成立山东海洋学院的请示报告》，同意成立山东海洋学院，并由山东省领导；同意先设海洋水文气象、海洋物理、海洋化学、海洋生物、海洋地质地貌5个系，学制4年，所需师资由山东省及国家有关部委协调解决；列入当年高等院校招生计划。以此为开端，结束了与山东大学长达30年的共同期，走上了独立发展的道路。

唐世凤对山东海洋学院的成立深感鼓舞。后来，有一次谈话中，他对四子唐乐永说："山东海洋学院的筹建工作是高教部刘子载副部长亲自主持，由高云昌副书记具体负责贯彻执行，高书记是'老山大'，在建院工作上功不可没。"

中共山东省委派曲相升主持山东海洋学院工作，3月31日到校视事。

1959年9月1日，山东海洋学院成立暨开学典礼在八关山新礼堂隆重举行。迁校时任山东大学教务长的吴富恒教授回忆说："山大搬了以后，省里就马上成立海洋学院……我去参加海洋学院的开学典礼很难过。学生还称我为吴教务长，其实我得作为兄弟院校来祝贺。"[1]

山东海洋学院成立后，鱼山路校园每一个角落涌动着海洋的气息，海洋科学与海洋文化的鲜明特色，成为这所新成立学院腾飞的双翼。因为唐世凤在海洋学领域资历老、贡献大，他在学院成立前后，都是校（院）委会委员。

1959年10月21日，山东海洋学院首届院务委员会成立。主任委员曲相升，副主任委员侯连三，唐世凤名列35位委员名单之上。此前，唐世凤是山东大学的校委会委员。山大校委会委员51人，他是其中之一。

1959年10月，《山东海洋学院学报》创刊。创刊号第一篇文章是苏联专家列昂诺夫的《祝贺中华人民共和国第一所海洋学院成立》，第二篇是唐世凤的《八分算潮法》，第三篇是江克平的《三维风浪能量的摄取与消耗》。

---

[1] 田广渠：《山东大学从青岛迁济南始末》，《中国海洋大学报》2010年4月22日。

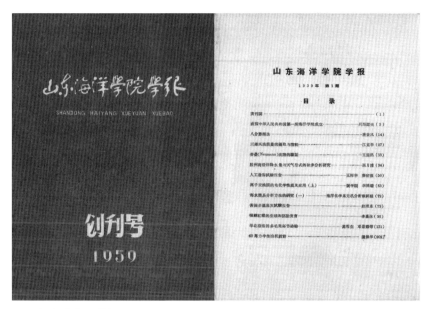

⊙山东海洋学院学报

1960年，国家公布全国13所重点综合性大学，山东海洋学院名列其中，这是海洋科学教育由系发展到学院的重要里程碑。唐世凤获悉这个喜讯后，感到无比的欣慰……

图书馆长　研海洋史

1962年3月16日，由山东海洋学院院务委员会讨论通过，唐世凤开始兼任山东海洋学院图书馆馆长，丰富古今中外海洋方面的藏书，成为他工作的重点。

唐世凤担任山东海洋学院图书馆馆长时，宋志中是图书馆主任，向安伦老师负责外文书籍外文期刊的书目翻译整理编撰，向老师是上海圣约翰大学毕业留美学者。

唐世凤在任馆长期间利用各种资源了解国内外海洋学专业发展方向，海洋学专业书籍出版情况，水产和生物的科研动向，采办了外国出版的英文原版或副本或影印全套海洋学专业新书、专业书籍和期刊，以及价格相对便宜的日本的水产专业书籍。其中，生物学的专业书籍最多。这极大丰富了图书馆藏书，图书馆支出经费从每年5万元逐年递增到12万元。

从20世纪30年代开始，唐世凤在长期从事海洋科技工作中，与一些外国海洋、地理、生物等科研机构相互交流中建立了广泛联系，积累了一些信息资源，由于厦门大学海洋系和中国海洋研究所在国际上有一定的影响，海洋系来到青岛后不断收到美国伍兹霍尔海洋研究所、日本建设部地理观测所图书馆、捷克斯洛伐克科学院图书馆等通过厦门大学、北京国家图书馆辗转寄来各种期刊资料，大大充实了海洋专业外文资料。

图书馆还为教师学习建立了教师参考室，为教师提供最新的资料。

唐世凤担任图书馆馆长后，开始把学术研究和教学的中心转到了中国古代海洋史。这在当时是一项系统的学术工程，包含了诸多学术课题。唐世凤下定决心，填补国内的这项空白。"他几经摸索，从《书经》《禹贡》

《山海经》等入手，再到地方志寻求途径，他准备跑遍中国沿海各省，先从山东做起，从黄河口到日照有关沿海县志看了30多部，接着看府志，收集资料卡片2000余张，对山东沿海水文潮汐、海洋生物、水产航海等方面的历史资料了解较多，他在福建沿海的11年也收集了一些有关府县志所载的海洋史料。"①

2020年11月25日上午，90多岁的徐瑜先生谈起唐世凤先生，说："他很温和，与世无争，整天笑眯眯的，一点架子都没有。儒雅，有书卷气。"

令徐瑜印象深刻的是，唐世凤先生担任图书馆馆长后，花费了大量的时间和精力，丰富图书馆海洋学方面的藏书。他不仅购藏了大量的有关海洋方面的古代文献，而且把中国沿海县城的县志收罗齐全。

在这里介绍一下徐瑜先生。1950年11月，经中央教育部批准，原在济南的华东大学迁往青岛与山东大学合并，保留山东大学名称。1951年2月，中央任命华岗为校长兼党委书记。徐瑜从华东大学来到青岛的山东大学。1951年至1955年，徐瑜做过华岗校长的机要秘书。1951年4月，在华岗的倡议下，山东大学《文史哲》正式创刊，成为新中国创办最早的高校文科学报和人文社会科学杂志。

唐世凤担任图书馆馆长，他对海洋文献的收集、整理、分析，很大程度上是文史方面的工作。这是在英国利物浦大学获得海洋学博士学位的老一代学者，以现代海洋学的学术背景，收集、整理、分析中国古代的海洋文献。

中国古代典籍，浩如烟海，一点一点地收集，真如大海捞针。经过唐世凤不断地努力，5年后，山东海洋学院收藏的中国沿海县城县志蔚为大观，成为图书馆颇具特色的一个专题。

唐世凤担任山东海洋学院图书馆馆长期间，与徐瑜经常谈起收到的与海洋有关的图书。徐瑜先生在接受笔者采访时，提到了这样几本：宋代徐兢撰《宣和奉使高丽图经》、清代周煌辑《琉球国志略》等。

---

① 李乃胜等著：《碧海丹心：海洋科技历史人物传记》，海洋出版社2007年版，第241页。

徐兢字明叔，号自信居士，建州瓯宁（今福建建瓯）人。徽宗朝赐同进士出身，擢知大宗正丞事兼掌书学，迁刑部员外郎。徐兢多才多艺，作画能"濡毫漱墨成于须臾"，他的绘画才能，在撰写《宣和奉使高丽图经》时，有了用武之地。遗憾的是，他的画作以及《宣和奉使高丽图经》中的图，未能流传下来。

北宋宣和五年（1123），朝廷遣路允迪等出使高丽，徐兢以奉议郎为国信使，提辖人船礼物官随行。归国次年，作《宣和奉使高丽图经》，"物图其形，事为之说，现图失经存"。该书共分40卷，约7.8万字，分建国、世次、城邑、门阙、海道等二十八门，凡三百余条。详载高丽山川地理、风土习俗、典章制度、接待使者仪文、海上往来道路等。

唐世凤之所以看重徐兢《宣和奉使高丽图经》，是因为这本书反映了宋代的航海发展达到的高度。徐兢以日记形式记录了航海的气候、潮汐和海浪的变化，以及航线、航程的标志，极具史料价值，也留下了宋代造船业的资料和数据。

图经对当时的船舶装备和航海技术进行了详细记录，宋代所造海船规模之大，标志着中国的造船技术达到一个新的高峰。宋代出使国外使臣乘坐的大型座船称为"神舟"，使团中随行官员乘坐的座船称为"客舟"。以客舟为例，具体情况如下：其长十余丈，深三丈，阔二丈五尺，可载二千斛粟。其制皆以全木巨枋搀叠而成，上平如衡，下侧如刃，贵其可以破浪而行也。其中分为三处……船首两颊柱中有车轮，上绾藤索，其大如椽，长五百尺，下垂矴石，石两旁夹以二木钩。船未入洋，近山抛泊，则放矴着水底，如维缆之属，舟乃不行。若风涛紧急，则加游矴，其用如大矴，而在其两旁……至于神舟，"长阔高大，什物器用、人数皆三倍于客舟"。由此可见当时舟楫之制的成熟情况。特别指出的是，图经卷34记载的"若晦冥则用指南浮针，以揆南北"。这一指南针应用于航海的资料，因后世尤为重视而被一再援引。

图经详细记述了当时出使的航线日程、船舶装备、航海技术，是研究宋代海洋发展史的珍贵史料。此次出使"以二神舟、六客舟兼行"，宣和五年五月十六日神舟发明州（今宁波），十九日达定海，经虎头山、蓬莱山、白水洋、黄水洋、黑水洋、竹岛、群山岛等，七月戊子（初七）到达全州，十二日达礼成港，高丽"以兵仗甲马旗帜仪物共万计列于岸次"，迎接诏书和使臣。七月十三日，舟发顺天馆，使团自高丽回国，八月二十七日达定海县。①

航海离不开对海洋气象的观测，航海者所具有的观测和预知海洋气象的科学水平如何，对保障航海的安全与顺利，有着非常重要的关系。宋朝在远洋航海上所以较前代有较大的进步，与当时对海洋气象的观测和预报已达到相当水平有很大关系。徐兢从航海实践中将海洋风暴分为三种。他在《宣和奉使高丽图经》中写道，航海"又患三种险，曰痴风、曰黑风、曰海动。痴风之作，连日怒号不已，四方莫辨。黑风则飘怒不时，天色晦冥，不分昼夜。海动则彻底沸腾，如烈火煮汤，洋中遇此，鲜有免者"。②

徐兢敏于考察，善于分析。比如：黄水洋"沙"的来历（黄河入海携带，横于洋中千余里）与危害分析；"当数用铅硾，试其深浅"的经验总结；"若自登州板桥以济，则可以避之"的航线比较等，都具有科学价值。

唐世凤研读《宣和奉使高丽图经》之后，有很多重要的发现。一次吃过午饭后，他恰好遇到徐瑜。唐世凤一把拉住徐瑜，信步来到了一株高大的法国梧桐下。唐世凤把读书的发现，眉飞色舞地分享给徐瑜。两人站着交流，也不觉得累。这是5月上旬的一个午后，浓密的法国梧桐树叶在风中热烈地交谈，片片新绿掀起了翻滚的绿浪，如同海浪一般，哗哗作响。

还有一次，在图书馆，唐世凤给徐瑜展示新收进馆中的《琉球国志略》。隔着60年的时光，徐瑜仍然记得，唐世凤以兴奋的语调强调这本书的珍贵，他摸索着书页，脸上浮现出一种满足感和自豪感。徐瑜强烈地感受到唐先生的那种痴迷——每当对古籍中记录的海洋史料有重要发现，那种

① 孙旭：《〈宣和奉使高丽图经〉的作者、版本及史料价值》，《兰台世界》2013年第17期。
② 徐鸿儒主编：《中国海洋学史》，山东教育出版社2004年版，第82页。

痴迷溢于言表。徐瑜觉得，唐先生洋溢着双重的爱，一是对古籍善本的热爱，一是对海洋事业的热爱。这双重的爱，让徐瑜觉得眼前的这位学者，可爱又可敬，这是以海洋科学为终身职志的人情不自禁的流露。

海洋科学是唐世凤安身立命之所，一生载沉载浮，他经历了世间太多的风浪。山东海洋学院成立后不久，他就急流勇退了。他深耕中国古代海洋史料，两三年的时间，他手录笔抄，案头积累了厚厚的一摞资料。此刻，生命中潜藏的那些风浪消逝了，在鱼山路校园里图书馆的一隅，他的身心沉浸在这本《琉球国志略》之中。

徐瑜先生深深记得这一幕，唐世凤先生的书桌上，古籍堆积如山，书中夹着密密麻麻的小纸条。他从书堆中探出头来，给他看《琉球国志略》中的琉球星野图、球阳八景图、针路图，一一翻阅，并为徐瑜解说。在书海泛舟，时间仿佛停止了。这是散发着书香的友情时刻，唐世凤比徐瑜大十来岁，虽然出生的时代背景不一样，成长和接受教育的环境也不一样，但两人都有着旺盛的求知欲，有着对海洋勇于探索的动力。海洋类书籍把两人紧紧地连接在一起。

斗转星移60年，白云苍狗60年。潮涨潮落60年，沧海桑田60年。徐瑜先生在福山支路28号山东大学教职员宿舍，面对笔者谈起与唐世凤先生的往事，他的声音里有了一丝不易察觉的激动，他的眼睛里流露出温润而崇敬的光芒。

徐瑜仍然记得，那年初夏的黄昏，在唐世凤先生办公室谈《琉球国志略》的情景，夕阳把校园涂抹上一层金色的光辉，海风从小鱼山吹过，掠过红色房顶，在浓密的绿荫中翻滚。丝丝缕缕的马缨花的清香，被风送到房间，在房间里缭绕不散。蝉鸣时隐时现。徐瑜告辞，唐先生起身送出房门。徐瑜暂驻足，一回头，看到唐先生走进他的书堆中，一抹夕阳的光辉照耀着他……

《琉球国志略》是怎样的书，为何让唐世凤如此激动？

《琉球国志略》是清代周煌辑录而成的书，记载琉球国的历史和地理概况。清乾隆二十一年（1756）五月，周煌同翰林院侍讲全魁受命前往琉球，册封尚穆为琉球国中山王，于次年正月回国。在出使途中，周煌留意当地掌故，随手记录。回国后又参阅大量史籍，整理编辑，手写成书后进呈皇帝御览，供皇帝把握琉球国的历史、地理、风俗和人情等方面的情况从而确定相应的国策。

《琉球国志略》全书共有十六卷并首卷一卷。前有总目、凡例、采用书目，后为首卷。再后卷一星野、卷二国统、卷三封贡、卷四上舆地、卷四下风俗、卷五山川、卷六府署、卷七祠庙、卷八胜迹、卷九爵秩、卷十赋役、卷十一典礼、卷十二兵刑、卷十三人物、卷十四物产、卷十五艺文、卷十六志余。[1]

历史上，记载琉球史地的古籍并不多见，因此该书极为珍贵，可作为研究中国和琉球友好往来及琉球古代历史的重要参考资料。

不清楚唐世凤为山东海洋学院图书馆收的这套书的版本情况。《琉球国志略》有乾隆年间武英殿本、清乾隆年间丛刊本（武英殿聚珍版丛书）重修的刻本、1936年商务印书馆版本。不论哪个版本，这套书对海洋学家唐世凤来说，研究中国古代海洋不可缺失。书中的谕祭文、琉球建置、疆域、山海、潮候、风信等，都是宝贵的海洋史料。这套书记录了由福建到琉球的航程以及返回的航程，可以看出，清代的航海者善于利用季风和洋流航行。唐世凤自从在海南岛进行海洋调查，就开始对潮汐进行研究。书中关于潮候的记录，也是他非常关注的内容。

唐世凤当了多年山东海洋学院图书馆馆长之后，发现，书海之大，深不可测，书与书之间，有着千丝万缕的联系，诚如海底栖息的丰富的海洋生物。作为图书馆长的馆长，丰富馆藏，不断鉴别筛选，去伪存真。

在书海畅游，不知不觉，唐世凤已经到了鬓发苍苍的年龄。书中日月应长久，笑看樱花几度芳。5年后，山东海洋学院图书馆沿海县志、沿海地方志排列成行，犹如军团集结，又如战舰排列。唐世凤这几年殚精竭虑的收求，可告慰有志于中国古代海洋研究的来者。

---

① 张琇杰：《周煌〈琉球国志略〉版本考证》，《中国文物报》2016年03月10日。

动乱岁月　魂归大海

　　一场狂风暴雨袭击神州大地，由此开始了长达10年的动乱岁月。唐世凤在动荡岁月之中，受到冲击，受到批斗，一度被改造，最终含冤而死。

　　1966年5月16日，中央政治局扩大会议通过《五一六通知》，要求全党高举无产阶级"文化大革命"的大旗。这个"通知"成了"文化大革命"的指导性纲领。

　　"文革"开始后，唐世凤受到冲击，一家人被赶到齐东路3号居住。这里一栋楼里住了很多人家，唐世凤家分得两个房间。唐世凤最近几年花费了巨大的心血和时间搜集古代海洋史料，他的书籍、资料和教学卡片，占据了房间的不少地方。儿子住不开，就搭吊铺。徐瑜回忆说，他和唐家住得很近，也住在这栋楼里。

　　虽然居室逼仄，但唐世凤并不颓废，他对历次政治运动有自己的观察，他的判断是，一阵风就过去了，学者不管身处怎样恶劣的时代，不管面临什么难关，都要继续做学问。

　　1967年冬，一个响晴的好天，阳光懒洋洋地照耀着岛城，海面上闪烁着银子一样的光芒。齐东路3号附近的法国梧桐落尽了树叶，舒朗的枝条伸展进蔚蓝的天空。一处居民楼顶上，有一群鸽子咕咕地叫，叫声温柔。

　　这天上午，唐世凤和王敏身穿着棉袄棉裤，坐在齐东路3号的石头楼梯上，留下一张照片。夫妻两人相依相偎，神情淡定、从容，似乎看不出身处逆境之中。阳光暖暖地照着他们，时光在这里定格。这天，唐世凤和王敏兴致很高，他们又到了楼下合影一张。这张照片中，唐世凤表情严肃，似乎有一些忧郁的神色凝固在脸上。他在担心什么吗？

⊙1967年，齐东路3号，唐世凤、王敏坐在石头楼梯上。（唐乐永提供）　　⊙1967年，齐东路3号，唐世凤、王敏合影（唐乐永提供）

　　1968年4月25日，两次担任山东大学校长的赵太侔在前海栈桥走到了人生的终点，跳海自尽。第二天，他的尸体被冲到了海滩上，被晨练的施正铿发现。凌乱的脚步伴着悲伤的心跳，施正铿急忙赶回学院，向学院革委会报告。

　　赵太侔之死，在山东海洋学院师生的心中掀起滔天巨浪。唐世凤听到噩耗，掩饰不住内心的哀伤。他为赵先生的遭遇暗自垂泪。

　　有一天，唐世凤被批斗后，回到家，发现家已经被激进的红卫兵抄过，一片狼藉。他花费多年心血收集的中国古代海洋资料，被扔出门外。在齐东路上点起的一把火，让多年心血毁于一旦。他回来时，资料尚未燃尽，一缕一缕的青烟升腾。唐世凤觉得自己的心在滴血，可是扑不灭这猖狂的火焰。他看着空中飞舞的纸片灰烬，欲哭无泪。

　　唐世凤遭诬陷迫害，被打为"反革命"。为此，山东海洋学院专门成立了唐世凤专案组。专案组多次审问他，要他交代"反革命"罪行时，他道出了自己的心声，铮铮之言在水云深处回响："我不喜欢那个政府（国民

· 247 ·

党），但乐意为祖国效劳。"黄钟毁弃，瓦釜雷鸣，谁又能认真聆听一位老学者的肺腑之言呢？

1968年11月20日，山东海洋学院工宣队组织1200多名师生员工赴山东省文登县（现威海市文登区）农村，在侯家、泽库两个公社接受再教育，为期两个月。同时开展一系列"大批判"和清理阶级队伍的"深挖"活动，进一步扩大了打击面。唐世凤是属于"大批判"之列的"反动学术权威"。在文登的这个冬天，除了检讨，"深挖"思想中的资产阶级名利观念，就是接受劳动改造——为贫下中农打扫院子、挑水。

1968年12月的一天，寒风呼啸，天上下起了鹅毛大雪，纷纷扬扬的雪花很快把大地覆盖，天地之间变成茫茫的白色，纯净的雪花遮盖了斯文扫地的耻辱。

第二天，唐世凤早早地起床去扫雪。天寒，路滑，他在扫雪时滑倒。不幸的是，这次滑倒，跌断胯骨。

侍茂崇同恩师唐世凤一同下放到文登，他获悉恩师摔断胯骨后，心急如焚，与另一名学生，冒着风雪，深一脚浅一脚，搀扶唐世凤回到下放的驻地。一路上，唐世凤痛苦的呻吟，被呼啸的风淹没了。

侍茂崇承担起把唐世凤护送回青岛的重任。在经过文登县城时，侍茂崇送唐世凤到当时文登县城最好的接骨医院，想为唐世凤做手术。再三交涉，医生终以先生年龄太大（时年65岁）为由，拒绝收治。从文登县城到青岛，唐世凤经不起一路颠簸。侍茂崇精心照料，他为唐世凤固定大胯骨摔断处，又买了两张车票，让唐世凤躺在最后一排，躺在三个座位上。他想办法用木板做成隔断，挡住座位，以防长途客车颠簸或者急刹车出现不测。他在唐世凤身边，和他谈话，分散他的注意力，尽量减轻他的痛苦。

就这样，唐世凤回到家中。从此，唐世凤久卧病榻，被迫中断了研究。

1971年8月25日，唐世凤在病榻上含冤去世。王彬华先生从莱芜二路家中出发，冒雨到唐家致哀，并作长长的挽联寄托无边的哀思，挽联如下：

悼唐世凤先生

1971年8月25日，噩耗传来，惊疑甫定，当即由次子立琛以自行车推之，冒雨趋前探视，辄见阖家悲戚，满室凄凉，触景生情，怆然泪下，爰遵生前所嘱，归赋一联，清茗素酒，对空遥祭，性灵有知，馨祝世凤吾兄魂兮归来。

上联

黄山泉，白沙水，四十年芳草天涯，多少行人泪。宿疾君云苦，更哪堪折骨风雪，岁岁锁孤楼。嗟乎！孺子本无辜，怎经起百般踩蹦，千番凌辱，诗人饮恨，学士悬梁，泪簌簌孤零儿女，空守白骨倍凄凉。

拄拐出红尘，痛故人今朝永诀，惨阴风飒飒，苦雨凄凄，一杯酒，两杯酒，我去伏龙山前吊君去。

下联

西蜀云，东海月，八千里锦绣山川，尽属啼鹃血。触目我惊心，况无端苦肉水火，处处设刑庭。天哪！文字如有意，须写出一片丹心，万种凄情，草莽垂泪，艺苑荒芜，野茫茫几点磷火，漫漫冷月更萧疏。

扶杖窥碧瑶，愿幽灵他年复现，伴孤雁点点，白云悠悠，千重路，万重路，君临扬子江边待我归。[①]

一颗为大海跳动的心脏，在胶州湾的海浪声中，停止了跳动，魂归大海。

唐世凤风云激荡的一生，始终抱定了科学救国、海洋强国的信念。他从家乡江西赣江出发，身体里流淌着江河，一路奔腾，最终汇入胶州湾。

1980年3月4日，王敏病逝。

1980年9月，唐世凤与其夫人王敏一案在中共中央纪委直接过问、限期

---

① 挽联由唐乐永提供。

落实情况下，得到平反昭雪。

1980年12月25日，山东海洋学院为唐世凤举行了追悼会。

2019年1月12日，唐世凤和王敏的儿子、孙辈等后人，在南京市金陵华侨永久墓园为唐世凤、王敏夫妇购得一块墓地，在感恩园6排15号立了一块黑色的大理石墓碑。在葬礼仪式上，四子唐乐永说："父亲与母亲在南京念书，建立家庭，开启事业，他们热爱生活学习工作过的这片土地，对这个城市有着强烈的感情，今天安葬他们在这里，让他们入土为安是我们儿孙的心愿。"

⊙唐世凤、王敏的墓碑（唐乐永提供）

滚滚长江东逝水，唐世凤先生魂兮归来！

海洋先驱
唐世凤

第十五章

家人亲人　师生情深

　　唐世凤尊师爱生，留下诸多佳话。恩师伍献文来青岛期间，唐世凤、王敏夫妇陪他参观青岛水族馆。

　　他关爱学生，体谅同学生活的困难，嘘寒问暖。生长于福建的同学，初来北方，不适应北方寒冷的冬季，很多学生刚来青岛没有冬衣。唐世凤赠给唯一的、也是年龄最小的女同学人民币60元，让她置办冬衣。

关爱学生　先生之风

斯人已逝，风范长存。

在岁月的长河之中，总有一种肝胆相照、惺惺相惜在流传。唐世凤与郑执中的亦师亦友的关系，与伍献文与唐世凤的关系类似。

不管同事、学生遇到什么困难，唐世凤总是毫不犹豫地伸出援手。

1944年，坚持在福建石井海洋工作站工作的郑执中，被南安县国民党以异己分子罪名两次拘禁。在江西泰和的唐世凤（因缺少经费无法开展工作，一度回老家）获悉，立即写信给永安中央大学同学聚餐会上认识的国民党福建省党部书记长李雄，要求立即释放郑执中，不耽误福建的海洋考察。李雄接信后立即干预。郑执中平安归来。

后来，郑执中的妻子在鼓浪屿救世医院生孩子，唐世凤和夫人王敏多次提着奶粉前往探视。夕阳西下，海面上布满金辉。鼓浪屿上错落的小楼，在夕阳的余晖中，有一种静穆的美。医院的产房里，海风吹拂着白色的窗帘，唐世凤、王敏夫妇与郑执中夫妇亲切地低声说话。刚出生的婴儿睡着了，两个粉嫩的小手蜷缩着。此时，钟声响了，美妙的乐音带着一种生命神圣的感觉，一下一下敲到每个人心里最柔软的角落。慢慢地，钟声消逝了，余韵在每个人的心里荡漾。他们的交谈在钟声响起的刹那就停止了，静默中，每个人都关爱地望着熟睡中的婴儿，眼神中流露出温柔的爱意。

一个小生命的降临，让他们暂时忘记了"谁知内战烽烟起，狂啸横空掠战机"的战争阴云。刚出生的孩子醒来，"哇哇"哭起来，哭声细细的。婴儿一哭，两对夫妇，对视一下，笑了。

这样的人间情谊令人感怀。这样的人间情谊如同江河流淌，绵延不断。

唐世凤热爱海洋事业，爱才惜才，提携后进，关爱学生，留下诸多佳话。他待人宽厚，关爱学生如同家人。在厦门大学时，海洋系、生物系、化学系众多学生经常到家里来做客，唐世凤待他们像家人一样。

唐世凤带着18位厦门大学的学生来到青岛后，他体谅同学们生活的困难，嘘寒问暖，在物质和精神上，给予无私关爱。生长于福建的同学，初来北方，举目无亲，不适应北方寒冷的冬季，很多学生刚来青岛没有冬衣。唐世凤赠给唯一的、也是年龄最小的女同学人民币60元，让她置办冬衣。

1954年春节，唐世凤和王敏在家中设宴，宴请从厦门大学海洋系来青岛的18位学生和两位助教陈宗镛、江克平先生，一起欢度春节。师生团聚在一起，欢声笑语，从上午到年夜饭后，同学们才意犹未尽地离去。他们在恩师家中，感受到家庭一般的温暖。这温暖令他们终生难忘，足以抵抗漫长人生中的严寒。

唐世凤关心学生、爱护学生的故事，许多学生都有深情的回忆。正是在他的关爱与呵护下，一届一届的海洋系学子成长起来。

谈起生活中的唐世凤，2021年9月6日，在中国海洋大学出版社会议室，侍茂崇先生说："唐先生身材高大、魁梧，高个子，至少有一米八，不大像南方人。他身材微胖，脸上笑眯眯的，一生菩萨低眉，不见他怒目金刚，印象中，没有看到他疾言厉色，性格稳重宽和。"

侍茂崇谈起恩师，更多的是无尽的怀念和崇敬，但也谈到了一些很有意思的细节。比如，他有点开玩笑地这样形容唐世凤："远看不像农民，走近一看有点像农民，一开口就像农民。"意思是说，唐先生毕竟在英国留过学，有点英国绅士的范儿。1949年之前，经常穿西装，1949年之后穿中式对襟上衣，看形象，很儒雅。但唐先生走路有点微微前倾，所以，走近一看，有点像农民。唐先生开口讲话，有时吭吭哧哧，不是那么流畅。唐先生崇尚实干，"讷于言而敏于行"。

值得一提的是，唐世凤童年读私塾，国学基础深厚。他写的海洋调查、考察笔记，简洁雅致，深得中国古代笔记的神韵和意趣。比如，在《椰子与人生》一文中，唐世凤用诗意的笔墨描绘海南椰林风景："文昌

清澜港两岸，浩瀚翳翳，苍翠无际，人行其中，不辨东西。中国之椰海，其在斯欤！文昌乡人，计人之贫富，恒以所有椰株之多寡为标准。陵水河畔，椰荫蔽天，夕阳西下，景致益佳。……椰树远看若槟榔，实则比槟榔树崇高且大，干高而不分枝，节密而秀，亭亭云表，屹立大荒，昂昂然，大丈夫也。"[1]

这样的科普文章，既有科学知识，又有文学美感，读起来，是一种享受。最能代表唐世凤文学功底的文章《东山岛海洋观测通讯》，发表在《地理》1942年第1—2期，全文见本书附录。

据厦大海洋系首届毕业生陈培光先生的回忆：唐先生还是一名运动场上的健将。在厦门大学任教时，学生称他是"铁饼大王"。1951年，厦门大学龙岩校运会上，师生在田径赛场上各显神通。唐世凤掷铁饼技惊四座，获得冠军。

谈起父亲唐世凤的爱好，唐乐永说："我父亲喜爱京剧，小时候带我们去看过马连良在永安大戏院的京剧演出，父亲看得津津有味，但孩子们看不懂，我还问父亲为什么唱得这么慢。"20世纪50年代，山大教授观赏京剧是他们文化生活的一部分。在历史系执教的赵俪生和童书业两位教授，也爱看京剧。尤其是童书业，看了一场经典的京剧演出后，得到了艺术享受，第二天上课容光焕发，神采飞扬，讲起课来妙语连珠，高论频出。

唐世凤先生喜欢古典音乐，箫吹得好。有时，读书累了，他在书房取下长近一米、乌黑发亮的箫。他酝酿情感片刻，幽咽的箫声响起。一曲箫声凉如水，几多柔情轻似梦。小时候，唐乐永不懂父亲吹奏的什么乐曲；现在睹物思亲人，父亲吹奏时沉浸乐曲的样子，浮现在脑海。想来，他吹奏的曲目有两种，一种是《空山忆故人》《关山月》表达思念之情；一种是《泛沧浪》《平沙落雁》这样有流水声的。曲终人不见，江上数峰青。时间的流水带不走对故人的思念……

[1] 唐世凤：《椰子与人生》，《科学世界》1934年第12期，第1150页。

家庭成员　主要亲属

1935年1月9日，唐世凤与王敏在南京结婚。秉志作为介绍人出席婚礼，中央大学教务长陈剑翛是证婚人。

朱家骅时任国民政府教育部长，他以多重身份参加婚礼。他是原国立中央大学校长，又与王敏的父亲王垚有交情。在唐世凤与王敏的婚礼上，朱家骅举杯祝贺一对新人，开玩笑地对唐世凤说："今后你也是半个浙江人了。"

○1935年1月9日，唐世凤、王敏结婚照。（唐大令提供）

浙江人在民国的军界、政界、教育界、学术界占据很大的势力，蔡元培、朱家骅是两大"山头"。唐世凤在中央研究院服务，顺理成章地进入这个圈子。朱家骅赏识、提携唐世凤，唐世凤对朱家骅心存感激。

唐世凤在国立厦门大学担任海洋系主任时，每次到南京，总会去拜访和探望朱家骅。

王敏1907年4月2日出生于杭州，她后来随父亲王垚到南京定居，青少年时期在南京读书。1927年她考入国立中央大学植物系，1931年毕业。大　·255·

学毕业后，先后在安徽省立二女中、南京市私立安徽中学当生物教师。

王敏的祖父王耀三，1916年亡故。王敏的父亲王垚，浙江杭县人，字晋民，毕业于私立安定中学，考取公费留学日本资格，在日本留学期间，攻读政治经济学。顺应时代潮流，加入同盟会，与蔡元培一样是早期同盟会会员。回国后，在教育界任职。历任浙江第一中学校长、杭州安定中学校长、浙江教育会会长。1914年，王垚任武进县的县长。1919年至1922年，任太湖水利局秘书。1922年，任崇明县县长。1924年，任东台县县长。北伐胜利后，王敏写道："以他同学胡汉民、祖父契友庄崧雨的关系任江宁县长、治淮委员会秘书长等职。"1935年，王垚任国民政府铨叙部秘书。1941年，王垚在上海病逝。

王敏出生在这样一个大家庭，弟弟妹妹众多，都受了良好的教育，王敏、王庠等四人读中央大学。

唐世凤与王敏组建了一个小家庭，开始了相濡以沫、携手相伴的家庭生活。在学术上，两人比翼双飞。唐世凤到英国利物浦大学留学期间，王敏也到利物浦大学留学，学习生物学和海洋学。

夫妇育有4个儿子。1937年，长子唐乐嘉在南京出生。1940年，次子唐乐明出生在英国。1944年，三子唐乐同出生在泰和。1948年，四子唐乐永出生在厦门。

笔者采访唐世凤先生的四子唐乐永，唐家四个儿子的情况如下。

长子，唐乐嘉，毕业于西安交通大学，执教于北京机械学院，后在北京市机械局科技处工作，高级工程师。

次子，唐乐明，毕业于山东海洋学院生物系。

三子，唐乐同，毕业于南京大学生物系，研究古海藻。

四子，唐乐永，毕业于山东海洋学院数学系，从事计算机编程工作。

唐世凤和王敏把4个儿子都培养成才，事业有成。唐乐嘉工作、生活在北京。唐乐明生活在青岛。唐乐同一家定居在美国。唐乐永一家定居在加拿大。

1953年6月，唐世凤把母亲胡银莲从江西泰和老家接到青岛，为老人尽孝。1954年4月，唐世凤的母亲在青岛病逝。

2018年，唐乐明病逝于青岛。

同窗好友　同道同事

唐世凤的师友，主要集中在国立中央大学生物系和中央研究院动植物研究所。与唐世凤一起在中央大学生物系读书的同窗好友，有盛彤笙、朱浩然；系友有沈其益、朱树屏。唐世凤在进行海洋调查时，也认识了一些同事，有一些时过境迁，友情就淡了；有一些在海洋调查结束后仍有联系。

盛彤笙（1911—1987），江西永新人，著名兽医学家、微生物学家和兽医教育家，中国现代兽医学奠基人之一。1928年，盛彤笙考入中央大学生物系，与唐世凤是同班同学。两人时常联系。

由于聪颖好学，盛彤笙只用3年就学完了大学4年的课程，最后一年他转入了中央大学上海医学院（即上海医科大学的前身）的本科一年级。1934年夏，他的家乡江西省招考公费留学生，其中有一个留学德国的医学名额。他便毅然回南昌应试，并以优异成绩被录取。同年9月，他中断在上海的学业，登上了开往德国的客轮。

1938年9月，怀着一片赤诚的爱国之心和报国之志，盛彤笙义无反顾地回到了祖国，先后在江西省立兽医专科学校、西北农学院任教，1941年春，前往迁至成都的中央大学畜牧兽医系任教。

新中国成立后，盛彤笙历任西北军政委员会畜牧部副部长及西北财政委员会委员、兼任西北兽医学院院长，西北行政委员会委员和西北畜牧局副局长，中国科学院西北分院筹备委员会第一副主任。1955年当选为中国科学院学部委员（院士）。

朱浩然，原名朱裕魁，江苏常熟人，九三学社社员。唐世凤与朱浩然是中央大学生物系同班同学，两人关系一向要好，常有来往。1949年后，朱浩然在南京大学生物系任教。

王师亮，字思量，江西安福人。王师亮是唐世凤在吉安私立吉州中学的同学。抗战胜利后，他在上海任善后救济总署工作。新中国成立后，他去了法国。他从法国给唐世凤邮寄过两次明信片。后来，联系中断。

宋玉亭，原名宋协和，山东威海人。1935年，做渤海调查时唐世凤认识了宋玉亭。宋玉亭代表威海水产界参加海洋调查，两人结下友谊。抗战胜利后，宋玉亭在青岛任黄海水产公司总经理。1948年，宋玉亭为推介水产品，去了厦门，在唐世凤的宿舍住过。老朋友相见格外亲切，唐世凤陪宋玉亭考察了厦门鱼市场，游览厦门名胜。古刹南普陀寺、胡里山炮台、集美学村、鼓浪屿，都留下了他们的身影。期间，宋玉亭应唐世凤的邀请，两次到厦门大学海洋系做学术演讲。1948年6月30日《厦大校刊》第3卷第7期，登载《海洋学系近讯》之《宋玉亭先生来校讲演》："青岛黄海水产公司总经理宋玉亭先生，为该公司渔轮将来华南开辟渔场渔业，于五月四日由榕来厦，海洋学系特请其来校作学术讲演二次，题目为'华北渔业之今昔'及'战后中国渔业复兴计划'，并由海洋学会开茶话会欢迎，讨论中国渔业问题甚详，渠并表示欢迎海洋系学生来参加该公司之新式渔轮实习云。"[1]新中国成立前，宋玉亭去台湾经商了。

戴行悌，浙江永嘉人。1936年，唐世凤在浙江调查渔业时，戴行悌代表定海水产试验场参加这项工作，两人结识。1948年，戴行悌去了台湾，任高雄水产学校校长。

康肇祥，辽宁人。1947年，康肇祥任厦门海洋巡防处处长。唐世凤为了开展海洋教学，借厦门海洋巡防处的炮艇，与康肇祥打过交道。康肇祥虽然是国民党海军官员，但对唐世凤的教学请求大力支持，同意厦门大学海洋系学生乘坐炮艇，出海实习。康肇祥还介绍郑沅到厦门大学海洋系任

---

[1] 资料由唐乐永提供。

教。厦门大学于1946年秋成立海洋系，创办伊始即设立航海组，开设了航海课程。1949年底，学校专门增聘刘荣霖、郑沅二人为教授，增强了航海组的实力。

唐世凤担任厦门大学海洋系主任，与郑沅是同事，交往甚密。

步曾夫子　鱼雁传书

唐世凤四子唐乐永在接受笔者的采访时，多次谈到胡先骕先生。抗战期间，胡先骕和唐世凤交往甚密，唐世凤执弟子之礼甚恭。

胡先骕①，字步曾，号忏盦，植物学家和教育家，中国植物分类学的奠基人，1948年入选中央研究院院士。胡先骕被毛泽东主席誉为"中国植物学界的老祖宗"。他在植物学方面的成就，就像一株高大的水杉，顶天立地，直冲云霄，发山水之清音，寄风云之壮志。胡先骕先生还是一位诗人，精通古诗词，诗书俱佳。陈散原老人（陈寅恪的父亲）评其诗"意、理、气、格俱胜"。胡先骕和吴宓都是学衡派的主将，因反对白话文，在新文化运动中，与胡适论战蜚声文坛。除了植物学著作，他还有《胡先骕诗文集》《忏庵诗选注》传世。

唐乐永说："我父母经常谈起胡先骕先生对他们的巨大影响，胡先生学识文采为人绝佳，淡泊功名，绝不曲意逢迎，是我父母非常崇敬的老师和心中楷模。"

胡先骕严谨的工作态度，全身心投入研究的执着精神，对唐世凤、王

---

① 胡先骕（1894—1968），生于江西南昌，1912年进入美国加利福尼亚大学和哈佛大学，学习农业和植物学，回国后先后受聘为江西省庐山森林局副局长、国立南京高等师范学校农林专修科植物学教授。与秉志联合创办中国科学社生物研究所、静生生物调查所，还创办了庐山森林植物园、云南农林植物研究所。发起筹建中国植物学会。继钟观光之后，在中国开展大规模野外采集和调查中国植物资源的工作。在教育上，倡导"科学救国、学以致用：独立创建、不仰外人"的教育思想。与钱崇澍、邹秉文合编我国第一部中文《高等植物学》。首次鉴定并与郑万钧联合命名"水杉"和建立"水杉科"。提出并发表中国植物分类学家首次创立的"被子植物分类的一个多元系统"和被子植物亲缘关系系统图。

敏夫妇产生了强烈的影响。胡先骕治学之严谨执着，堪称生物学界楷模。有一次，唐世凤在家中，谈到胡先生的工作状态：做研究项目时，不完成不出办公室、不回家，一日三餐由学生们轮流送，直至项目完成，胡先生才走出办公室去理发洗澡，再回家去。胡先生以身作则，通过身教，为后学树立榜样，他的治学精神激励着学生们前行。

据唐乐永介绍，抗战期间，唐世凤和胡先骕交往甚密，因为他们都是江西人，同在泰和。1940年，胡先骕在江西泰和杏岭村创建的国立中正大学任校长。杏岭村在泰和县县城西北郊，距离唐世凤老家泰和唐雅村20余千米。1941年3月，唐世凤、王敏夫妇从英国回到泰和，刚落脚就去拜访胡先骕。此后，唐世凤、王敏夫妇多次去看望胡先骕，与胡先骕促膝对谈。谈战局，谈民族忧患，谈义化教育，谈战后恢复工作，他们深深为胡先生的爱国激情感染。

在此期间，胡先骕赠唐世凤一副联语。得到胡先生墨宝，唐世凤视为珍品，小心收藏。在动乱岁月，这幅对联被人拿去，唐世凤痛心不已。

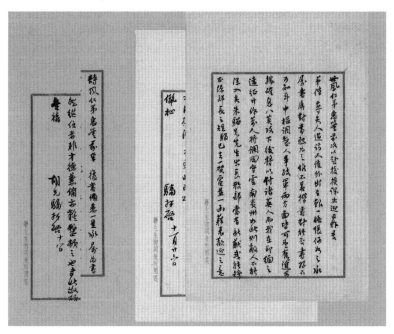

⊙胡先骕给唐世凤的信。

两人之间，经常鱼雁传书，书信往返。唐乐永珍藏着几封胡先骕致唐世凤的信札。"胡先生的几封手札中谈到对抗战时局忧患关切，谈到为中国远征军攻下缅北八莫，即将班师云南贵州御敌而欢欣鼓舞，希望朱骝先（朱家骅）出长教育部能矫正陈立夫部长之短，述及蒋经国专断以致先生愤怒请辞，托付我父亲设法接济在沦陷区生活紧迫的秉志先生，谈及对中国固有文化日趋退化的忧虑，谈到所著《中华民族之改造》一书一二月后即将杀青，《教育之新目标 教育之生活化》一文将在吉安《大道日报》发表，并拟送重庆《大公报》，报国之心的迫切意愿跃然纸上。"①

20世纪60年代初，胡先骕作《水杉歌》长韵，被誉为"亘古未有的地质科学诗"。诗成，付某刊，欲发表，不料遭拒。在秉志先生的建议下，他将此诗邮寄给陈毅。陈毅收到《水杉歌》后不仅大为赞赏，还写了读后感，推荐到《人民日报》，于1962年2月17日发表出来。②

唐世凤在《人民日报》读到《水杉歌》，拍案叫绝。他再次取出先生当年赠他的联语，细细欣赏。欣赏之余，唐世凤用带有江西口音的普通话诵读《水杉歌》。唐乐永看着父亲抑扬顿挫地读《水杉歌》，感到好奇，并留下深刻印象。

---

① 资料由唐乐永提供。

② 陈毅读后感云："胡老此诗，介绍中国科学上的新发现，证明中国科学一定能够自立且有首创精神，并不需要俯仰随人。诗末结以'东风佇看压西风'，正足以大张吾军。此诗富典实、美歌咏，乃其余事，值得讽诵。"

恩师来青　同游忆往

　　伍献文与唐世凤在国立中央大学结缘，唐世凤在恩师伍献文的提携下，进入海洋调查队伍，进而研究海洋。在这片生机勃勃、亟待开发的海洋领域，唐世凤碧海扬帆，把自己的名字写在了波澜壮阔的海洋之上。两人亦师亦友，有共同参加海洋调查、海洋生物研究的合作，有共同撰写学术论文的合作，也有生活上的互相扶持。两人的情谊有时远隔五湖四海，靠着鱼雁传书维系。两人的师生情谊在岁月长河之中绵延不断。对于伍献文来说，成就了一桩爱才的佳话；对于唐世凤来说，成就了一桩尊师的佳话。

　　1937年七七事变后，中央研究院动植物研究所迁往湖南的长沙和衡山，后又迁往广西阳朔。艰难的跋涉、困苦的生活、拮据的科研经费，并没有动摇伍献文继续进行科学研究的决心。在阳朔的短暂停留中，伍献文完成了《漓江的鱼类》一文。1939年，动植物研究所搬迁到重庆北碚，才有了稍微安定的科研环境。

　　抗日胜利后，中央研究院的一些研究所陆续迁回上海、南京。伍献文随所迁到上海。1948年，伍献文当选为中央研究院院士。

　　1949年上海解放前夕，中央研究院院长朱家骅下令，全院科学家随蒋逃台，伍献文奋起反对。他说："我只有一个决心，绝不跟蒋介石走！"蒋介石"抢救大陆学人计划"破产，以失败告终。国民党中央研究院80余位院士有60多位留在了大陆，迎接解放。

　　中华人民共和国成立后，伍献文参与中国科学院的筹建工作，并被任命为中国科学院水生生物研究所副所长兼太湖淡水生物研究室主任。他把很多时间和精力花费到科研组织管理工作上，在他的直接指导和规划下，

水生生物研究所建立了收藏有30余万号标本的当时亚洲最大的淡水鱼类标本室，成为国际鱼类学研究的中心之一。

伍献文的学术代表作是上、下两卷的《中国鲤科鱼类志》，全书共70余万字，系统地描述了分布于我国的鲤科鱼类113属412种，并附有精美的图版。《中国鲤科鱼类志》不仅是研究中国淡水鱼类的必备文献，也是研究世界鲤科鱼类的重要学术成果。

1958年2月，唐世凤接到恩师伍献文的来信，他因调查项目即将

⊙1958年2月，莱阳路5号，唐世凤王敏夫妇与伍献文（左一）合影。（唐乐永提供）

来青。一天，晚饭摆上饭桌，唐世凤宣布这个消息，孩子们个个欢呼雀跃："太老师要来了！太老师要来了！"此时，唐世凤家住在莱阳路5号3楼。伍献文来到青岛后，就住在唐家。唐世凤、王敏夫妇执弟子礼甚恭，每天为伍献文先生精心准备饭菜，热情招待先生。

恩师来到了青岛，自然要给恩师品尝青岛的海鲜。扇贝、海虹、蛤蜊、大竹蛏、海螺、梭子蟹、墨鱼、鲅鱼、鲽鱼、加吉鱼……每天餐桌上摆满了美味的青岛海鲜，每餐都不重样。伍献文是研究鱼类的专家，唐世凤研究海洋生物，王敏研究海洋藻类，三个教授，有时吃着吃着就谈起鱼虾和海藻。唐乐同和唐乐永听着听着就入了迷，忘记了吃饭……

这样的家宴带着浓郁的人间烟火的气息，又洋溢着绵长醇厚的师生情谊，还有着海洋科学的普及与海洋生物的探讨，笑语晏晏，其乐融融，温情绵绵。

伍献文在青岛期间，唐世凤夫妇还和伍献文一起游览青岛水族馆。

这是2月下旬的一个上午。新绿点点，春意盎然。山坡上，鹅黄色的迎

春花星星点点地绽放。每个人心里发出赞叹，春天真的来了！春风拂面，有一种说不出的愉悦。

从住所莱阳路5号到青岛水族馆，只有几步路的距离。青岛水族馆东接青岛第一海水浴场和汇泉广场，西临青岛海军博物馆和小青岛，北靠小鱼山。青岛水族馆采用中国古典城堡式建筑造型，在欧韵青岛的红瓦洋房中，格外引人注目。

唐世凤一行走到前海，站在海滨，面向大海，美景扑面而来。赭色的礁石、金色的沙滩、白色的浪花、蓝色的大海、青色的松树、红瓦的老楼，如同画卷在眼前打开。

他们来到青岛水族馆的入口，两旁的石柱子上有石刻，镌刻着蔡元培题写的"青岛水族馆"。伍献文仔细看石刻，指着题字对唐世凤说："看到蔡元培先生的字，如见其人。1940年3月5日，老院长（中央研究院院长）在香港病逝，算起来已经17年了。"

唐世凤说："青岛水族馆是我国第一座中国人设计建设的水族馆，是中国现代水族馆和海洋科学研究事业的摇篮。蔡元培先生是青岛水族馆的倡建者之一，这座中国古典建筑式样的水族馆屹立在青岛海滨，就是对蔡元培先生最好的纪念。"

⊙1957年8月，唐世凤和王敏在青岛水族馆立柱旁留影。（唐乐永提供）

青岛水族馆是中国海洋科学史中一个重要的科研机构。唐世凤夫妇陪着伍献文游览青岛水族馆。作为中国海洋科学发展重要的建设者，他们面对海滨的青岛水族馆，感触更深。蔡元培有倡议建设青岛水族馆之功，更重要的是，他解决了建设青岛水族馆最大的资金缺口问题。在他的建议下，青岛万国体育会在汇泉跑马场多加了一场赛马，所得的收

入五六千元用于建设青岛水族馆。蔡元培有一封致青岛市市长沈鸿烈等的信，提到了这个解决资金的举措。信函如下：

沈市长成章、胡秘书长秀松、郭财政局长秉和：

　　敬启者，宋春舫君于前日到此，水族馆闻将于五月一日开幕。过去一切，诸承赞助，并闻市府每月津贴经常费二百元，甚为感谢。惟该馆建筑费尚短少五六千元。值此时局，实无法再筹。而青岛万国体育会方面，已允加赛一次，以收入补此项不足。望成全其事，将加赛照例免税，不胜感盼。
　　……

蔡元培　敬启

（一九三二年）四月二十日①

　　如今，青岛市水族馆有一个白色的大理石，上面镌刻着捐建青岛水族馆单位和个人的名字以及数额。捐款最多的单位是青岛万国体育会，捐款数额为9500元；捐款最多的个人是宋春舫，捐款数额为600元。青岛万国体育会举办了两次赛马，将所得收入捐建青岛水族馆。第二次加赛所得补上资金缺口，有蔡元培先生的策划之功。

　　伍献文、唐世凤、王敏在游览青岛水族馆时，不断地提到蔡元培。

　　1932年5月8日，由蔡元培主持青岛水族馆开馆典礼并致开幕词，市长沈鸿烈参加开幕式并致辞。蔡元培与青岛的海洋科学结缘，与青岛水族馆的联系更加密切。

　　1934年10月4日，蔡元培偕夫人周峻游览青岛水族馆。夫人周峻是画家，在青岛水族馆观赏海滨海景，作了一幅画，蔡元培在夫人作的那幅画上题了一首七言绝句："水族馆中窗窈窕，海滨园外岛参差。惊涛怪石互吞吐，正是渔舟稳渡时。"

　　1935年8月，蔡元培为筹建海洋研究所又来到青岛。1936年，在这座

---

① 王世儒编：《蔡元培年谱新编》（下卷），北京大学出版社2019年版，第1037页。

水族馆里，筹备成立了"国立海洋研究所"。由于抗日战争的爆发，"国立海洋研究所"建设搁浅。抗战胜利后，唐世凤在国立厦门大学创办海洋系，任系主任；成立了中国海洋研究所，兼任所长。唐世凤实现了蔡元培的遗愿。

在国立中央大学读书时，唐世凤就关注青岛水族馆的建设。他是在蔡元培、朱家骅、秉志、伍献文的关心指导下，进入海洋学研究领域。他感觉自己肩负着中国海洋学研究发展的重任，在海洋学研究和教育领域有开拓之功，可告慰蔡元培的在天之灵。

伍献文参观青岛水族馆馆藏的海洋生物标本，边看边交谈，给唐世凤和王敏讲起在中国科学院水生研究所是怎样建淡水鱼类标本室的。

两天后，唐世凤和王敏到青岛火车站送别伍献义。长长的站台，就像是从历史中延展而来的友情。火车汽笛一响，挥手告别。

明日隔山岳，世事两茫茫。1971年9月，武汉的中国科学院水生研究所，伍献文收到王敏的一封来信。他打开一看：世凤远游……

伍献文黯然神伤，他缓缓地从椅子上站起来，望着滚滚江水东流去，他回想起在青岛游览水族馆的往事……

1985年4月3日，伍献文在武汉逝世。

伍献文、唐世凤，他们把名字写到了湖泊、江河、海洋。世间的流水可以带走很多东西，他们的贡献和功绩，不可磨灭。

海洋先驱
唐世凤

第十六章

海洋学人　薪火相传

　　唐世凤提携、培养了郑执中、丘书院、徐恭昭、郑文振、尤芳湖、陈宗镛、施正铿、陈则实等海洋学人。从秉志、伍献文、唐世凤、陈宗镛几代科学家的中国梦，可以清晰地看出一条跃动的红线——矢志不渝，丹心报国。

驾驭潮汐　标定零点

陈宗镛，福建省诏安县人，海洋潮汐学家。1952年毕业于厦门大学海洋系并留校任教，当年全国高校院系调整，他跟随唐世凤教授带着两届学生来到了山东大学，是创办山东大学海洋系的5名教师之一。1959年山东海洋学院成立后，历任讲师、副教授、教授。

1928年，陈宗镛生于福建省诏安县甲州村的一个渔民家庭，他的祖父当过水手、舵工。甲州村位于诏安湾畔的宫口湾顶，东、西溪的水流在这里与海水交汇，水质肥沃，盛产鱼、虾、蚝、蟹。村民们以海为生，生活随着潮水周转。

在一阵恒久的涛声中，陈宗镛晚年回忆童年，诚如陆游诗句"白发无情侵老境，青灯有味似儿时"。大海给他的童年带来很多欢乐。有时，他站在沙滩上看浪潮，看得痴迷。他渴望了解海洋，想探索大海的奥秘。

大海也给他带来苦涩，又苦又咸的海水，有多少是渔民眼睛里溢出的泪水。夏季台风袭来，惊涛拍岸，潮水暴涨，不知夺去了多少渔人生命！渔民的生活就像海上的扁舟，有时被惊涛骇浪吞没。他3岁时，父亲出海不幸遇难。海上涛头一线来，他站在沙滩上，却再也等不到捕鱼归来的父亲。陈宗镛幼年失怙，他柔弱的母亲顶起这个家，靠编织渔网把他拉扯大。

在海滨长大，陈宗镛对大海又爱又恨。当他走进学堂上学时，这个瘦小的学童发愿要研究大海。1948年，带着儿时的梦想，陈宗镛如愿以偿地考入厦门大学海洋系，踏上了探索海洋的征程。

就在陈宗镛学海扬帆之时，遭遇暗礁。这年寒假，陈宗镛乘船回家，船中途触礁，绝望如同冰冷的海水把陈宗镛淹没，冥冥之中，又带来生的希望。船只触礁搁浅，正是涨潮时。汹涌的潮水推动着船，连绵的浪花簇拥着船，把搁浅的船冲到浅滩。这一次，死里逃生，让陈宗镛感受到大海神秘莫测的力量。是巨浪让渔民葬身鱼腹，是潮汐让他化险为夷。他感受到潮汐对人类的重要性，对航海的重要性。

从此，陈宗镛全身心沉浸在海洋研究中，有了永不衰竭的激情和动力。厦门大学海洋系主任唐世凤很快就注意到这个勤奋的青年学子，看到陈宗镛闻鸡起舞，孜孜不倦地学习，他想起了当年苦读求学的往事，对这个瘦弱而倔强的年轻人特别关爱。大学四年级，在唐世凤教授的指导下，陈宗镛完成了毕业论文《潮汐分析》。

1952年，陈宗镛以优秀的成绩大学毕业，留在厦门大学海洋系当助教。适逢全国高校院系调整，陈宗镛的人生航向因此改变。厦门大学海洋系与山东大学海洋物理研究所合并组成山东大学海洋系，他跟随唐世凤教授带着18名学生来到了青岛。

青岛，这座海洋科学名城，成了陈宗镛的第二故乡。

陈宗镛在山东大学海洋系研究潮汐，幸运的是，他遇到了山东大学海洋系主任赫崇本。

著名海洋学家赫崇本把动力海洋学分为流、浪、潮三个分支，注重以数理为基础，研究海洋。他指导陈宗镛从事潮汐学的教学和研究工作。

中国沿海潮汐现象显著，潮汐动力学研究、潮汐分析和预报及其有关参数的准确确定，对海洋各种过程的了解必不可少，而且直接制约着航运交通和海岸带的开发利用。

当年多位海洋学的前辈和师长把陈宗镛带到潮汐学和海平面两大领域。陈宗镛在回望自己的海洋学研究历程时，写道：

唐世凤在厦门大学海洋系（1946—1952）、山东大学海洋系（1952—1957）开出"潮汐推算"课程，编印了讲义。1953—1957年赫崇本、毛汉

礼、景振华讲授"潮汐学"课程，较为系统地阐述潮汐学理论和推算原理。①

在山东大学海洋系的那几年，陈宗镛既是系里的助教，又是刻苦钻研的学子。

陈宗镛在海洋科学界前辈赫崇本、唐世凤、毛汉礼等教授的指导下，在潮汐学的教学和研究方面进步很快，逐渐展现出一位风华正茂的青年海洋学者的才华。

在科学的征途上，必然有拦路虎，也有山峰和谷底。1957年，陈宗镛跌落谷底。突如其来的政治运动让他离开了海洋研究，离开了讲台。他被错误地定为"右派"，被发配到崂山修水库。

唐世凤得知陈宗镛被扣上了"右派"的帽子，内心波澜激荡。他清楚陈宗镛的为人。在"反右运动"中，山东大学的陆侃如、束星北、李冠国都被定为"右派"。唐世凤与陆侃如、李冠国都有交往，有时自然流露出对这些"右派"的同情。

放下钢笔和仪器的手，搬起石头，推起大车，陈宗镛默默地承受着命运的安排，老老实实地接受"改造"。从崂山月子口水库，到青岛山下青岛河，这是一段遥远的路。陈宗镛从月子口水库劳动后回校，唐世凤乘车去月子口水库接他回来，开车的是"老山大"孔繁英。经过这次波折，陈宗镛重新站到讲台上。

陈宗镛在海洋研究领域辛勤耕耘了60年。他因领军统一了全国高程基准，创造了海平面研究和潮汐学领域的多个国内第

⊙陈宗镛与夫人周天华在山大时的合影。

---

① 陈宗镛：《潮汐与海平面变化研究——陈宗镛研究文选》，中国海洋大学出版社2007年版，第15页。

一、世界领先的科研成果，被党和国家领导人接见，曾荣获教育部科技进步一等奖、国家科技进步二等奖、中国科学院自然科学二等奖等奖励。

各种奖励和荣誉纷至沓来，但陈宗镛非常谦逊。他认为，取得的成绩，与各位师长的教导分不开。"他尊师重教，对中学语文老师沈光先生和厦门大学海洋科学的启蒙老师唐世凤、郑重教授，尊重备至，每每提及，感恩之情溢于言表。"[①]

2003年，唐世凤先生一百周年诞辰，陈宗镛撰写纪念文章，高度评价恩师唐世凤在海洋学领域的开创之功："先生从二十世纪三十年代起便长期从事海洋调查及研究工作，学习引进了现代海洋科学、研究范围涉及海洋生物、海洋化学、物理海洋、海洋渔业、盐业、中国海洋史等，是我国现代海洋科学研究以海洋科学教育事业的奠基者之一。"[②]

这篇文章虽然不长，但陈宗镛饱含深情地追忆唐世凤的生平与功绩，为后人留下了一篇重要的文献。

研究青岛市观象台台史的徐东桂曾采访过陈宗镛。徐东桂撰写的唐世凤传记中，提到这样一个细节："1952年和唐世凤先生一起到青岛的陈宗镛，不适应青岛的寒冷天气，唐世凤便将自己的大衣给他穿着讲课。"[③]

几十年过去了，人间几度春秋。陈宗镛想起唐世凤先生，心头一阵温热。他清楚地知道，不论什么时代的科学家，他们的成就都是在其生活的那个时代已有的知识基础上做出的突破得到的。每一个科学家的成果都是站在巨人肩膀上得来的。

从福建小渔村走出的陈宗镛，成长为中国潮汐学的奠基人之一。他笑谈自己的一生是"惊涛骇浪犹奉献，艰苦卓绝做痴人"。他说，这个"痴"就是对教书育人和潮汐科学的研究如痴如醉，而自己则是朝着"自强不息，止于至善"的目标不断地攀登着。

汤恩祥高级工程师，在重新确定我国高程基准的研究中，与陈宗镛合

---

① 左军成：《缅怀恩师陈宗镛先生》，《中国海洋大学报》2012年9月13日。

② 陈宗镛、王景明：《纪念唐世凤先生诞辰一百周年》，《海洋湖沼通报》2004年第4期。

③ 李乃胜等著：《碧海丹心——海洋科技历史人物传记》，海洋出版社2007年版，第244页。

作了10年，友情绵延30年。他为陈宗镛先生作诗：

献身海洋六十年，弄潮敢为天下先。
标定零点泽后世，驾驭潮汐一圣贤。①

这首诗道出了海洋学的"后浪"对陈宗镛先生的景仰。

2012年9月5日，陈宗镛先生魂归海洋。他离开人间时，仍居住在使用面积仅有50多平方米的旧房子里。

---

① 于宜法：《潮汐人生　德教双馨——记我国著名潮汐学家陈宗镛先生》，《中国海洋报》2008年5月9日。

海洋学人　薪火相传 🐭

　　唐世凤先生培养的学生中，有海洋专家施正铿。施先生曾任青岛海洋大学（中国海洋大学前身）校长。

　　1932年4月1日，施正铿出生于福建漳州芗城区一个书香家庭。1950年，施正铿考入厦门大学海洋系。

　　施正铿思想进步，在考入厦门大学的前一年——1949年，就加入了中国共产主义青年团。进入厦门大学海洋系后，他如鱼得水，一方面如饥似渴地学习海洋学；一方面团结进步学生，为迎接厦门解放做了大量的工作。

　　施正铿当选为系学生会主席（当时称学生代表）。他说，新中国成立后，过了一段时间，郑重先生接替唐世凤先生担任厦门大学海洋系主任。郑重先生是浮游生物专家，在这一领域是顶级的学者。"但他是标准的书呆子，十足的书生气，讲起话来，非常客气。讲课非常有条理。"郑重先生行政能力有所欠缺，海洋系的行政工作，大多数还靠唐世凤。

　　开系务会，是在唐世凤家里。施先生回忆说："每次开会，唐先生、郑先生和我三人，我是作为学生代表参加。那时，唐先生家住白城，我还记得唐家大公子唐乐嘉带着弟弟在我们身边玩。"

　　王敏先生在厦门大学时就讲海洋藻类："她的教学口才不是一流的，但板书非常漂亮，有很深的书法功底，当年我没有向王先生要一张书法作品，至今仍引以为憾。"王敏身体多病，经常带病坚持上课。

　　施先生说，唐先生所在的白城，是厦门的一处人文胜迹，也是海滨风光胜地。白城具有深厚的历史文化底蕴，最初与郑成功驻防、练兵有关，后来厦门大学的诸多名人为白城增添了更加深厚的人文底蕴。

相传明末民族英雄郑成功屯兵厦门，在南普陀寺前演武场操练官司兵时就有这个"白城"。它成为演武场的首要防线。这道城墙由于用石灰呈白色而得名"白城"。"白城"的范围，据称包括现厦门大学"白城新村"31～18楼，绵延物理馆、南洋研究院楼，海外函授大楼，直至厦门港沙坡尾，犹如一条坚固的白带。1926年9月，鲁迅先生从北京来厦门大学执教，于9月23日给许广平的信中写道："我对于自然美，自恨并无敏感，所以即使恭逢良辰美景，也不甚感动。但好几天，却忘不掉郑成功的遗迹。离我的住所不远就有一道城墙，据说便是他筑的。"（《厦门通信》）。信中提及的城墙即"白城"。鲁迅初来厦门大学时居住现生物馆，故距"白城"城墙较近。

1950年夏，朝鲜战争爆发，台海局势紧张。厦门大学地处海防前线，经常遭到空袭，战争的阴影笼罩鹭岛。为了保证教学、科研的正常开展，厦门大学理、工两学院奉命疏散到龙岩。

1951年3月，理、工两学院学生徒步向龙岩前进。

在步行去龙岩时，粮草先行，设立几个站，架锅做饭，挑水洗菜，十分辛苦。厦大学生食堂历来由学生会操办，办得有声有色，深受学生称赞，也培养出一批会经营的人才。迁移龙岩主办学生食堂者是化学系二年级学生张荣坤。到龙岩后，学生食堂也是他主持工作。

施正锵说："从厦门到龙岩，汽车运送教学仪器、图书、行李，学生步行。一路跋山涉水，很艰辛。走山路，只一天，脚上磨得起了泡，把泡挑破，包好了，继续走。走着走着，有的同学扯掉了绑腿，有的同学连胶鞋也不穿了，干脆赤脚行走。走了六七天到达龙岩。我们这次步行到龙岩，也体验到劳动人民的千辛万苦。一路上，随处可见盐工用扁担挑着沉重的白盐，有时爬山，一路跋涉。"

步行中，啦啦队沿途宣传鼓劲，十分卖力，其中化学系一同学口琴吹得特别棒，优美的旋律让同学们忘记了疲劳，赢得掌声阵阵。

师生疏散到龙岩，就像行军一样，紧张而有秩序，一切井井有条。

工学院因大件仪器多安置在龙岩溪南，理学院则"落户"老苏区白土镇。4月1日，复课的钟声在此敲响。

龙泉村陈于耕家、溪兜村最大的洋房侨眷艺丰楼，华侨张潮海楼、肃毅堂、乐怡堂……白土人民让出了最好的房子，将其用于厦门大学师生的居住、教学。教室、实验室、图书室和学生宿舍基本在祠堂。在施正铿的记忆中，有这样的画面。上课分散在不同的地方，沿着田间小路去上课，伴着潺潺溪流回宿舍。冬天，田里的水结了一层薄薄的冰，有不少学生玩冰。初夏的夜晚，天上星光闪烁，地上小溪叮咚，有的同学很调皮，在小溪里捉青蛙，互相逗着玩。

施正铿说，当时的生活条件和教学环境很简陋。但同学们从不放松学业，学习气氛很浓。祠堂，田间，溪流之畔，老师们的身影出现在其中。个个博闻强识，很多是留学英美的名师，如时任副教务长兼理学院院长的卢嘉锡、生物系主任汪德耀、海洋系主任郑重、化学系主任陈国珍、外籍教授沙彭等。

施正铿说，当时与唐世凤、王敏、郑重等先生朝夕相处，师生感情深厚，教学有点像古代的书院。虽然是在距离大海很远的龙岩乡镇讲海洋学，大家并不觉得有什么不适应的地方。

厦门大学海洋系原来设有物理组、化学组、生物组、航海组。航海组已经调整出，没有到龙岩。

理学院数理系、化学系、生物系、海洋系在龙岩白土镇开展教学。不同系别的学生之间有很多交流。施正铿印象最深刻的是数理系的陈景润，他那时在数学上展现出超越同学的天赋。后来，他以徐迟撰写的报告文学《哥德巴赫猜想》而家喻户晓。

厦门大学王亚南校长来龙岩给学生上思想政治大课，讲授《新民主主义经济与政治》。

在这样的环境和气氛下，师生相聚在龙岩，教学相长，卢嘉锡、陈景润、田昭武、张乾二、肖培根、林鹏、阙端麟，先后成长为中国科学（工程）院院士。

1952年，厦门大学海洋系调整北上，与山东大学新成立的海洋系合

并。两个年级的18位学生来到青岛。10月，施正铿到了青岛，读山东大学海洋系大三。印象中，来到山东大学后，唐世凤给刚招收的海洋系大一学生讲《海洋学》。"唐先生讲课深入浅出，很容易懂。"

谈起唐世凤的为人，施正铿说："先生求学道路很曲折，很苦，他是从旧社会过来的一代学人，为人厚道，很重视人与人之间的情谊。"

谈起唐世凤的贡献，施正铿说："先生是海洋学的奠基人之一。他在20世纪30年代，参加海南生物科学采集，参加黄渤海海洋调查，在浙江进行渔业调查，这些都是开创性的工作，受科技条件限制，也很原始。可以这么说，他构筑了现代海洋科学的第一级台阶。在学科建设上，他建立了大学的第一个海洋系，任海洋系主任，培养了大量的海洋系人才。他培养的海洋学人才，少数在福建，大部分到了北方，有几个去了天津海军海道测量部，大部分集中在青岛，在中国海洋大学、中科院海洋研究所、黄海水产研究所从事海洋学教育和研究，成为海洋学界的中流砥柱。"

分配到天津海军海道测量部工作的是郑文振。郑文振，1950年厦门大学海洋系第一届毕业，水文专家，历任海军司令部海道测量部工程师，国家海洋局海洋科技情报研究所室主任、高级工程师，中国海洋学会第一、二届理事，中国地震学会第一、二届理事，中国共产党第十一次全国代表大会代表。"郑文振师兄在潮汐学上颇有建树，为海军航海、水文保障，做出巨大的贡献。"

蓝色的海洋中心，有一叶白帆，有一颗爱国的丹心和着大海的韵律跳动。在采访的过程中，笔者被唐世凤那一代科学家的爱国热忱、科学救国的情怀深深打动。

唐世凤提携、培养了郑执中、丘书院、徐恭昭、郑文振、尤芳湖、陈宗镛、施正铿、陈则实等海洋学人。从秉志、伍献文、唐世凤、陈宗镛几代科学家的中国梦，可以清晰地看出一条跃动的红线——矢志不渝，丹心报国。

长江后浪推前浪，几代海洋学人薪火相传，为海洋强国而努力奋斗。如今的青岛，正建设全球海洋中心城市。以历史的眼光来看，青岛是中国海洋科学的起点；如今，青岛是海洋科学的前沿。青岛见证了中国海洋科学的发展和壮大，海洋人才为青岛的发展提供了强劲的动力。

漫步在胶州湾畔，风起云涌，潮涨潮落，脑海中闪现出众多海洋学家的名字……他们共同谱写出海洋强国、筑梦深蓝的华章。

东山岛海洋观测通讯

唐世凤

东山、昔称铜山，为闽南一岛。旧属漳浦，民初独立为县。按福建省图其位置在北纬廿三度卅二分至四十五分，靠近北回归线，近热带，东经自一百十七度廿分至卅三分。东山岛之形状，似一蝎，南北长而东西狭。南北最长处约廿二公里，东西最宽处约十八公里。岛之北，有海峡，沟通东西港湾，与云霄诏安隔水相对。东有东山港，南临大海，西有诏安湾，西南与南澳岛相隔约十五海里。在航海上言之，东山港相当重要，因其地位正在厦门与汕头航线上之中点，当风季节，外海船只，往往驶入东山港以避风灾，从海洋学方面观之，东山岛，据台湾海峡之西岸，而且在西岸之中点，面对台中，实为海峡腹线之西岸据点，为治海洋学者所必须观测之处。是以去年中国地理研究所海洋组职员马廷英、成阴及记者外，尚有福建省气象局之陈遵民君与杨乇坦君及福建省立研究院之林龚谋君。考察与去年八月廿七日由永安乘汽车至龙岩，次日换车抵南靖县蜀之水头，亦称水湖。福建公路自水头以下全被破坏，汽车至此止，雇小舟顺流而下，航行凡两天一宿，达漳州，此为第一段旅程。

由漳州至东山，比较困难，沿海公路，自抗战之初，全被破坏，不通舟车，已数年矣。我等于九月三日由漳州动身，间始步行之旅程，承龙溪县政府派护兵四名，押运仪器与行李前行，一路风景宜人。出漳州，遍处果园，整齐清洁，令人钦羡。行廿里，至木棉庵，庵前有碑，文曰："宋郑虎臣诛贾似道于此"。我等即憩大榕树下，并进粥食。下午五时抵长桥，是日行八十里。次晨五时由长桥动身，上过水岭，山高路陡，行走不易。但本地挑夫，健步若履平地。十一时半，即抵漳浦县城。漳浦产荔子甚多，以酿荔子酒著。六日五时出发，行卅里达盘陀乡公所，进午膳，换挑夫。

十一时开始上盘陀岭，上山虽只五里，但酷日当中路狭而险，回旋于深谷峻崖之间，行人匍匐于杂草蔽天之中，风息不通，热闷已极，使人步步维艰，吁喘不已。甫及半山，挑夫有中暑晕倒者，团员均流汗如雨，浑身湿透，且行且喝路旁溪水，以解口渴。待达山顶，始借得观音庵前方丈之地，暂一躺息。下山寺，幸天阴路平，步履轻快，行至云霄河畔，下河一浴，汗去肤凉，全身爽快。既而雇得小船，顺流而放。迨抵云霄县城，已是月在中天，钟鸣九下。是日仅走七十里，但辛苦之至，此第二段旅程也。

九月十三日，开始最末一段旅程。上午八时，离云霄，南行五十里，达竹港，大海忽入眼际，各团员均雀跃趋前，争观为快。盖在战时，吾人能立于国家完整之领土上，目睹本国之领海，确非易事。尤其来自四川者，万里跋涉，与海梦寐为劳者已半年矣。诗云"亦既见之，亦既观之，我心则悦"。可为我辈当时咏之。既而至白，过渡船，下午一时抵东山岛北端河前，借住诏浦盐场公署前何办事处。计由永安至东山，以交通方法言，汽车两天，舟行两天，步行四天，并休息共费时十有八天。

东山岛为一未开发之岛，岛上居民之职业，惟晒盐捕鱼耳。岛之西部有诏安湾，湾水咸而沙滩多，故为盐区。东部有东山港，港水盐分较低，不宜晒盐。但有云霄河通航至云霄县城以上，交通便利，故为渔区。岛上淡水缺乏，不宜种稻，惟种甘蔗与花生等。全岛食米，悉仰给于云霄，而以海产易之。

我等既无调查舰，而东山岛又乏汽艇可租，所可利用者，惟渡船与帆船而已。况东山港，为国防最前线，自抗战以来，曾沦陷三次。岛之南部，常敌人军舰，东西往来，有时下锚停泊，据岸甚近。某次大风，敌舰曾驶进来东山港，下锚于塔垵浅海，择定数要点，为观测站，以测量海水日周期之变化，然后比较其同异，而综合之，以求沿岛海水之一般性状。又因海洋观测与生物探集之工作性质，稍有不同，团员遂分为探集与观测二队。探集队由团长马廷英领导，赴岛之南部宫前过东诸地工作。观测队则由记者负责，队员成阴君任普通海洋观测，林龚谋君检验海水之导电性，陈遵民君观测海洋气象，记者自任潮汐与海流诸问题。

　　十九日开始在东山海峡，正式观测。自上午七时起至下午七时半止，对海流水色海水透明度温度比重以及气压气温风与云等均规定每小时测量一次，是日逐项各得记录十二次。观测船系泊在海峡中心，正午适当高潮，水流甚急，伙夫用渡船送饭，航过观测站三次，而无法接近。幸诸人忙于工作，不知饥饿。廿日选定高陈盐围附近，为潮汐观测地点。廿一日，日食，上午七时开始潮汐记录，每五分钟测量一次。当日食期间，每分钟观测一次，同时对日食观测亦如是。因此记者与陈君忙得眼花头晕，兴奋之至。良以日食与潮汐之涨落，有直接关系，而测验所得，果而透明，此为科学上之新闻，亦千载一时难得之机会也。廿一之夜，陈君与记者负责通宵观测。是夜月明星稀，海平如镜，鸡犬不闻，孤舟伴月，极饶海阔天空世外桃源之味。自廿一日上午七时起，至廿二日上午九时止，该处潮汐，共继续观测廿七小时，得记录七百卅五次，并测知该观测站，在最低潮时，水深为卅四公分。廿五日测量瓷窑白礁渡头航线，在低潮时之宽度约三百四十公尺，水深至多六公尺，海峡工作代表岛之北部者遂告结束。

　　九月廿五日，观测遂移至东山县城，东山港为天然良港，北有大河通云霄，东有古雷半岛，俨若巨人伸一臂，遥从外海以迴抱东山港者。南部港口，中央有一岛曰塔屿，分港口为东西二门。东口宽曰大门，通漳厦，西口狭曰小门，通汕头。又有五屿列岛，沿岛之东北角，南北纵列，为东山港之脊梁。论其形势，具备一等渔港之条件。惜如此良港，从未加以建设，故无港务可言。惟在县城西门而下，有所谓后口澳者，曾有一石园，内可容二百坦货船约百艘，园底又在低潮面以上，故当退潮之后，园内无口，简陋之至。

　　九月廿七日采集队亦移至东山县城会同工作。廿八日出海采集，上午至对面石，下午至塔屿，得珊瑚及其他标本甚多。十月一日，用一货船在港口小门以内，铁钉屿附近下锚，作终日观测。自上午七时至下午六时，海流观测十一次，普通海洋与气象观测各十二次。是晚因锚入石罅，无法拔取，全体动员亦无济，时海风已作，夜黑如漆，乃斩锚回岸，抵寓晚膳，已九句钟矣。该处水流，渔民称之为八卦流，当我等测量之日，该处水流方向，因潮之涨落，旋转约一百八十度。当涨潮期间，流向西北。落潮时，由南流转向东南。其简单原因，为涨潮时，潮水南来，由小门入，而被阻于五墺，故流向西北。落潮之初，流速尚缓，南向由小门出口，适潮水挟大量淡水自北而下，其势澎湃，如万马奔腾，小门为之拥挤，故旋向东南，一部份作荡漾于塔墺下，另一部份由大门流出大海，此皆地形使然也。十月六日至七日，在西门澳水道，观测潮汐（见图示有十者）继续测量卅八小时，得一千零七十六次记录。同时亦作其他观测，普通海洋各项测量，六日记录十一次，七日十五次，气象观测自六日下午九时起至七日下午九时止，共连续观廿五次。或度日测量潮汐观测点，在低潮时，水深为九十三公分。东山港工作用以代表岛之东部者遂告结束。

原计划东山港工作之后，冉到岛之南部，宫前，及西部诏安湾，各工作一站，以期对东山岛之四周，北起海峡，东经东山港，南出大海，西进诏安湾，作一有系统之调查，但为经费所限，海洋观测队，不得已遂于东山港工作完毕之后，即告结束。

记者与其他团员，于十月十七日又仆仆风尘，离东山岛，横渡东山港，由屿头开始步行，经漳浦之杜浔至旧镇。十八日行五十里宿佛昙十九日经白水营后森石碑等处过澄海达石码。统计由屿头至石码步行三天，一路平坦，而且沿途承各盐务运销所，盛意款待，与去时之困难情形，不可同日语也。

十月廿日，自石码乘汽轮，六时半开行，十时即达漳州。据船夫云，石码潮水祗涨至小港，距漳州尚有十五里，惟每年至旧历七月十八日潮水最大，可涨至漳州新桥头，但在英国海军部之潮汐表上，早已言及漳州潮汐矣。由漳州至水头一段回程，比来时困难，因彼时漳河上游，水位已浅，帆船由漳州上溯至水头，须二星期之久，故改步行。廿三日乘南靖班船，上午六时四十分开行，沿河一带，彼时牛疫甚厉，腐烂牛尸，三五成群，滞留于沙滩上，河水为之污臭，令人掩鼻而过之，极不卫生。下午三时，抵南靖。廿四日步行九十里，经龙山达水头。廿五日，由水头乘汽车至龙岩。廿七日由龙岩搭车抵永安，是日天气骤寒，人皆着大衣，惟我等

仍单衣一袭，车上甚寒，行抵朋口，我等下车早饭，两股全僵，不能动弹，嘴唇麻木，说话不清，抵永安后，而唇犹作紫色。关西气候，与关南相差之大如是，后之旅行者留意焉。海洋考察团，遂在永安宣告结束，团员握手而别。总计考察团于去年八月廿七日，自永安出发，迄十月廿七日返抵永安，来回足两月，路上往返费廿九天，在东山岛之时间，仅卅三天而已。

卅一年二月四日泰和①

① 唐世凤：《东山岛海洋观测通信》，《地理》1942年第1—2期。

唐世凤主要著作

［1］伍献文、唐世凤：《中国拟圆虫类志》，《国立中央研究院自然历史博物馆丛刊》1933年第7卷，第178-184页。

［2］唐世凤：《福建铁线虫三种新志》，《国立中央研究院自然历史博物馆丛刊》1934年第4卷，第201-208页。

［3］唐世凤：《科学调查的海南》，《科学画报》1934年第10期，第2-7页。

［4］唐世凤、伍献文：《海南岛比目鱼志》，《国立中央研究院自然历史博物馆丛刊》1935年第4卷，第391-397页。

［5］唐世凤：《海南采集谈》，《科学》1935年第3期，第416页。

［6］唐世凤：《渤海莱州湾带鱼孵化渔场的观测报告》，《岭南科学》1936年。

［7］唐世凤：《渤海湾及山东沿岸海洋调查报告》，《国立中央研究院自然历史博物馆丛刊》1937年第8卷，第10-150页。

［8］唐世凤：《爱尔兰海干贝的人工孵化及其生长率》，《生物社会》1941年第LIV卷，第9-28页。

［9］唐世凤、郑执中：《石井港潮信常数》，《海洋湖沼通报》1943年第4期，第6页。

［10］唐世凤：《东山岛海洋调查报告》，《自然》1945年第155卷，第144页。

［11］唐世凤：《东山海水盐分之半日周期变异》，《中国海洋与湖沼学报》1951年第1卷第1期，第1-8页。

［12］唐世凤：《渤海湾及山东沿岸海流的测算》，《地理学报》1953年第19卷第1期，第74-83页。

［13］唐世凤：《怎样纳取高盐度海水》，《盐务通讯》1958年12月24日。

唐世凤带领的厦门大学学生（组建山东大学海洋系）名单考释

施正铿、曾焕彩、汪炳祥、伍伯瑜、王一飞、郑义芳、苏育嵩、齐孟鹗，1952年秋，这8人到山东大学，在新组建的海洋系读大三。1954年毕业。这也是山东大学海洋系1954年第一届毕业生名单，共7名（苏育嵩调北京侨联工作，延迟一年毕业）。

陈则实、鲍强生、陈燊、林复旦（女）、修毅、范锡奎、陈锡康、陈武胜，1952年秋，这8人到山东大学，在新组建的海洋系读大二。1955年毕业。这也是山东大学海洋系1955年第二届毕业生名单，共8名（修毅延迟一年毕业，苏育嵩本年毕业）。

跟随唐世凤北上的另外2位学生到了山东大学转系，罗熙转入外语系，张潮生转入化学系。

来到位于青岛的山东大学的18位学生，都成为国家的栋梁。施正铿、陈则实是两届毕业生的代表。1987年4月20日，施正铿被任命为山东海洋学院院长。1988年1月，山东海洋学院更名为青岛海洋大学，施正铿1988年任青岛海洋大学校长。陈则实任国家海洋局第一海洋研究所所长（1984—1993）。

1952年由厦门大学海洋系来山东大学的教师有5人，教授唐世凤、王敏，副教授黄文沨，助教陈宗镛、江克平。黄文沨在山东大学水产系任教，王敏在山东大学生物系任教。

据唐世凤先生的四子唐乐永回忆："黄文沨先生一家是和我们一起离开厦大到青岛，一起住进合江路1号大院。他家和我家非常熟悉，他家少鹈就是我家弟兄一样，我家许多家庭照片里都有他，少英是福建对台电台播音员，最小两个双胞胎是我同班同学。他们家1959年迁回厦门时两家合影留念。"笔者查阅到一篇文章，说黄文沨1957年回厦门。

　　唐乐永回忆，1952年北上，唐家兄弟四个随行。另据施正铿校长回忆，1952年，厦门大学海洋系师生北上，黄文沨先生不在队伍中。笔者综合掌握的情况判断，黄文沨先生北上，来到青岛，是山东大学水产系向厦门大学借调。

唐世凤年表

1903年8月11日，出生于江西省赣江北部泰和县三都墟三派唐雅村（江西省泰和县螺溪镇郭瓦村）。

1912年1月至1920年12月，在泰和县三都墟三派唐雅村读私塾。

1921年1月至7月，在泰和县立高等小学校读书。

1921年8月至12月，在吉安私立吉州中学校读初中一年级。

1922年1月至7月，在萍乡德成号当学徒，随父居住。

1922年8月，在泰和县立高等小学校二年级学习。

1923年8月，在吉安省立第六中学读初中。

1926年7月初，初中毕业。初秋，再次面临失学的困境，幸得族人帮助，凑足旅费学费，8月至9月在南昌省立第二学校高中部读书。

1927年1月至7月，在省立吉安中学读高一。秋冬之交在南昌省立第一中学就读。

1928年夏，以高中二年修业资格考取国立中央大学师范学院，入校后随即转到理学院生物系。在国立中央大学生物系读书时，认识同学王敏，两人相恋。

1932年12月，国立中央大学生物系毕业。

1933年1月至7月，在休宁执教，任安徽省立第二中学生物教员。

1933年8月，应伍献文邀请，在中央研究院自然历史博物馆动物学部任助理研究员。随伍献文到厦门参加中华海产物学会第三届年会，学习如何采集海产动物标本。

1934年，参加由中央研究院动植物研究所、中国科学社生物研究所等组成的海南生物采集团，对海南岛海域进行了中国近代第一次多学科、长时间的团队考察。

1934年12月，撰写南海生物考察报告《科学调查的南海》，附60余幅照片，在《科学画报》杂志发表，全面介绍此次科学考察情况。

1935年1月9日，与王敏在南京结婚。

1935年，参加由中央研究院动植物研究所、气象研究所等组织的"渤海海洋调查"，对渤海、黄海北部进行了中国近代第一次多学科、长时间航海作业的海洋调查。

1935年年底，以中央研究院的名义写成数万字的渤海海洋调查报告，内容极为全面详尽，其中的"物理""化学"两部分，用英文发表在《国立中央研究院动植物研究所丛刊》第八卷第一期上。

1936年，到烟台进行两个多月的渔场调查，完成渤海莱州湾带鱼孵化渔场的观测报告。

1937年，受中央研究院动植物研究所委派到浙江沿海进行渔业和海藻调查。

1937年4月，考取第五届中英庚款留学资格，9月赴英国利物浦大学留学。

1939年，获英国利物浦大学哲学博士学位，任利物浦大学海洋系研究员。

1940年12月，与妻子王敏带着5岁的长子和不满周岁的次子，乘坐"蓝浦丹拿"号轮船，踏上艰险的回国之路。

1941年，携眷回国后，任中国地理研究所海洋组副研究员，与福建省合作成立福建海洋考察团任团长。该考察团是抗战期间国内唯一坚持工作的海洋考察团队。

1941年6月18日，福建版《中央日报》第四版《科学与人生》专栏，以整版篇幅刊登长文《海洋学与国家》。

1941年8月27日至10月27日，中国地理研究所海洋组（唐世凤、马廷英、成荫）、福建省气象局（陈遵民、杨生坦）、福建省立研究院（林龚谋）联合对东山岛进行海洋观测。

1942年秋，应邀到内迁长汀的国立厦门大学生物系，做有关海洋调查

工作的学术报告。听这次讲座的学生郑执中在国立厦门大学毕业后，追随先生从事海洋科考与调查。

1942年9月，在福建金门岛对面的石井港，设立了固定海洋观测站。

1942年至1945年，已组建的福建海洋考察团，足迹遍及闽南沿海，在石井建立海洋观测站，坚持31个月的海流、潮汐、水温气温观测和记录，在福建沿海考察盐务，并参与盐场改良，撰写盐业增产论文，指导盐场生产。

1945年9月，接受国立厦门大学聘书，担任生物系教授。

1945年，国立厦门大学申请设立海洋学系获批，被聘为海洋学系主任，开始筹备海洋学系。在世界顶级科学期刊上发表论文。

1946年，创建了中国最早的海洋学系及海洋研究所——国立厦门大学海洋学系和国立厦门大学中国海洋研究所，任系主任兼所长。9月，首届新生20名入学，中国高校第一个海洋学系正式成立。开设我国第一个"物理海洋学"课程。

1947年8月31日，中国科学社、自然科学社、天文学会、气象学会、动物学会、解剖学会、地理学会七团体在沪开年会（竺可桢为天文气象组主席）。在会上做海潮报告两篇。

1948年2月，带领国立厦门大学海洋学系学生实习，乘海军炮艇前往南安莲河观潮，调查当地盐场盐民渔民生产及生活情况。

1948年7月，前往惠安山腰盐场考察。

1950年8月，与汪德耀代表厦门市，在清华大学礼堂参加中华全国自然科学工作者代表会议。

1950年，在北京参加中国海洋湖沼学会第一届全国会员代表大会，与孙云涛、张春霖、伍献文、张玺、朱树屏、沈嘉瑞被选为常委。

1951年3月，厦门大学理工两学院到龙岩办学，和夫人王敏在白土镇教学。

1952年，全国高校院系调整，带领厦门大学海洋系大部分师生（两位助教和18位学生）到山东大学，与山东大学物理海洋研究所合并成立海洋学系。赫崇本任山东大学海洋学系系主任。先生一家住在合江路1号3楼山大教授宿舍。

1954年，在青岛加入九三学社，介绍人张玺。任青岛市一届、二届、三届政协委员。

1957年2月至7月，在青岛全国总工会疗养院疗养。

1959年后，历任山东海洋学院海洋系教授、海洋学教研室主任、院务委员会委员等职。当选为青岛市政协委员、九三学社青岛分社委员、青岛市科学技术协会理事、中国海洋湖沼学会常务理事、青岛市海洋湖沼学会副理事长、《海洋与湖沼学报》编委等。

1960年，开始收集古代中国海洋史资料，准备撰写《中国海洋史》。

1962年1月至3月，在青岛疗养院疗养。

1962年3月16日，兼任山东海洋学院图书馆馆长。

1966年，"文革"爆发，遭受诬陷迫害。

1968年冬，在文登被迫扫雪跌倒致残。

1971年8月25日，病逝，终年68岁。

1980年9月，与其夫人王敏一案平反。

1980年12月25日，山东海洋学院为唐世凤举行了追悼会。

参考文献

［1］李乃胜，等. 碧海丹心：海洋科技历史人物传记［M］. 北京：海洋出版社，2007.

［2］陈德源. 中国现代海洋科学人物志（第1集）［M］. 北京：海洋出版社，1985.

［3］厦门大学校史编委会. 厦门大学校史（1921—1949）［M］. 厦门：厦门大学出版社，1990.

［4］厦门大学校史编委会. 厦门大学校史（1949—1991）［M］. 厦门：厦门大学出版社，2006.

［5］张静. 中国海洋大学大事记［M］. 青岛：中国海洋大学出版社，2014.

［6］樊丽明，刘培平. 我心目中的山东大学［M］. 济南：山东大学出版社，2005.

［7］山东大学校史编写组. 山东大学校史（1901—1966）［M］. 济南：山东大学出版社，1986.

［8］山东省政协文史资料编委会. 悠悠岁月桃李情：山东大学九十年［M］. 北京：中国文史出版社，1991.

［9］王世儒. 蔡元培年谱新编（上下卷，插图版）［M］. 北京：北京大学出版社，2019.

［10］胡宗刚. 胡先骕先生年谱长编［M］. 南昌：江西教育出版社，2008.

［11］宋广波. 丁文江年谱［M］. 哈尔滨：黑龙江教育出版社，2009.

［12］陈满意.厦门大学的先生们［M］.合肥：黄山书社，2021.

［13］陈铭枢总纂.海南岛志［M］.海口：海南出版社，2004.

［14］朱谨，日月.朱树屏传记：真实历史的回归［M］.北京：新华出版社，2007.

［15］日月，朱谨.朱树屏信札［M］.北京：海洋出版社，2007.

［16］言真.朱树屏影集［M］.北京：海洋出版社，2017.

［17］尤芳湖.论海1949—1999［M］.北京：海洋出版社，2000.

［18］中国海洋学会.中国海洋学学科史［M］.北京：中国科学技术出版社，2014.

［19］李乃胜.中国海洋科学技术史研究［M］.北京：海洋出版社，2010.

［20］《赵九章传》编写组.赵九章传［M］.北京：科学出版社，2020.

［21］童教英.童书业传［M］.北京：中国大百科全书出版社，2018.

［22］徐鸿儒.中国海洋学史［M］.济南：山东教育出版社，2004.

［23］薛原.南海路7号：海洋科学界的陈年旧事［M］.济南：山东画报出版社，2016.

后 记

早潮才落晚潮来

这是一段神秘的航程，书里书外弥漫着潮音。

这是一段被海洋的蓝色晕染的时光，自2017年金秋时节开始，一片浩瀚的海洋在我的书桌上铺展。蓝色的海洋，白色的浪花，一轮红彤彤的旭日，点缀着我的日常生活。

也许人只有到了一定的年龄阶段，才真正懂得时间的力量。

子在川上曰，逝者如斯夫。说的是孔子带着弟子们看到山下奔流的泗水，"不舍昼夜"地流淌，才发出了这样的感慨，形容时间像流水飞逝一般，一去不复返。

白居易在杭州观钱塘潮，作诗曰："早潮才落晚潮来，一月周流六十回。不独光阴朝复暮，杭州老去被潮催。"时光催人老，一座城市的年龄也被潮汐标记。

《说文》说，水朝宗于海。潮汐是在月球和太阳引力作用下形成的海水周期性涨落现象。"水性有常，消息与月相应，故不失其信。"潮水受制于月，在《易经》中就有所体现。东汉王充说："涛之起也，随月盛衰，大小满损不齐同。"王充还认为，地形束窄是形成涛（潮涌）的原因。

对于流水（时间）和月亮的关系，苏轼在《赤壁赋》中有感而发："客亦知夫水与月乎？逝者如斯，而未尝往也；盈虚者如彼，而卒莫消长也。……惟江上之清风，与山间之明月，耳得之而为声，目遇之而成色，取之无禁，用之不竭。是造物者之无尽藏也，而吾与子之所共适。"

最近几年，我经常独自在海滨观潮。当潮音在天地之间回响，脑海中总会出现古代哲人对时间的深刻论述。这种诗意化的表达之中，也有着科学的萌芽。在海滨缓缓漫步，浪花温柔地与海岸线对话，凝望海天之间，若隐若现的雾气，缓缓地流动。这时，脑海中会出现一位海洋学家的名字——唐世凤。

青岛是海港城市、海洋名城，现代海洋科学就在青岛起源。1898年，德国人在大港建设验潮站，开始对潮位观测。青岛观象台，青岛水族馆，中科院海洋研究所，中国海洋大学，黄海水产研究所，海洋地质研究所，青岛海洋科学与技术试点国家实验室，在不同的历史阶段，在青岛漫长的海岸线上扎根生长，为这座城市带来发展的动力。青岛海洋科学渊源有自，离不开一代又一代的海洋学家。

青岛建置近130年，无数的名家来来往往，唐世凤先生把名字铭刻在潮起潮落的胶州湾。最初知道这个名字，源于2017年10月27日下午，在黄海水产研究所朱明先生的办公室，与唐世凤先生的次子唐乐明、四子唐乐永先生的见面。这次见面与唐世凤先生结缘。

2020年8月，有朋友牵线，认识了中国海洋大学侍茂崇教授。侍教授是唐世凤先生的弟子，他本来打算为业师唐世凤先生创作一本传记，但因为年事已高，精力不济，再加上照顾老伴，很遗憾无力完成。承蒙中国海洋大学出版社杨立敏社长、纪丽真编审的厚爱与信任，请我创作唐世凤传。与侍教授见面后，听他谈唐世凤先生，令人动容。他给我大量的唐世凤先生的资料，包括他撰写的唐先生的文章，殷切希望我能早日完成。

创作一位海洋学家的传记，进入一个神秘的蓝色的广袤之境，对我来说，是一个巨大的挑战。有一次，和一位朋友谈起这个邀约，他劝我不要写冷门的科学家，建议我继续写我熟悉的晚清民国的知识分子。

侍茂崇教授给我的唐世凤先生的资料，我时常翻阅，随着对唐世凤先生逐渐了解，他清晰的身影出现在我的眼前。在唐世凤先生爱国精神的感召下，在侍茂崇教授的殷切期待中，在杨立敏社长、纪丽真编审的大力支持下，我决定撰写唐世凤传。之所以答应，还有一个因素，在此之间，已

经与唐世凤先生的哲嗣建立了联系。

一年多的时间，我沉浸在一个全新的领域，在海洋中畅游。其实，早在2017年10月与唐世凤先生的哲嗣见面后，我就有意识地在孔夫子旧书网购买海洋科学和海洋生物类书籍，为配合传记写作，在海洋文化和博物学方面的积累，越来越丰富。我也越有信心写好这本传记。

创作这本传记遇到的困难很多，就像帆船在海洋中航行，风暴，漩涡，暗礁，变化莫测的风向，一万海里的孤独……但是，在彼岸的召唤下，我克服了种种困难，完成了这本传记。

感谢唐乐永先生的大力支持，提供撰写传主的宝贵资料，在百忙之中回答我的问题；感谢唐世凤之孙唐大令提供两张珍贵的唐世凤先生的照片。

感谢徐东桂先生、厦门文史专家龚洁先生撰写的唐世凤传（文章）。

感谢徐瑜、施正铿、侍茂崇、杨德渐、朱明等先生接受我的采访。感谢中国海洋大学出版社杨立敏社长、纪丽真编审的信任。感谢中国海洋大学魏世江教授对书稿提出修改意见并确证了个别史实。感谢江西省庐山植物园研究馆员胡宗刚先生热情提供资料。感谢山东大学历史系教授、原山大档案馆馆长刘培平先生的支持和鼓励。感谢中科院海洋研究所徐奎栋先生提供资料。感谢复旦大学校史研究室主任钱益民博士提供薛芬先生的资料。感谢中国海洋大学档案馆杨洪勋先生提供资料并答疑解惑；感谢中国海洋大学教务处王淑芳女士的倾力帮助。感谢责任编辑王晓女士的精心编辑。

感谢我的家人支持我的创作。

没有以上支持和帮助，就没有这本书。一本书是由点点滴滴的时光汇聚而成，它的滋味就像大海水滴的味道，咸咸的。这是泪水的滋味，也是汗水的滋味。

这本书，也有无法弥补的遗憾。本来打算去厦门大学、南京大学、东南大学查阅唐世凤先生的档案以及相关档案，因为疫情等原因，未能如愿。出版，在某种程度上也是遗憾的艺术，如果有一些新的发现，将来可以做一个增订版。书中若有不当之处，bdlyq618@163.com，这个信箱，欢迎方家和读者批评，欢迎专家和读者提供唐世凤先生的资料。

写作这篇后记时，恰是49岁的生日。也许只有到了一定年龄，才懂得时间的本质。

每当完成一本书，在这样的时刻，总会感慨万千。人到了这个年龄，阅识海桑，虽不能做到宠辱不惊的境界，但也看淡了一些事情。唯有对民国学人传记创作的热情和动力，没有丝毫的消退。

"早潮才落晚潮来，一月周流六十回。"生命不息，在胶州湾的潮声中，一本本书标记着我的人生旅途。

"似此星辰非昨夜，为谁风露立中宵。"书稿完成后的一个夜晚，信步来到浮山湾，望着天上璀璨的星河，地上闪烁的灯火，忽然想起在一本书中看到的情节：在一个月圆之夜（超级月亮），独自在海边听潮声，可以听到历史的回响。我没有这样的经历，但我在虫声唧唧、秋凉乍至的风露之夜，思索着有限与无限、一与多的哲学命题。因为这本传记，心头获得一种缺憾的满足。

潮水冲上沙滩，哗哗的潮音弥漫天地之间……

刘宜庆

2021年8月27日夜